4·16구술증언록 단원고 2학년 1반 제7권

그날을 말하다

애진 아빠 장동원

이 도서의 국립중앙도서관 출판예정도서목록(CIP)은 서지정보유통지원시스템 홈페이지(http://seoji.nl.go.kr)와
국가자료공동목록시스템(http://www.nl.go.kr/kolisnet)에서 이용하실 수 있습니다.
CIP제어번호: CIP2019009495

4·16구술증언록 단원고 2학년 1반 제7권

그날을 말하다

애진 아빠 장동원

4·16기억저장소 기획 편집

(사) 4·16세월호참사가족협의회 지원 협조

일러두기

1. 음절로 식별 가능한 소리를 들리는 대로 전사하는 것을 원칙으로 한다.

2. 의미를 파악하기 위해 추가 설명이 필요할 경우 [ ]로 표시한다.

3. 몸짓, 어조 등 비언어적 행위는 ( )로 표시한다.

4. 구술자가 말을 잇지 못해 말줄임표를 사용하는 경우 ……, …로 길고 짧음을 표시한다.

5. 비공개 영역은 〈비공개〉로 표시한다.

6. 비공개해야 하는 희생자 형제자매의 이름은 ○○, △△ 등의 도형기호로, 생존자의 이름은 A, B, C 등 알파벳 대문자로 표시한다.

7. 비공개해야 하는 제3자는 직분이나 소속, 성만 공개하고, 이름은 ××로 표시한다. 비공개해야 하는 숫자는 자릿수에 상관없이 □로 표시하며, 지명은 □□로 표시한다.

4·16기억저장소에서는 세월호 참사 5주기를 맞아 구술증언 수집 사업의 결과물 일부를 100권의 책으로 발간하게 되었습니다. 이 사업은 2015년 6월부터 다양한 학문 분야 구술 연구자들의 자발적인 참여로 진행되어 왔으며, 세월호 참사를 좀 더 정확하고 다각적으로 기록하고 기억하고자 하는 노력의 일환으로 수행되었습니다.

2014년 참사 발생 이후, 참사 피해자들의 목격담과 경험은 안타깝게도 공식적인 국가기관과 언론의 기록 속에서 철저히 소외되거나 왜곡되었습니다. 그것은 세월호 참사가 우리에게 안긴 죽음과 고통의 충격만큼이나 우리 사회의 끔찍한 비극이었습니다. 따라서 사업을 진행하면서 세월호 참사 희생자 가족, 생존자, 생존자 가족, 어민, 잠수사, 활동가, 기자 등등, 참사의 초기 과정을 직접 경험한 분들의 증언을 우선적으로 수집했습니다. 구술자는 이 사업의 취지와 방식에 개인적으로 동의한 분 중에서 선정했으며, 참여 과정에 어떠한 금전적 보상이나 이익이 제공되지 않았습니다. 또한 구술증언 수집 사업을 진행하는 동안, 면담자는 연구자이자 참사를 겪은 공동체 시민으로서 최대한 윤리적이고자 노력했습니다.

구술자마다 매회 약 2시간씩 3회를 원칙으로 음성 녹취와 영상 촬영을 하는 방식으로 진행되었고, 증언의 일관성을 확보하기 위해 면담자는 큰 틀에서 공통 질문지를 사용했습니다. 공통 질문지의 내용은 참사와 구술자 간의 관계성에 따라 차이가 있지만, 유가족 구술의 경우 1회차 '참사 이전의 삶, 팽목항과 진도에서의 경험, 자녀에 대한 기억'을, 2회차 '참사 이후 투쟁과 공동체 활동 경험'을, 3회차 '참사 이후 개인 및 가족이 경험한 삶의 변화와 깨달음, 자녀의 현재적 의미'를 중심으로 했습니다. 이처럼 증언 내용은 참사 이전에서 시작해 참사 발생 당시의 경험과 이후의 변화 과정까지 폭넓게 수집했고, 면담자는 구술 채록 과정에서 구술자의 발화를 최대한 존중하고자 했으며, 무엇보다 각자의 특수한 경험과 다른 시각을 충실히 반영하고자 했습니다.

이 구술증언록의 발간을 위해, 채록된 음성 자료는 문서로 변환해 구술자와 함께 검토했고, 현재 시점에서 공개할 수 있는 영역과 할 수 없는 영역으로 구별했습니다. 따라서 책에 실린 내용은 모두 구술자로부터 공개를 허락받은 부분입니다. 비공개 영역은 추후 구술자의 동의를 받아 적절한 절차를 거쳐 추가로 공개될 수 있으리라 생각합니다.

이 구술증언록 100권에는 그동안 우리 사회에 왜곡되어 알려지거나 잘 알려지지 않았던, 참사 발생 직후 팽목항과 진도 혹은 바다에서의 초기 상황에 관한 중요한 증언이 포함되어 있습니다. 또한, 자녀를 잃는 잔인하고 애통한 상황을 겪으면서도 그 누구보다 강인한 정치적 주체로 성장할 수밖에 없었던 유가족의 마음과 경험을 구체적으로, 그리고 여러 각도에서 살펴볼 수 있습니다. 그 외에도, 이 구술증언록은 2014년을 전후한 한국 사회의 여러 측면을 드러내는 귀중한 자료가 되리라고 생각합니다. 무엇보다 국내외의 많은 분이 이 책을 읽어, 장차 세월호 참사의 진상 규명과 역사 서술에 기여할 수 있기를 바랍니다.

구술증언 수집 사업이 진행되고, 책으로 출간되기까지 많은 분의 도움과 지지가 있었습니다. 이 지면을 빌려 부족하나마 감사의 말씀을 전하고자 합니다.

먼저 (사)4·16세월호참사가족협의회와 4·16기억저장소에 감사를 드립니다. 이분들의 신뢰와 적극적인 협조가 없었다면, 이 사업은 처음부터 시작할 수조차 없었을 것입니다. 또한 어려운 정치 환경 속에서도 사업의 취지에 공감해 재정 지원을 결정해 준 아름다운가게와 역사문제연구소에 감사드립니다. 두 단체 덕분에, 이 사업을 4년 동안 계속해 올 수 있었습니다. 그리고 구술증언록 100권의 발간에 동의하고, 바쁜 일정에도 출판 실무를 기꺼이 맡아주신 한울엠플러스(주)에도 감사를 드립니다. 이 외에도 많은 개인과 단체가 직간접적으로 많은 도움을 주시고 격려해 주셨습니다. 여기에 모두 밝히지 못하는 것을 죄송하게 생각합니다.

말할 필요도 없이, 가장 크고 또 가슴 아픈 감사는 구술자 한 분 한 분께 드리고자 합니다. 이 책이 발간될 수 있었던 것은, 무엇보다 용기를 내어 아픔과 고통의 기억을 다시 떠올리고 장시간 진심으로 이야기를 해주신 구술자가 있었기 때문입니다. 오랜 시간 이야기를 나누며 함께 공감하기도 했지만, 그 아픔과 고통을 어떻게 가늠할 수 있을까 싶습니다. 더 큰 도움이 되지 못함을 안타까워하며, 이 구술증언록 100권의 발간이 피해자분들에게 조금이라도 위로가 될 수 있기를 기원합니다.

2019년 4월

4·16기억저장소 구술팀 책임자
서울대학교 인류학과 교수 이현정

차례

■ 1회차 ■

■ 2회차 ■

■ 3회차 ■

애진 아빠 장동원

구술자 장동원은 단원고 2학년 1반 장애진의 아빠다. 좋은 세상을 만들기 위해 노동운동에 투신했던 애진 아빠의 삶의 궤적은 세월호 참사 이후 운동의 의미에 대한 깊은 고민 속에 크게 변화했다. "아빠는 진상 규명할 거지?"라는 생존 학생인 딸의 기대에 부응하고자, 그는 오늘도 4·16세월호참사가족협의회 사무처 팀장으로 바쁘게 뛰어다니고 있다.

장동원의 구술 면담은 2018년 7월 23일, 25일, 8월 2일, 3회에 걸쳐 총 9시간 동안 진행되었다. 면담자는 이현정, 촬영자는 강재성이었다.

구술자 본인의 프라이버시나 제3자의 프라이버시를 보호해야 할 부분을 제외하고는 구술자의 발화를 있는 그대로 전사했다.

1회차

2018년 7월 23일

1 시작 인사말

2 구술증언 참여 동기 및 근황

3 유년 시절

4 안산 정착 후 노동조합 활동

5 4·16 세월호 참사 이후 가족협의회 활동 시작

6 4·16 세월호 참사 이전까지 민주노총 금속노조 지회장 활동

7 4·16 세월호 참사 이후, 새로운 운동체 건설에 대한 의지

1
시작 인사말

면담자 본 구술증언은 4·16 사건에 대한 참여자들의 경험과 기억을 기록으로 남김으로써 이후 진상 규명 및 역사 기술에 기여하고자 합니다. 지금부터 장동원 씨의 증언을 시작하겠습니다. 오늘은 2018년 7월 23일이며, 장소는 안산시 단원구 4·16세월호참사가족협의회 회의실입니다. 면담자는 이현정이며, 촬영자는 강재성입니다.

2
구술증언 참여 동기 및 근황

면담자 먼저 구술증언을 참여하시게 된 동기에 대해 여쭤보고 싶습니다. 어떻게 구술증언을 하시기로 결정하셨어요?

애진 아빠 세월호 참사에 있어 가지고는 대한민국에서는, 전 세계적으로도 굉장히 크나큰 국가적 참사이고, 이거에 대한 모든 내용들은 역사적으로 남겨야 되는 게 맞다고 저는 생각을 하구요. 그래야지만 이러한 참사들이 되풀이되지 않고 또한 이런 것들이[을] 바탕으로 좀 더 한국 사회에 대한, 우리가 많이 얘기하는 더 이상 참사가 일어나지 않는 안전한 국가를 만들어내는 것이 이게 역사에 대한 기록인데, 그런 뜻에서 제가 참여하게 된 거예요.

면담자 구술 내용이 특별히 어떤 목적으로 사용됐으면 좋겠다는 생각이 있으신가요?

애진 아빠 세월호 참사로 인해서 다양한 피해자들이 있잖아요. 물론 제일 최대의 피해는 대한민국 국민들이지만, 여기에 직접적인 피해자들이 있기 때문에. 우리나라에 그 역사적으로 보면 되게 많은 참사가 일어났지만 실제 이런 것들이 잘 기록으로 정리가 되어 있지 않았고, 그리고 또 다른, 똑같은 사람[사건]들에 대한 피해자들이 계속 생겨나는 이런 것들이 되풀이되는 상황인데요. 물론 이런 참사가 일어나면 안 되겠지만, 이후에라도 '이런 참사가 일어났을 때 피해자들에 대한 다양한 목소리를 토대로 그런 것들이 재발되지 않는, 피해가 발생하지 않았으면 좋겠다'라는 거죠. '그런데에 좀 많은 자료를 사용을 하고 전 세계적으로도 그 아이들을 잊지 않는 이런 내용들이 많이 알려지고, 많은 사람들한테 각인이 되었으면 한다'라는 마음이 있어요.

면담자 네, 알겠습니다. 최근에 주로 어떠한 일을 하고 계시는지요?

애진 아빠 직책에 있어서는 많은 변화가 있었구요. 최근에는 작년 총회…, 2017년 총회를 2월, 2018년 2월 총회로 지금 사무처, 4·16가족협의회[4·16세월호참사가족협의회] 사무처 팀장을 맡고 있구요. 전반적인 제반 사무처 업무를 지금 보고 있어요.

면담자 사무처 업무라고 하면은 어떤 것들이 있나요?

애진 아빠　　예산에 대한 문제들이나, 저희가 이제 가족협의회가 어떤 다른 조직같이 이렇게 다 완벽한 조직체는 아니잖아요. 자식 잃은 부모들과 생존 학생에 대한 부분들…. 하여튼 피해 가족들이 모였는데 되게 주먹구구식으로 해온 것이 상당히 좀 있고 요런 걸 좀 체계적으로 하기 위해서는 사무처의 역할이 굉장히 많은데. 사무처가 어떤 회계 관리나 이런 것들만 하는 게 아니라 제반 각 분과들에 대한 지원 사업이나 그리고 각 그 부모님들 활동에 대한 밑바탕이 되는 지원 사업들을 좀 하고 있죠.

면담자　　구술 시작 전에 어제 민사소송 1심 재판 결과에 대한 말씀을 잠깐 하셨는데, 아버님은 판결 결과라든지 아니면 주변의 반응들을 보고 어떤 생각을 하시는지요?

애진 아빠　　우선적으로 1심, 지금 공판 나기 전에 미리 가족들은 다 이러한 것이[결과가] 있을 거라는 생각들은 해왔고, 거기에 따른 의견들도 상당히 많이 있었어요. 이랬을 때 "우리가 어떻게 했으면 좋겠다" 이런 얘기들이 쭉쭉 있었고, 예상하지 못했던 건 아니구요. 그건 뭐 애시당초 2014년 4월 그 이후의 굉장히 많은 마타도어[흑색선전] 때문에 힘들어했는데, 그때하고는 좀 많이 뭐라 그럴까…, 이런 표현이 맞을진 모르겠지만 그런 거에 이제 익숙해져 가지고 크게 개의하시진 않더라구요. 그리고 저희가 분명히 얘기했지만, 어쩔 수 없이 민사소송을 가지만 민사소송에 대한 이유가 명확하게 있었잖아요. 새로운 사실 관계들이나 이런 것들을 민사에서 할 수밖에 없기 때문에 거기서 그러한 내용들, 특히 국가의 잘못이라는 걸 법원의 판결문에 정확하게 넣고 싶은데 이런 것들을 저희가 추구했던 거고, 제일 중요했던 거는 어쨌든 '민사소송을 통해가지고 아이들의 억울한 죽음이나 이런 것들이 올바르게 밝혀지고 거기에 따른 정당한 배상을 받겠다'라는 거죠. 당연히 배상받아야죠. 이제 그런 것들을 하기 위해서 민사소송을 한 건데 여태까지…, 아직 그게 저희들의 목표이기 때문에 지금 뭐 물론 각기 집안들에 대한 사정들이나 경제적인 상황들은 다 틀리지만 거의 다 같은 목소리일 거라고 봐요.

흔히 얘기하지만 자식 잃고 나서 배상을 10억을 받든, 20억을 받든 그게 무슨 의미가 있을까, 그래서 그 부분에 있어 가지고는 크게 개의치 않고. 어제도 얘기했지만 전체적인 분위기가 2심을, 또 대법까지 가야 된다는 분위기이기 때문에, 그리고 요 근래 많은 상황들이 좀 바뀌고 있잖아요. 정권이 바뀌고 나서 세월호에 대한, 어떤 기무사에 대한 문제[라든가] 국가가 직접적으로 개입한 이런 문건들이 많이 드러나고 있기 때문에 힘들다고 생각은 안 하는 거 같아요. 당연히 가야 되는 거라고….

면담자 정권이 바뀌고 나서 어떤 면에서는 "어쨌든 분위기가 좋아진 측면도 있다"고 하지만, 또 다른 면에서는 "정권이 바뀌었으니까 너희는 다 된 거 아니냐고 밖에서는 그러지만, 사실 그렇지 않은 면도 있다"는 두 가지 입장을 들었고, 저도 둘 다 이해가 가거든요. 이러한 변화 속에서 작년이나 올해 초부터는 사실 가협에서 적극적으로 활동하는 인원이 굉장히 많이 줄었잖아요.

애진 아빠 예.

면담자 예전에 수백 명이 같이 했었던 것에 비하면 그런데, 오히려 최근에 다시 더 같이 하려는 움직임은 없나요?

애진 아빠 아까 말씀드렸듯이 정권이 이제 바뀌어서 우리가 추구하는 방향으로 가는 부분과, 또 "정권이 바뀌었다고 모든 것이 이뤄지겠냐"는, 나는 "둘 다 맞는다"라는 얘기예요. 대신에 정권이 바뀌었다고 이뤄질 순 없죠, 모든 것이 완벽하게. 그렇지만 우리가 피해 당사자인건 어쩔 수 없는 거 같은데, '당사자가 얼마나 움직이느냐에 따라가지고 정권이 바뀌어도, [해결] 안 되는 부분들이 이뤄질 수가 있을 것이고 또 그렇지 않을 수도 있다'라고 저는 판단을 해요. 그건 어지간히[대체로] 우리의 몫이라고 저는 생각을 하구요. 그리고 지금 전체적인 가족협의회 회원이 192가정이에요. 어제 같은 경우는 거의 인원으로 보면 120여 명 정도 오셨고, 가정으로 보면은 98가정 정도 오신 거 같아요. 근데 지난 4년 동안에, 그 초창기에 분노, 슬픔 이런 것들이 워낙 있다 보니 당연히 어느 누구든 간에 자식 잃은 부모로서 안 나설 수가 없는 거고, 국민들이 상당히 많은 분들이 좀 활동을 해주셨죠.

근데 제가 올 초에만 보더래도 한 80가정 정도가 실제 움직, 활동하고 계시죠. 그리고 이제, 물론 아빠들 같은 경우는 대부분 직장을… 뭐 직장생활이 되겠어요? 우리가 흔히 목구멍이 포도청이라고 어쨌든 벌어야 되니까 [직장에] 가신 거고, 엄마들이 주로 활동을 하시는 거고. 그리고 아빠들도 세월호 참사 진상 규명을 위해서 자식에 대한 죽음을 밝히기 위해서 아예 뭐 다 생활 전폐하시고 활동하시는 분도 계시는데, 그래서 아까도 말씀드렸듯이 사무처가 해야 될 부분들이, 우리 가족들이 좀 그런 게 필요하다[는 부분이죠]. 어제도, 물론 5개 분과가 있고 4·16기억저장소와 그리고 엄마공방 그리고 4·16목공소 이렇게 있어요. 여러 활동을 하시는 분들이 계시지만 워낙 이제 피로도라 그럴까? 몸도 마음도 많이 지쳐있어서 이렇게 지난 과정 같이 적극적으로 움직이는 부분은 많이 줄어들었죠. 그리고 그때는 정말 집단적으로 움직여야 되는 상황들이 있었기 때문에 많은 조직으로 결집이 됐는데, 지금은 그렇지는 않거든요.

지금은 물론 정권에 대한 바뀐 부분도 있어서 그렇지만 특조위[4·16세월호참사 특별조사위원회]들이나 선체조사위원회[세월호 선체조사위원회]나 그리고 가족협의회 내부적인 일들에 대해서는 많은 인원들이[을] 필요로 하지는 않아요. 근데 그렇다고 가족들이 일부에서는 "너무 안 움직이는 거 아니냐"[라고 하죠]. 근데 이런 것도 저희 내부적으로는 공감이 가요. 실제 이렇게 보면 이제 우리가 4년 시점에서는 고민을 해봐야 된다는 거에요. 그래서 가족들에 대한 인성적인 교육도 필요하고 조직적 관점도 필요하고 향후 방향도 좀 모색을 해야 하고, 그리고 내부적인 회원 관리에 대한 문제가 좀 필요한데, 올해부터는 이러한 부분들도 좀 내실 있게 채워야 되는 거 아니냐 [하는] 지금 사무처에 대한 고민이 좀 있어요. 예, 고런 것들을 어쨌든 좀 만들어가는 과정이라고 생각합니다, 저는.

3
유년 시절

면담자 오늘은 4·16 이전의 삶에 대해서 여쭤보도록 하겠습니다. 출생은 어디에서 하셨고 유년기는 어떻게 보내셨는지, 그리고 언제부터 안산에 살게 되셨는지 등에 대해 말씀해 주세요.

애진 아빠 나 참 기구한데 내 삶이…(웃음). 음… 고향은 서울이에요. 제가 뭐 기억은 못 하는데 부모님들이 그러시더라구요, 문화촌에서 태어났다고. 문화촌에서 태어났을 때는 예전에 그 사진들 보면 진짜 잘살았더라구요. 집에, 앞마당에 그네가 있고 잔디밭이 있고 되게 잘살았…. 알고 보니까 아버님이 광장시장에서, 아버님 고향이 이북이신데 신의주이신데, 서울 광장시장에서 포목점을 하셔가지고 되게 잘사셨고. 근데 이제 그러다가 아버님도 사람을 되게 좋아하셔 가지고 사람에 대한 믿음감이 상당히 있어요. 근데 그 사람한테 배신을 당한 거지. 그래서 사업을[이] 망하고 이제 저희가 간 데가 미아리로 가게 됐죠. 당시 미아리에 오시는 분들이 대부분 이제 시골에서 올라오시거나 사회 그 밑에 있는 계층들이 많이 모여서 사는데, 아버님도 살다 보니까 뭐 배운 게 있어요, 뭐가 있어요. 사업은 망했고 또 도망자 신세가 됐으니까 상암동으로 오신 거고, 거기서 이제 우리가 흔히 얘기하는 노가다 생활을 하신 거죠.

면담자 그게 다 기억이 나시나요?

애진 아빠 태어난, 의외로 저 어렸을 때 기억은 굉장히 생생해요. 그래서 어쨌든 태어나기는 문화촌, 서울에서 태어난 거구요. 그래서 계속 서울에서 자랐죠, 20살 때까지.

면담자 미아리로 이주하셨을 때가 초등학교 때였나요?

애진 아빠 초등학교 들어가기 전이에요. 한 여섯, 대여섯 살 정도 됐을 거예요.

면담자 형제자매가 있으신가요?

애진 아빠 전 없어요. 4대 독자예요. (면담자 : 4대 독자세요?) 예, 형제자매도 없고 친척도 없어요. 그냥 어머님, 아버님, 저 이렇게 생활을 했고…. 그 정태춘, 박은옥 노래 중에 '우리들의 죽음'이라는 노래가 있죠? 거기에 나오는 게 저라고 생각하시면 돼요. 저는 그걸, 똑같은 일을 겪은 적이 있었어요. 왜냐면 아버님이 아침 일찍 노가다를 가셔야 되고 공사장 일을 가셔야 되고 어머니는 이제 오셨으니까, 그때 저희가 반지하에 살았는데, 어머님은 봉제공장에 가셔야 하는 거예요. 근데 당시엔 봉제공장이 철야 작업이 상당히 많아요. 그러면 새벽 3시나 들어오시고, 4시쯤 들어오시면 항상 그 보따리에다가 우유하고 빵을 갖고 오시는데, 저 같은 경우 자다가 벌떡 일어나 가지고, 어린놈이 뭘 알아. "어머니, 다녀오셨어요" 이런 게 아니라 "엄마, 빵" 이러면 어머니가 그거를, 야식을 안 드시고 저를 주려고 갖고 오시면 그거 먹고 또 자고.

그리고 아침에 또 일찍 나가시는데 워낙 어렸을 때 어디 맡길 데가 없으니까 저를 이렇게 허리에다가 끈을 묶어가지고 농에다가 묶어놓으셨어요. 한쪽에 요강 놔두고 밥상 놔두고 밖에서 문 잠그고 가시고…, 안 그러면 애를 잃어버리니까. 그래 가지고 한번은 제가 그게 끈, 노래하고 똑같아요. 유엔(UN) 성냥 갖고 장난을 쳤다가 이게 불이 나는 바람에, 그래서 제가 그때 기억으로는 깜짝 놀라서 그 요강을 엎었던 걸로 기억이 나요. 나중에 동네 주민들이 연기가 나니까 바깥에서 문을 부숴가지고 [들어와서 불을 끄고] 그런 기억이 있었는데…, 하여튼 어렸을 때는 자라오는 과정이 굉장히 좀 어렵게 자랐어요.

그리고 동네에서도 학교 다니면서도 왕따지. 왜냐면 애 혼자밖에 없고, 그때는 굉장히 쪼끄맸어요, 저는. 제 소원이 [학급에서] 8번 넘겨보는 건데(웃음), 키가 안 자라. 그래 가지고 동네에서 보면 형들이 있잖아요, 자기네 형제자매들이 있다 보니까 나는 항상 혼자고. 그리고 당시에는 지금같이 어떤 안전 문제나 경찰에 대한 이런 안전에 대한 부분들이 굉장히 미약했던 거고. 그러니까 동네에서 일부 좀 못된 사람들이, 우리 집에 아무도 없으니까 거의, 나를 겁줘가지고 우리 집에서 자기들 마음대로 놀고 저녁에 가고. 그럼 나는 부모님한테 혼날까 봐 집 치우고 이런 과정들이 좀 있었는데, 그냥 어렸을 때는 거의 그렇게 혼자 자랐어요.

그래서 저녁에 제일 저거 했던 게 다음 날 소풍을 가면, 가야 되는데 어머님이 늦게 오잖아요. 근데 내가 다음 날 소풍 가면 어머니가 그날은 한 9시나 10시쯤 오시는 거 같아. 야간작업만 하시고 오시는데, 그럼 나는 밤새 그 배나무 집이 있는데, 그 층계에서 기다리는 거야. 다른 애들은 엄마들이 김밥 재료 준비하느라고 애하고 시장 보고 가면 그게 굉장히 부러웠거든요. 근데 어머니가 밤늦게 오면은 그래도 엄마 반가우니까…. 엄마는 또 점심시간에 식사도 안 하시고 시장을 보러 가신 거야, 애 소풍 저거[도시락] 준비할라고. 저녁에 오셔가지고 주무셔야 되는데 또 밤새 준비하시고 아침에 일어나서 또 싸주시고 또 일 나가시고 요렇게 하고.

초등학교 때도 저는 제가 밥하고 빨래하고 학교 다녔어요, [엄마가] 아침에 나가시니까, 그러면 집 바로 고 가까운 데가 삼양시장이라는 데가 있어서 거기 가면 오뎅도 뭐 모양 좋은 거는 좀 비싸고, 왜 쓰레기 그 시레기라고 하는 꾸깃꾸깃한 오뎅 같은 거. 돈 100원 주면 계란 몇 개 사다가 내가 계란말이 해서 그리고 간장 넣어가지고 그 오뎅도 볶아서 그렇게 도시락 싸 가지고 학교 가고, 학교 갔다 오면은 또 집에서 물도 받아놔야 돼요. 그때는 공중 수도가 있어가지고 월 얼마씩 내가지고 수도를…, 그 호스를 길게 연결해 가지고 물 받아놔야 되고 설거지 해놔야 되고 밥도 해놔야 되고, 아버지 늦게 들어오시니까 식사하셔야 되니까. 그래서 반찬도 내가 하고, 어렸을 때는 거의 그렇게 제가 혼자서 생활을 해왔고.

중학교 때 정도 때는 방학 때마다는 어머니 회사 가가지고 아르바이트를 해요. 봉제공장에서 미싱 시다[재봉 작업 보조원] 한다고 여기에다가 면도칼 해서, 그 당시에 미싱사[재봉사]들이 상당히 많잖아요. (책상이 나란히 마주 보게 배열된 구술 장소를 보며) 딱 요렇게 되어 있네. 그러면 요쪽에[바깥쪽에서] 쭉 미싱사들이 이제 물건을 이쪽으로[안쪽으로] 박아가지고 떨어뜨리면 요쪽 가운데 이제 시다들이, 어린 시다들이 있죠. (작업하는 시늉을 하며) 그러면 그 미싱에서 [원단을] 끊어가지고 여기다 [가장자리를] 면도날로 다 따지, 이렇게. 그래서 박스에 담아놓고 2차 공정에다가 갖다주는 요런 걸 했었어요. 솔직히 하기 싫었어요. 어린 나이에 놀아야 되는데(웃음). 근데 워낙 부모님이 엄하시니까, 아버지도. 그래서 무서워서 한 거지.

면담자 몇 년도에 출생하신 거예요?

애진 아빠 70년.

면담자 아버지, 어머니의 관계는 어떠셨어요? 힘들었고 부모님 볼 시간도 별로 없었지만, 그래도 '좋은 가족이었다'라고 기억하시나요?

애진 아빠 저는 그런 기억은 없어요, 여기 안산에 온 배경도 그런 것들이 좀 있는데. 워낙 이제 혼자 있다 보니까 여러 나쁜 물에 많이 들어요. 그래서 한동안은 정말 문제아같이 그러다 보니까 이제 아버님은, 솔직히 아버님이 저를 굉장히 엄하게 키우셨거든요. 옛날에 어른들이 그런 거 같애. 삶이 고달프다 보면, 물론 내 사람

일수록 더 잘해줘야 되는데 다른 사람들한테는 잘해주면서 내 사람한테는 자기의 모든 스트레스를 다 풀어버리는. 〈비공개〉

그리고 솔직히 다른 사람들은 군대를 안 가려고 하잖아요. 저는 군대를 자원을 했어요, 가고 싶어 가지고. 왜냐면 그 길만이 아버지하고 떨어져 있는 길이다 [해서 자원을 했는데]. 근데 군대도 면제받았죠. 도저히 뭐 안 돼가지고, 여기저기 알아봤는데 안 돼가지고 결국 '기술을 좀 배워야 되겠다'[고 생각했어요]. 저는 원래 상고 출신인데요, 그래 가지고 그때 이제 가구 제작이라는 [걸] 배우게 됐죠. 그래서 고때 이제 아버지하고 떨어지기 시작해서 영원히 떨어진 거지(웃음).

근데 아버님이 지금 생각하면 너무 삶에 찌드셨고 너무 힘들었고, 그런 과정에서 재기하려고 했지만 그것이 도저히 안 됐고, 그러다가 공사장 일을 하게 되면서 사람이 더 이제 거칠어지고 안 좋게 됐지. 그래서 어렸을 때 아버지가 시멘트 독이 굉장히 오셔[올라]가지고, 지금에는 보면 성남에 그 당시에는 나병 환자들 많이 치료한다고 해서 무슨 의원이 하나 있었어요. 유명한 의원인데, 시멘트 독이 너무 심하니까 새벽같이 가시면 혼자 가시지, 어린놈을 데리고 가가지고, 엄마까지. 어머니 좀 쉬게끔 해야지. 아니, 그 버스를 타고 몇 시간을 가가지고 그 아침에 일찍 출발하는데도 거의 점심시간 가까이 도착을 하고, 점심시간 지나면 또 업무를 보니까 그때 약을 타서 오면은 거의 집에 밤늦게 되는…. 한 달에 한 두세 번을 그렇게 다니신 거 같아, 약을 타다 다니면서. 그래 가지고 굉장히 그러면서 아버님이 많이 힘들어하셨는데, 어쨌든 뭐 그런 일을 하면서 아버님 몸도 되게 안 좋아지고. 당시에 다 그러지 않았어? 대부분 그랬을 거 같은데, 그쪽에 사시는 분들이.

우리 어머님은 진짜 고생을 하신 분이에요. 〈비공개〉 어머님은 굉장히 교육열이 높으셔 가지고 중간에 학교를 그만둘 기회도 되게 많았는데, 우리 아버지는 "학교 다녀서 뭐 하냐, 돈이나 벌어라" 이랬지만 어머님은 끝까지 "학교를 가야 된다" 그래서. 솔직히 제 또래 때 동대문상고 들어가면 공부를 잘한 거거든요. 200점 만점에 제가 194개인가 정도를 맞고 들어갔기 때문에 막판 스퍼트 했지 뭐(웃음), 공부 좀 할라고. 그래서 선생님이 세종대를 추천을 해 주셨고. 근데 세종대를 들어갔다가 고만뒀죠, 아버지랑 있기가 너무…. 심지어 아버지가 학교까지 찾아왔으니까요. 그래 가지고 '뭘 좀 배워야겠다'고.

면담자 고등학교 졸업했는데 아버지가 찾아오실 일이 뭐가 있으셨어요?

애진 아빠 아버님은 공부하는 거를 싫어했어요. "공부하지 마라, 집안도 어려운데 돈 벌어라"(웃음).

면담자 어머님은 이제는 아이를 더….

애진 아빠 예, 아이를 낳지를 못하셔요. 수술을 하셔가지고 낳지는 못하시고. 〈비공개〉 그래 가지고 사람들한테 알아보니까, 군대 갈라고 거여동도 가서 해병대 지원도 하고[했는데] 근데 다 안 되더라구요. 일단 4대 독자고, 연세가 많으셔요, 어머님이.

면담자 4대 독자면 면제가 되지 않나요?

애진 아빠 면제도 되는데 4대 독자라는 걸 증명을, 입증을 해야 되는데 그걸 입증할 수 있는 게 아무것도 없어요. 아버님이 또 무적자야, 호적이 없어요. 이북에서 내려오셔 가지고 호적을 하셔야 되는데 워낙 그 당시에 삼엄하고 그러니까. 그리고 또 중간중간에 박정희 때나 이럴 때는 간첩이나 이런 것들이 워낙 많으니까 숨어 다니셨고. 또 이제 사업 망하면서, 부도나면서 이제 그런 것들이 또 있어서 계속 그냥 그렇게 사셨다고. 그래서 나는 어머님한테 올라가 있는 거예요 [호적이], 어머님으로. 그러다 보니까 그 신검 받을 때 서류 전형에서 떨어진 이유가 어머님 연세가 많으셔요, 제가 군대를 가면 어머니가 환갑이 넘어. 그러니까 부양가족에 대한 부분이 있어서 면제를 받은 거죠. 그러면 아버지랑 있어야 되잖아.

아버님, 굉장히 좀 심했어요. 정말 맞기는, 묶어놓고 때리시고 심지어 저기 뭐야 그 어린놈이 이런 게 있잖아요, 옛날에 보면 그 길거리에, 리어카에 [물]고기를 담아놔요. 그럼 100원인가 주면, 그때 100원도 큰돈인데, 그걸[100원을] 내가 안 쓰고, [그 돈으로 내가 물고기를] 낚을 거 같은 거야. 그래서 요걸 낚아서, 아버지 저녁에 오니까 칭찬받기 위해서 오직 그걸, '고기를 내가 튀겨드려야 되겠다'. 어린 나이에 진짜 저거 한 거지, 순진한 거지. 못 잡았죠. 근데 아저씨가 어떤 고기 하나를 주더라고. 가져가서 집에 가서 비늘 다

벗겨가지고 프라이팬에, 그때는 곤로잖아요, 곤로. 사놓은 곤로가 있어 가지고 거기다가 기름으로 해가지고 튀겨가지고 이제 저녁에 아버지 오면 칭찬받을라 그랬더니 "뭘, 이 따위를 해놨냐"고. 하라는 저거는 안 하고 어쩌고저쩌고해 가지고 참 그때 좀 상처를 많이 받았죠.

그래서 어쨌든 뭐 아버지랑 떨어지려고 그랬더니 사람들이 얘기하는 게 직업훈련을 가라는 거예요. 그럼 거기는 1년 동안 기숙사 생활을 해야 된대. 뭣도 모르고 '아버지랑 떨어지니까 좋다' 그러고 갔는데 거기도 시험을 보더라구요, 당연히 시험이야 합격하고 들어갔고. 이게 들어가니까 군대네. 머리도 깎아야 되고, 거기에 그 작업복이라고 하는 그걸 입어야 되고 담요도 각 잡아야 되고.

면담자 혹시 소위 문제 있는 학생들 보내고 그런 덴가요?

애진 아빠 그런 건 아니에요. 그게 군사정권 때 만들어진 건데, 박정희 정권이 "산업경제화 만든다" 그래 가지고 그런 것들을 만든 거. 지금은 폴리텍대학이라고 그러죠, 그게 원래 그런 데예요. 그래 가지고 인천에, 인천 직훈[직업훈련원]에 들어가서 아침에 구보하고 점호하고 구보하고 식사, 열 맞춰서 식사하고 저녁에 불침번도 서고 군대하고 똑같아요. 거기에는 또 군필자가 왕이야.

면담자 80년대 중후반 정도 됐던 거네요?

애진 아빠 예, 예. 후반이죠. 그러니까 그때 거기는 기숙사인데 흔히 군대에서 내무반이라고 생각하시면 돼요. 근데 거기에서는 군대 갔다 오신 사람들도 오거든요, 기술을 배우려고. 이 사람들이 왕이야. 군대 갔다 와서 다 알죠. 그래 가지고 거기도 말 안 들으면 두들겨 패고 막 이런 것들이 워낙 심해 가지고. 근데 이제 그때만 해도 제가 의외로 깡이 있어 가지고, 뭐 군대 갔다와 봤자 24, 5밖에 더 됐겠어요. 그래서 진짜 대여섯 명이 그렇게 그래도 같이 맞붙어 싸웠지. 다리도 부러지고 머리도 깨지고 그러면서도 그냥 바락바락 대들었지. 그다음서부터는 안 건드리더라구. 그걸 내가 들어가기 전에 우리 동네 형님한테 들었어요, "가서 기죽지 마라"고. 그래 가지고 1년 있다가 자격증 따고 거기서 취업을 시켜준 데가 안산이에요. 그래서 안산에 오게 된 거예요.

면담자 거기서 어떤 자격증을 따셨나요?

애진 아빠 가구 제작 자격증하고 목공 자격증을 딴 거죠. 그래서 내가 지금 아빠들 목공방에다 내 자격증 빌려 준다 그랬어(웃음).

면담자 우리 애진 아버님이 목공소 일을 적극적으로 하셔야 될 거 같은데요.

애진 아빠 그건 못 하니까, 뭐 아무튼 그래서 안산 온 거예요. 그런 과정들이 있었죠. 〈비공개〉 아버님이 지금 하늘공원에 계셔요. 〈비공개〉 어머님은 벽제에 계셔요. 근데 요번 참사로 인해가지고 효원이나 서호를 보니까 너무 좋더라고 시설들이. 그래서 합장을 할까 하다가, 집사람이랑 얘기하다가 우리 집사람이 그러는 거야. "어머님이 좋아하실까?" 그래서 "아, 그렇다. 그렇구나" 그랬는데.

이제 뭐 그런 거 농담 삼아 얘기하는 거지만 어머님, 벽제를 솔직히 제가 많이 찾아가 보진 못했어요. 대신에 그 시설 연장을 하면, 계속 연장을 했죠. 근데 이번에 왜 안 옮긴 계기는 관홍이[김관홍 잠수사]가 있어요. 관홍이도 이 참사 나서 제일 먼저 나하고 장훈이, 진상규명분과장하고 접촉을 했고, 과정도 얘기를 들으면서 관홍이하고 정도 좀 들었고, 저 사람이 전에도 저한테 전화도 좀 했었고, 그래서 이제 이놈이 "형, 형" 하니까. 근데 이제 관홍이가 거기[벽제중앙추모공원] 있으니까, 이것도 또 인연인 거 같더라고. 어머님 보러 갈 겸 관홍이 보러 갈 겸, 어쨌든 매년 가니까 잘됐다 이렇게 했고. 아버님은 하늘공원에 있잖아요. 그래서 아버님은, 물론 나도 자주 가지는 않지만 애들 덕에 또 아버님도 보러 가고.

면담자 아버님은 언제 돌아가셨나요?

애진 아빠 아버님도 지금 돌아가신지 한 10년 됐어요. 어머니 먼저 돌아가시고, 그러고 그 이후 한 7년 있다가 돌아가셨어요. 아버님이 여기 [경기도]미술관 뒤에 거기서 돌아가셨어요. 겨울에 우리가 흔히 얘기하는 마실 나가셨다가 화장실 그 살얼음판에 미끄러져 가지고 뇌진탕으로 돌아가셨고. 그래서 뭐, 아니 이게 또 모르겠어요. 나는 그냥 물론 그렇게 생각하면 되겠지만, 나는 그렇게 생각을 해요. '이것도 또 아이들하고 맺어진 인연이기 때문에 굳이 어머님, 아버님 이동 안 해도[하고] 있는 것도 괜찮다'라는 생각이 들어서요, 우연치 않게 또 그렇게 됐고.

4
안산 정착 후 노동조합 활동

면담자 아버님은 어떻게 소개를 받아서 안산 쪽에서 일을 시작하게 되셨어요? 부모님께서 서울에 계시다가 나중에 안산으로 오신 건가요?

애진 아빠 어머님이, 솔직히 그것도 좀…. 그니까 어머님이 저희 결혼을 굉장히 반대하셨어요, 우리 집사람하고.

면담자 제가 듣기로는 엄청나게 연애하시고 결혼하신 걸로….

애진 아빠 아니, 엄청나게 연애….

면담자 잉꼬부부로 소문이 자자해서(웃음).

애진 아빠 엄청 연애는 아니고 그냥 길 가다가 그쪽에서 무슨 회식이 있었나 봐요, 바깥에서, 라성[호텔] 쪽에서. 그래 가지고 그냥 쪽지를 줬죠. 그 남자들도 보면 마음에 (면담자 : 갑자기 쪽지를) 아니, 딱 지나가다가 마음에 든 거예요. (면담자 : 음식점에서요?) 아니, 길가예요. 그때는 다들 회식하고 나오면 딱 모여 있잖아. 그래서 마음에 들어서 쪽지를 준 거예요, 가서. (면담자 : 아, 그냥) 예, 그 자리에서 그렇게 써가지고, 연락처만. 그 마음에, 저기 마음에 드니까.

면담자 뭐가 그렇게 마음에 드셨어요?

애진 아빠 그 남자들의 로망 있잖아. 아니, 앞모습을 봤으면 안 그랬을 건데. (면담자 : 뒷머리가 길고…) 뭐 길고, 아… 그래 가지고 줬더니만 다음 날에 연락이 왔더라구요. 그래서 만나게 된 거예요. (면담자 : 길거리에서) 예. (면담자 : 진짜요?) 예.

면담자 　한눈에 반해서 결혼을 하신 그런 경우군요.

애진 아빠 　결혼은 안 했고 그때 연애를 시작을 했죠. 그때 어머님이 심장성 폐출혈로 돌아가셨거든요. 지금 생각해 보면 워낙에 봉제공장 오래 다녀서 먼지 흡입이나 이런 것들이, 그니까 거의 뭐 산업재해에 노출되어 있는 거죠. 그 당시만 보더라도 꽉 막힌 데서 100여 명 가까이가 그 먼지투성이에서 일을 하니 당연히 뭐 좋겠어요? 그게 이제 쌓이고, 쌓이고 그런 거 같고. 내가 [안산에] 오고 나서 아버님은 맨날 술만 드시고 어머니 괴롭히고. 어머님이 어느 날 너무 몸이 안 좋다고 그래 가지고 내가 모시고 왔어요, 안산으로.

면담자 　어머님만?

애진 아빠 　예, 어머님만. 그래 가지고 집사람이 그때 임신할 땐데, 큰애, 아니 애진이 임신할 때. 그런데 아주 지극정성으로 돌봤어. 근데 이게 돌아가실 때가 되니까 느끼셨던 [건지], 아버님은 혼자 있으면 안 된대, "밥도 안 먹는다"는 거예요. 이러니까 기다리라고, 내가 확인해 보겠다고 [하고 확인해 보니까] 아니나 다를까, 그 동네 중국집이나 이런 데 가가지고 맨날 외상으로, 워낙 [동네에서] 오래 사셨으니까. 밥은 뭐 드서, 안주 겸 술 겸 그래 가지고 그러고 계신 거야. 어머님이 안 되겠대, 가야 되겠대. 그래서 갔는데 동네에다가 얘기를 한 거지. 알고 봤더니 "며느리가 너무 잘한다. 애가 너무 고맙고, 잘 챙겨줘 가지고" 동네에서 그렇게 얘기하셨는데, 그러고 나서 딱 일주일 있다가 돌아가셨어요. 연락이 갑자기 왔더라구. 그래서 "119 불러라" 그래서 부르고 내가 바로 갔죠, 한일병원으로, 쌍문동에. 거기서 [의사가] "이제 도저히 힘들 거 같다" 그래 가지고 알았다고.

면담자 어머님이 아버님한테 다시 가셨는데 일주일 만에 돌아가셨네요.

애진 아빠 예. 그 당시는 그 장례식장도, 지금이야 뭐 상조회 이런 것들이 있잖아요. 그때는 없어요. 거기다 또 긴 장[葬]이야. 나는 일가친척도 없지, 뭐 어떻게 해. 회사에, 그 당시에 내가 노동조합 사무국장을 지냈기 때문에 일단은 사람들이, 회사 사람들이 그때 많이 참석을 해주고. 거기에 그 [장례식장] 식당에서 서빙을 해주시는[셨던] 분들, 지금의 우리 세월호 활동을 하시는 우리 지역 사람들이에요. 오정숙이, 오혜란이 뭐 정세경이 다 이런 사람들. 고런 사람들이 다 그때 그렇게 해줬고, 어쨌든 장례도 잘 치렀고, 그런 게 있는 거죠.

면담자 그 이후에 아버님을 안산으로 모시고 오신 건가요?

애진 아빠 나는 솔직히 아버님은, 저는 보고 싶지가 않았어요. 너무 화가 났어. 어머님이 그러고 있는데도 그냥…, 술만 드시고 밥 타령만 하시고 너무 싫더라구. 근데 그래도 자식인데 어떻게 해요. 집사람이 "아버님 저렇게 둘 거냐" 그래서 모시고 왔죠. 왔는데 여기 오니 뭐 생전 아는 사람이 있어, 뭐가 있어? 그리고 나는 진짜 싫었어. 아버지가 여기서는 애들도 있는데 또 술 드시고 다니시고. 또 술 드시면 그 옷차림이나 이런 게 망가질 수밖에 없잖아요. 또 그렇다고 해가지고 부모인데…. 심지어 뭐 사 입히면 나갔다 들어오면 그게 없어, 남 주고 와요. 거기 할아버지들, 노숙자들 있으니까. 그리고 돈을 드리면, 용돈을 드리면 또 다 술로 그냥. 그래서 "용돈 주지 마라, 술만 드시는데. 차라리 집에 들어오시면 여기서 반주로 드려라" [했지만] 그게 되나. 그래도 집사람은 "그렇게 하면 안 된다, 하시고 싶은 대로 하셔야지" 또 몰래 챙겨주고. 그러면 이제 또 뭐 하시면, 무슨 일이 생기면 회사에서 가야 되고, 또 "병원에 있다" 그러면 병원에 가야 되고, 집에 들어오면 내가 또 다 씻겨야 되고, 그렇게 한 또 7년을 계시다가 아버님도 결국 돌아가시고.

면담자 아버님도 그렇지만, 옆에서 진짜 애진 어머님이 고생하셨겠네요.

애진 아빠 많이 고생했죠. 결혼도 저희는 늦게 했어요. 어머님이 워낙 완고하셔 가지고.

〈비공개〉

면담자 안산에 오셔서 애진 아버님이 민주노총[전국민주노동조합총연맹] 지부장까지 하셨죠?

애진 아빠　민주노총 지부장은 안 했구요. 민주노총 조직이 좀 굉장히 복잡하잖아요. 지금 위성태라고 아세요? (면담자 : 네, 알아요) 위성태가 민주노총 안산지부 의장을 지냈고, 그 전에 위성태 의장 전에 제가 사무국장을 지냈는데, 그게 좀 말들이 있어. 뭐냐면, 전국에서 웬만하면 지부 사무국장은 경선을 안 붙어요, 한 번도 붙어본 적이 없어. 근데 유독 안산만 경선이 붙었어요. (면담자 : 그때만요?) 예, 제가 출마했을 때만. (면담자 : 왜?) 왜냐면 당시에, 물론 이제 그게 노선에 대한 문제도 있긴 하지만 그….

면담자　그게 몇 년도인가요?

애진 아빠　2000…2년인가? 아, 2002년 정도 됐겠네. 뭐 노선도 있지만 워낙 지부에 대한 입장이 워낙 달라서 경선이 붙었죠. 안산 예술의전당에서 대의원대회를 갖고 붙었는데 제가 표를 많이 얻었죠. 당선이 돼가지고 당시 의장이 있었지만 의장의 그 독선적인 부분들을 어쨌든 견제하려고 제가 들어간 거기 때문에 우리 쪽 사람들끼리도 논의해서, 그래서 그때 제가 사무국장을 했었죠.

면담자　잠깐만요. 그러면 그 전에 안산에 오셔서 가구 공장에 처음 취직하시게 됐던 거구요.

애진 아빠　90년도 초에 여기 왔는데, 와가지고.

면담자　몇 년도에 안산에 오신 건가요?

애진 아빠　90년도요. 예, 여기 89년도 말에 온 거죠, 정확하게 보면. 학교를 다니다가 고만두고 온 거니까.

면담자　　군대는 결국 면제받아서 못 가시고, 직업훈련원을 가셨다가 여기로 오신 거죠.

애진 아빠　　그래서 왔는데 밀라노가구라고 있어요. 여기 안산에 가구 회사가 두 군데 있었거든요. 옛날에 노송가구라는 데랑 밀라노가구인데, [저는] 밀라노가구를 갔는데 거기서 뭐 잘 일을 했죠, 한 1년 동안. 그러다 이제 임금 인상에 대한 문제 때문에 노동조합은 없었는데 조합이 만들어졌어요.

면담자　　가구 공장에 노동자 수가 얼마나 됐었나요?

애진 아빠　　그때 저희 전체 한 130명 정도 그렇게 있었는데, 저는 물론 거기서 기숙사 생활을 했고. 그러다가 몇몇 분들이 해고를 당하셨어요. 그래서 저도 어쨌든 "젊은 애들이 있어서 이래서 되겠냐?" 그래 가지고 같이 동조를 했고, 그랬더니 해고를 시키네. 아, 근데 해고 사유가 참 드러워.

면담자　　거기 입사하신 지 얼마 되지도 않았는데….

애진 아빠　　1년 만에 그랬어요. 제가 세종대를 들어갔다 그랬잖아요, 합격을 했거든요. 근데 1학기를 못 다녔어요. 1학기 다니다가 때려치우고 나온 건데, 이력서 허위 기재라는 거예요. 이력서에다가 대학 입학했던 내용을 안 썼다는 거예요. 그러니까 말도 안 되는 위장 취업이 되어버린 거지. 그래서 어이가 없어 가지고, 어짰든 그 청년들 중에 젊은 청년들 중에 몇 명은 날려야 했던 판이었던 거야, 회사 입장에선. 안 그러면 이게 자꾸 확산되니까. 그래가지고 이제 안산에 안산 노동사무국이라는 데가 있었어요. 그때 거기서 노동조합 설립 신고를 준비하고 해고자들 해고 싸움 준비하고 요랬었죠. (면담자 : 1년 만에) 예. 그래서 1년 동안 해고생활을 했었고, 그래 가지고 1년 후에는 복직이 됐는데….

면담자 그럼 그때 몇 분이 같이 해고되셨던 건가요?

애진 아빠 아니, 그때 많이 해고당했어요. 8명인가 그리고 12명까지 해고당했어요.

면담자 90년대 초에요?

애진 아빠 예. 그때는 이쪽 지역이 노사문제가 굉장히 컸을 때예요. 그쪽 600블록이 또 강성 노조가 되게 많았어요. 당시에는 공권력에 대한 부분이 워낙 강했기 때문에 그래서 그쪽이 그런 바람이 쫙 일어났던 거지. 근데 당시에 내부에서 이거를 "한국노총[한국노동조합총연맹]으로 가야 된다"고. 그 당시에는 법외 노조인 전노협[전국노동조합협의회]이, 지금의 민주노총 전신이죠, "전노협으로 가야 된다" 그러다가 결국 한국노총으로 갔죠. 그리고 나는[내가] 복직이 되면서, "더 이상 회사를 못 다니겠다"[라면서] 한국노총으로 가버린 거야, 위원장이. 그래서 완전히 어용화라는 것 때문에 고만뒀죠, 그때. 복직이 되고 나서 고만둔 거예요. 고만두고 이제 지역에서 활동을 하기 시작했죠.

면담자 그러면 취직은 다시 안 하시고요?

애진 아빠 안 한 거예요, 예. 안 하고 있다가 그 92년도[91년도]에 박창수 열사 사건이 터졌죠. 일단은 90년도 초에 여기 안산에 원태조, 박성호 열사 사건이 터졌어요. 금강공업이라는 회사에 노동조합이 만들어졌는데, 공권력이 투입되는 순간에 갑자기 그냥. 물론 그분이 "가까이 오면 분신하겠다"라고 했는데, 공권력이 그럼 최대한 자제하고 노동자들의 안전이 담보가 되어야 하는데 그 당시 뭐 그런 게 있어…. 그냥 덮쳐버리니까 불이 확 붙어가지고. 그래서 원태조, 박성호 열사가 고려대병원 왔다가 원태조 동지가 먼저 죽고 박성호 열사[는] 한강성심병원에서 마지막 운명하시고.

그리고 이제 여기가 난리가 났어, 이 안산 일대가요. 그래 가지고 당시에 수대협[수원지역대학생대표자협의회], 전대협[전국대학생대표자협의회]들하고 해서, 〈비공개〉 지금 현재 전준호 위원장. 전준호 그리고 저기 누구야 신윤관 이런 사람들이 다 이제 당시에(웃음) 학생운동을 하셨던 분들이에요. 그래 가지고 여기 안산에서 라성[호텔] 쪽에서 대대적인 집회가 열리죠. 그러다가 그 전경 한 분이 하이바[헬멧]를 벗고 쉬다가 돌에 맞아요, 그래서 죽어요. 그래 가지고 안산 지역이 완전 초토화가 된 거야, 이제 활동 단체들이. 당시에 거기 누가 있었냐면 그 오관영이라는 사람이 있었고, 일단 그 노동자의 집 쪽이나 이런 쪽은 다 수배 떨어지고, 구속당하고. 거기에 누가 있었냐면 10반에 다영이 아빠가 있었어요. 현동이 형이 그 당시에 그 노집[노동자의 집]에 간사로 계셨거든요.

면담자 그때 다영이 아빠가 노집에 간사였어요?

애진 아빠 그래서 현동이 형은 잘 알지. 그리고 나중에 그 형이 안 보이길래 '이제 운동을 그만두고 어디 가셨나' 생각을 했었죠. 그 당시에 완전히 초토화가 되면서 저 또한도 문제가 됐었고. 이제 도망 다니다가 그러다 집사람 만난 거예요(웃음). 그래서 계속 안산에 있게 된 거죠, 나는 직장은 들어가야 되겠고. 그러다가 지금 자유한국당에 이미자라고 있죠, 지금 환노위[환경노동위원회]에 있는. 지금의 이쪽 안산 단원 갑 쪽의 비례대표 그 사람이 대림수산 지부장이었거든요. 우연찮게 그 사람을 알게 돼가지고 그 사람이 "우리 회사 들어와라"[라고] 제 지부장의 권한으로 들어[와라], 내가 어떤 일을 했는지 알면서도 "들어와라, 노동조합 활동을 좀 했으면 좋겠다" [해서] 들어갔죠. 들어갔는데 이게 되나. 이게 딱 보니까 전체적인 총회 의결 기구가 있음에도 불구하고, 대의원대회에서 모든 걸 정리를 해버리는 이런 진짜 안 좋은, 비민주적인…. 그래서 그때 교육부장을 맡으면서 나름 세를 좀 모으려고 했는데, 결국 그게 쉽게 깨지는 조직이 아니어서. 그래 가지고 거기도 오래 못 다녔어요, 거기도 한 1년 다녔나.

그러고 나와서 광명전기라는 회사를 들어갔고. 거기두, (면담자 : 광명전기?) 예, 지금 보면 길거리에 전기 배전 간판 큰 거 있죠. 웽웽 소리 나는 거 그거 만드는 데예요. 근데 거기도, 웬만하면 그 당시에 다른 회사 들어가기가 쉽지 않아요. 근데 거기도 노동조합이 물론 한국노총은 아닌데, 기업노조인데, 당시에 사무장이나 이런 사람이 노동당에 가입해 있던 사람들이고 그래서 거길 들어갔죠, 그 사람들 소개로. 그러다 어쨌든 노동조합이, 지금 생각하면 '노동조합에 대한 선택이 잘못되었다'라는 부분이 있고, 간부들에 대한 [평판에 따르면] 품성들이 너무 안 좋았어. 그거는 회사가 명확하게 보고 있었고, 그래서 어쨌든 [노조를] 깰 참이었던 거 같아요. 그래 가지고 이러다간 안 되겠다 싶어 가지고 옥상 점거 운동을 하다가 한 달 만에 끌려 내려오고. 거기서 이제 완전히 와해되어 버린 거지. 그래서 고만두고 그러다가 그 지역에서 활동을 하는데, 당시 노래패 활동을 계속했거든요.

면담자　그러면 오혜란 씨 하시던 노래패 말씀이시죠?

애진 아빠　예. 혜란 누나는 91년도에 알았어요, 박창수 열사 때. 그때 제가 박창수 열사 사수대를 했었는데, 박창수 열사는 누군지 아시죠? (면담자 : 네, 91년 한진중공업) 한진중공업에서, 어쨌든 저희들은 안기부[국가안전기획부, 현 국가정보원]에 의해서 조작 살인이라고 보는 건데, 그때 이제 영안실 벽 깨고 들어올 때 제가 있었거든요. 그때 거기 규찰 서면서 혜란 누나가 그 안노, 그니까 안문연이라고 안양지역문화인예술연합이라고 있어요. 거기 노래패 '새힘'에 있어 가지고 노래를 가르치고 막 그랬었죠. 혜란 누나라고 해봤자 나보다 1살 많지. 그래 가지고 그때 알게 된 거고, 이제 안산에 노동조합 노래패 어울리면서 계속 같이 했었던 거고, 혜란 누나도 이쪽[안산]으로 왔고.

면담자 애진 아버님은 유가족합창단[4·16가족합창단]은 안 하시지 않아요?

애진 아빠 하기가 솔직히 쉽지 않았죠. 제가 말씀드렸지만 가족협의회에서 2년 만에 말을 처음 했는데, 이 확대운영위에서 한마디 말도 못 하다가. 그런데 갑자기 생존자 부모가 합창단 하기에는 쉽지 않았죠.

면담자 처음에는 그렇지만 계속 활동을 굉장히 많이 해오셨는데요. 저는 사실 목공 하시는지는 몰랐지만요(웃음). 아버님은 주로 조직 일을 하셨던 거 같아요.

애진 아빠 예, 그래서 지금은 솔직히 시간도 없구요. 그래서 어쨌든 그때 그렇게 지역에서 활동을 하다가, 노래패 패장이 당시 지금 내가 24년 동안 다녔던 회사의 그 위원장이었어요. "야, 이번에 우리 회사 사무직으로 들어와라" 그래 가지고 거기 딱 들어간 거지. 그니까 짧게 짧게 근무를 해서, 1년 만에 회사 그만두고, 또 광명전기 몇 개월 만에 그만두고, 대림수산도 1년 만에 그러니까 93년도인가에 회사를 들어가게 된 거 같아요, 신흥에. 치과 의료기기 만드는 회사. 이제 여기에 완전 못 박게 된 거지. 왜냐면 당시에 위원장도 민주적인 위원장이고 그리고 민주노조에, 그 한국노총 소속이기는 하지만 한국노총을 탈퇴하려고 준비 중이었고. 그렇게 해가지고 이제 신흥에서 계속 근무를 하게 된 거죠.

면담자 이 회사는 주로 무엇을 만드는 회사인가요?

애진 아빠　　치과 의료기기죠, 유니티 체어[환자가 누운 자세로 진료를 받을 수 있게 해주는 의자]라고. 그래서 의자 체어하고, 치과에 가면 의사 측하고 간호사 측 다 있잖아요. 스케일링 이런 거 다 있듯이 의자, 엑스레이 뭐 이런 거 다 해요.

면담자　　그 당시에 신흥 같은 경우에는 어느 노총에 속해 있었나요?

애진 아빠　　그 당시에는 속해 있질 않아요.

면담자　　그 이후에 민주노총이 만들어지는 과정에서 같이 하게 된 건가요?

애진 아빠　　예, 조직 전환을 했죠. 그게 상당히 힘들어요. 조직 변환, 전환하기가. 전체 3분의 2 찬성에 대한 거를 의결을 받아야 되기 때문에, 회사도 공작을 할 것이고. 근데 의외로 회사가 노사 문제에 개입을 안 하더라구요. 그래서 순조롭게 조직 전환이 된 거고 그래서 민주노총에 가입을 하게끔 된 거죠.

면담자　　상당히 많은 기업이 한국노총에 소속되어 있었는데, 그 시기에 민주노총이 생기면서 어떤 급격한 변화가 있었는지, 또 조직 전환은 어떻게 됐는지요?.

애진 아빠　　그 당시에는 민주노총이 없었죠. 없었고, 전노협이 있었고. 업종회의, 연대회의 이런 과정을 거치면서 결국은 민주노총을 만들었는데, [이] 지역은 안산지역노동자대표자회의라는 걸 구성을 하게 돼요. 안노대라고 일명. 이 안노대에 누가 있었냐, 지금 도의원인 김현삼, 그리고 우리 회사에 당시 위원장인 서정환이 그리고 박은호 그리고 지금 이제 시의원 되셨죠, 박태순. 요런 형님들이 주로 안노대의 핵심 간부들이었구요. 거기가 좀 민주적인 절차의 노동조합들이 모인 거예요, 그 대표자연석회의를 하면서 이 연석회의가 전국의 업종회의를 꾸리면서 서울 여의도에서 민주노총을 출범시키죠. 그래서 여기 있던 이 내부 조직들이 다 민주노총에 들어오는 과정들이 있었던 거예요.

그래서 지역에서는 어쨌든 합법적인 노조기구가 필요했던 거야, 전국적인 그 노동 전선에서는. 그래서 이것들에 대한, 왜냐면 계속적으로 그, 물론 이제 노동조합들도 많은 피로도가 있었고. 그리고 조직적인 부분들이 하나로 모이지가 않으니까 계속 분산되는 과정들 그리고 각개전투로 열리는 것들이 너무 많으니까 그렇게 하면 계속적으로 피로적인 부분들이…. 그래서 조직도 깨져나가고 그래서 연대기구체가 필요하다 보니까 그 점조직에 있던 것들이 하나로 모으는 과정들이 있었던 거죠. 그래서 각 지역들은 준비하고 있었던 거고, 그거를 한 수 년 동안 준비해 왔던 거예요, 계속 노동자대회 열면서. 원천 봉쇄했잖아요, 예전에는 노동자 대회조차도.

그리고 당시는 요기에 안산 지역은 NL[민족해방] 노선을 추구하는 데가 워낙 많아서, 왜냐면 학생운동에 대한 경험들이 상당히 있어요. 그래서 이게 집중이 잘된 걸로 판단을 하고 있었고, 90년도에는 특히 통일운동전선들이 활기차게 움직였잖아요. 그래서 그러한 조직들이 노동 현장에도 학생들이 많이 들어가다 보니까 그런 게 많이 전파가 돼서, 의외로 그거에 있어 가지고는 조직력들이 좋았죠. 그래서 안산이 안노대를 주축으로 해서 출범이 됐고, 민주노총 조직들이 쫙 들어오게 된 거죠. 그렇게 좀 만들고….

면담자 90년대 중반부터 2010년대까지 주로 어떠한 활동을 계속해 오셨는지요?

애진 아빠 지역에서는 계속, 큰 틀에서는 어쨌든 그 한국노총보다는 조직 수가 적으니까. 그리고 워낙 강성이라는 게 굉장히 강한데 실제 민주적인 절차에 있어 가지고는 '민주노총이…', 지금의 민주노총이죠. '민주노총이 맞아' 이런 것들이[인식이] 대다수의 노동자들한테는 깔려 있어요. 근데 솔직히 이제 나라가 자본주의다 보니 솔직히 편안하게 가려고 그러지 힘들게 가고 싶진 않거든. 그러니까 대충 타협적인 전선, 그런 것들이 이루어지잖아요. 솔직히 민주노총은 그러지 못하거든. 왜냐면 대의원 조직들이나 총회 조직이 명확하게 있다 보니까 이거에 있어 가지고는 당시에는 뭐 타협이라기보다는 적대적 관계로 갈 수밖에 없었어. 그것이 또 많은 교육 속에서 자본과 노동은 공존할 수 없다는 게 명확하게 깔려 있는 거여서. 그러다 보니까 한국노총 조직으로 많이 가려고 하는 거고. 민주노총에서는 나름 조직적 관점에서는 조직이 자꾸 확대되어야 되는데, 민주노총에 가입만 하면 갖다가 그냥 두들겨 박아버리니까 다 와해되어 버리고 만들어지기 전에. 그래서 조직 확대 사업들이 주로 있었고, 정치적인 사업들이 상당히 많았죠. 그런 게 굉장히 컸죠.

면담자 저도 기억이 나요. 계속 여의도에서…. 그런데 그때 당시 분위기가 굉장히 좋았었어요.

애진 아빠 연대 단체들도 많았고.

면담자 그러니까요. 민주노총, 한창 할 때는 참 그랬죠.

애진 아빠 그래서 한번 저희 회사 같은 경우에는 휘청거렸을 때가 제가 사무장이었을 때인데, 사무장 처음 당선되고 나서 나름 젊었으니까, 96년도죠. 96년도에 젊으니까 [회사의] 젊은 애들하고 거의 내가 한창 애들하고 술 마시러 다닌 때니까. 그래서 애들이랑 이런 얘기 저런 얘기, 무용담도 얘기할 때. 그러다가….

면담자 당시에는 이미 애진 엄마를 만나서….

애진 아빠 만나고 살 때예요. 그러다가 이제 얘네들을 데리고 제가 연대[연세대학교]를 가게 돼요. 당시 이제 통일 운동, 8월 달 범민족대회가 있어 가지고….

면담자 96년 연대, 참가자들이 많이 다쳤을 때 말씀하시는 거죠?

애진 아빠 범민족대회는 제가 10년차까지 계속 다녔으니까, 참가를 했어요. 근데 우리 애들을 회사에서 한 40명을 내가 끌고 들어간 거예요. 근데 당시에 통일 노선이 갈려요. "합법적 테두리 안에서 통일 운동을 지향을 하자", 대중적인 참여. [또 하나는] 물론 여기도 대중적인 참여지만 "정부의 통일 노선에 있어 가지고 이렇게 지향은 할 수 없다", "해외 삼자연대가 명확하게 있는데 이거에 대한 약속을 지켜야 되는 게 남측 본부에 대한 입장이다"[는 주장]. 그래서 원로들은 민화협[민족화해협력범국민협의회]이라는 체계로, 김영삼 정권 때 그리로 가시고. 여기에 일부 전국회의 내부에서도 갈라지면서 이쪽으로 가시고. 우리는 "원칙을 고수하자" 그래서 "남과 북 해외 간 약속은 삼자연대를 지켜내자". 그때가 이제 자주평화민족대단결에 대한 큰 틀의 원칙인데, 이걸 고수했죠. 당연히 젊은 애들은 그렇지, 학생 중심들은 다 그쪽에 대고. 그런데 그게 이제 정부가 만들어놓은 그물이었지.

그러다가 한양대로 가다가 갑자기 바뀌어요. "연세대로 나가야 된다" 그래 가지고 연세대로 들어갔다가 고립될 줄 누가 알았나. 그래 가지고 일주일 고립되고 그러고 나서 나왔는데, 깜짝 놀랬어요. 그 당시 학생회 애들이 연구실 강의동에다 "절대 이거는 연구에 대한 기록물이니 건드리지 마시오". 그리고 "모든 물품들은 건드리지 말고 여기는 숙소로만 사용하세요" 이렇게 다 붙여놨는데, 분명히 내가 거기 있었거든요. 그런 내용은 온데간데없고 벽에다가 뭐 "김일성 장군 만세" 이런 문구들[이 있는 거예요].

면담자 그건 누가 쓴 거예요?

애진 아빠 제가 봤을 때는 그건 조작인 거지, 경찰들이 그렇게 만들어낸 거고. 그러면서 대대적인 언론탄압을 하죠. "주사파, 북한의 주체사상 운동을 했고 여기서 학습을 했다"는 둥 어이가 없는 거야, 이게. 그때 굉장히 상처를 많이 받았죠.

면담자　　저도 그 안에서 그런 일이 있었는지는 몰랐어요.

애진 아빠　　지역에 내려왔더니 나는 완전히 왕따가 됐고, 심지어 내가 그때 대회 가는 날까지도 안산역에 와서 지역의 선배들이 "너 같은 새끼는 운동할 자격 없다, 갔다 와서 보자. 그리고 너는 조직에서 제명시킬 거다" [그러더라고]. 그리고 회사에 들어, 내가 회사 애들 데리고 갔는데, 현장이 일주일이 마비가 되어버린 거예요. 원래 토요일 날, 모든 것들이 토요일 날 전야제 끝나고 일요일 날 본 대회 하면 집에 오면 밤 8시나 이렇게 되는데 일주일을 갇혀버리니 라인이 다 멈춰버린 거예요. 그래 가지고 갔다 와서 어쨌든 애들은, 무사히 얘네들을 [데리고] 빠져나와야 되는데 그중에 한 아이가 잡혔어. 그 단순 가담자로 해서 물론 나오긴 했는데 회사에 딱 오니까, 이거는 회사 입장에서는 라인이 일주일 동안 끊기고, 그리고 이제 여기에 대한 피해와 그 징계 절차를 밟아야 된다고. 근데 그나마 조합이 힘이 좀 있어서 회사하고 잘 무마는 했어요.

면담자　　다시 회사에 돌아가서 일은 계속하셨고요.

애진 아빠　　예, 일은 계속했고. 그리고 이제 나는 지역에서는 완전히 뭐 왕따 당하는, 찍힌 거죠. 그래서 한동안 바깥에 안 나갔어요, 그래서 집에서만 있었고. 그리고 [안산] 지역에 이제 모임, 조직이 있는데….

면담자 그러면 그때는 애진 아버님이 회사 사람들만 데리고 가신 거예요, 다른 회사들은 안 갔어요?

애진 아빠 다른 회사도 있었어요. 예, 있었어요. 거기도 뭐 만만치가 않았었던 거 같은데.

면담자 거기는 약간 개별적으로 움직이셨던 거군요.

애진 아빠 예. 그래서 지역에서 "제명 절차를 밟겠다" 그래 가지고 "마음대로 해라" 그랬는데, 내부에서 논의한 결과 제명을 하자니 부담스러운 것도 있고 그래서 자진 사퇴하는 걸로, 우리 지역 그 모임 조직에서. 그때는 그 모임이 굉장히 컸거든요. 안산에 전체 회원이 300명 가까이 됐으니까. 그래서 "그렇게 해라", 그렇게 하고 그때 제가 이제 자진 탈퇴하는 걸로 하고. 그래서 지역 사회 활동을 당분간은 안 했죠.

면담자 300명 가까이 되는 그 조직은 이름이 뭐였나요?

애진 아빠 안산에 '한벗노동자회'라고 있었어요.

면담자 안산 한벗노동자회요, 이름 들어봤어요.

애진 아빠 한벗노동자회에 지금 대다수 활동하시는 분들이 그 조직에서 다 활동했던 사람들이에요. (면담자 : 안산 지역에서) 지역에 지금 우리 그 세월호를 기억하는 사람들이, 활동하는 사람들이 대다수 그쪽 사람들이에요. 그래서 그렇게 있다가 한… 진짜 한 1년 활동 안 했네, 회사만 있다가.

그때 그러고 나서 한총련[한국대학총학생회연합]은 지금 다 와해가 됐고 그리고 실제 통일운동 쪽에서는 이제 범민련[조국통일범민족연합]이라고 하는 쪽은 뭐 거의 낙인찍히고. 탄압을 무진장 받았지 뭐. 어르신들은 옥살이 다 하시고, 그렇죠. 그렇게 있으면서 1년 뒤에는 다시 활동을 좀 시작하고, 응.

면담자 그럼 다시 한번 노동자회로 들어가신 건가요?

애진 아빠 아니, 들어가지는 않았죠. 저는 그냥 거기 그만뒀고, 단일 사업장에 있으면서 사무장을 제가 8년을 했어요. 6년을 했어요, 6년. 6년을 하고, 그래도 이제 저기서 노래패 활동을 계속했기 때문에 이게 사무장을 하다 보니까 아무래도 각 조직들을 받쳐주는 일이 많다 보니까, 연대 전선들이 또 펴지잖아. 문화 활동을 했어가지고 율동도 했고 노래도 하고 그러니까. 그 전국문화패연합이 구성되면서 거기에 또 제가 끼어들게 되죠(웃음). 그래서 전국노동자문선대회를 꾸리면서 금속노조 경기지부 문화국장으로 제가 가요. 그래서 경기지역 쪽에 문화패들을 구성을 하면서 이제 민주노총 중앙하고, 당시 문화국장이 지호인데, 김지호라고 울산 출신인데, 걔는 지금은 저기 뭐 다른 문화 활동을 하고 있는데, 그렇게 해가지고 지호를 주축으로 전국적으로, 이쪽이 수도권이다 보니까 문화패들을 거의 이제 흔히 얘기하면 우리 노선으로 다 장악을 하죠.

그렇게 해가지고 새로운 주축이 되고 그리고 그다음에 위원장

출마를 하게 되니까, 원래 대부분 민주노총이나 이렇게 보면 문화패들이 그 위원장이나 위원, 임원진들을 많이 해요. 지금 삼호중공업에 지금 우리 선체 인양도 있지만, 거기 지금 삼호중공업 지회장도 나는 그 사람을 모르는데 그 사람은 나를 알더라고. 지난번에 가족들하고 한 번 고맙다고 삼호중공업 노사[하고] 식사 함께 했거든요. 그 지회장이 "아, 저는 애진 아버님 안"대. "어떻게 아세요?" 그랬더니 "예전에 문화패 하셨죠?" 그래서 "맞아요" 그랬더니 자기도 문화패 출신이라는 거예요(웃음). 그 선동 교육이나 이런 것들을, 제가 하는 거를 받은 적이 있다고 그러더라고.

그것도 그렇게 되는데, 그 위원장 활동을 하는데 그때 위원장은…, 저는 그게 어쩔 수 없는 뜨거운 감자인데, 왜냐면 전 집행부가, 선거에서 우리 쪽 집행부가 졌어요. 그래서 이제 이 사람이 하는데, 이 사람이 욕심이 많아, 운동 경험은 적고. 그래 가지고 올라왔는데, 그 당시에 금속노조가 만들어지면서 중앙교섭과 지부집단교섭을 해야 하는데, 이게 산별노조[동일 산업에 종사하는 모든 노동자를 하나의 노동조합으로 조직한 것]인데요, 회사는 부담스러운 거예요. "우리는 자동차 업종도 아닌데 왜 자동차 업종에 우리가 가서 중앙교섭을 해야 되느냐, 우리는 의료기기 업종인데"[라는 거죠]. 근데 산별노조에 대한 개념을, 개념이 있고 목적이 있는데 거기에 입장을 따르라는 게 아니라 교섭 테두리에서 어차피 중앙교섭이 끝나면 지부 집단교섭을 할 것이고, 지부 집단교섭에서 각기 정리가 안 될 부분이니까. 그건 또 단위 사업장에서 나머지 부분교섭을 하면 되는데, 사장은 그게 싫은 거예요.

그래 가지고 이제 싸움이 붙어요, 노사 간에. 지부 집단에서는 "[교섭에] 나와라", 사장은 "못 나가겠다". 그러면은 자연스럽게 중앙교섭이 결렬되니까 지부에서는 쟁의 절차를 밟게 되죠. 산별노조니까 다 들어가야 되는 거예요, 파업을. "너넨 들어가면 안 되는 거야", 그때 [그랬는데] 이게 완전히 명분도 없고 그랬는데, 이 사람은 들어가죠. 왜냐, 자기가 금속노조 경기지부 지부장을 맡아버렸거든. 지부장 입장에서 '다른 사업장은 있는데 지부장 사업장이 파업을 안 해?' 그만큼 지부장을 맡지 말라 했는데, 그게 1기 지부장이었는데요, 과도기거든요. 슬기롭게 했었어야 했는데, 맡지 말라는데 맡아가지고…, 그래 가지고 결국은 파업이 들어가면서 회사가 완전 (맞붙인 두 손을 떼며) 이게[갈라지게] 되어버린 거죠.

근데 도저히 이건 수습이 안 되는 거예요. 그리고 지부장도 파업을 중단할 수 없어. 지부장 사업장에서 파업을 중단하면 나머지 사업장들은 문제가 생기잖아요. 결국은 이 사람이 머리를 쓴 게 회사와, 임금과 단협[단체협상]을 가지고 그냥 투표에 부쳐버려요. 근데 부결 나, 조합원들한테. 그러니까 "그러면 난 부결 났으니까 도의적인 책임지겠다, 위원장 그만두겠다", 이게 이 사람들의 전술이었던 거 같은데, 무책임하잖아. 그만둬 버리니까 그럼 어떻게 해요, 이걸 끝내야 되잖아요. 지금까지도 난리가 난 거예요, 우리 사업장 때문에. 그래 가지고 우리 내부에서 논의를 하는데 이제 사람들이 그러는 거지. 그때 가서 "저쪽 집행부가 올바랐다. 올라와야 되는 거 아니냐"[라고 해서] 비대위가 구성이 됐는데, 그리고 다 있는데 나만 쳐다봐. 이 사람들 뭐, 여성 조합원이나 이런 사람들한테, 의외로 조합원들하고 사이가 좋아요, 제가. 그래 가지고 많이 지지가 있어 가지고, 고민 고민하다가 집사람한테 "내가 [지회장으로] 올라가야 되겠다" 했더니 집사람은 난감하지. 그래 가지고.

면담자 애진 어머니는 다른 곳에 계셨던 거죠?

애진 아빠 예, 그래서 제 결정에 집사람이 승낙을 해주고, 인정을 해주고 그래서 올라가요. 그게 2001년도였는데요, 또 1년의 기나긴 싸움이 시작되는 거야. 어쨌든 파업을 멈출 수 없는 상태에서 이제 저는 부분파업으로 바꾸죠. 시간파업으로 바꾸면서 계속 회사를 압박해 가는데, 회사가 워낙 자본이 튼튼해서 벌써 상처가 날 대로 났고, 그래서 나는 파업을 일단은 돌린 거야. "그래 알았다. 전면파업을 안 하겠다. 내부적인 조건이 있으니 부분파업과 결국 시간파업으로 가고, 이후에는 그 시간파업도 협상을 보자. 그래서 끝내자". 근데 "그렇게 하겠다"라고 했는데 사장이 완전히 돌아버린 거예요. '어차피 그놈이 그놈일 거다. 저거는 안 된다' 그래서 사장이 노조를 깰 생각까지 가지고 있던 거예요.

이러다가는 [노조가] 깨질 거 같더라구. 왜냐면 조합원들도 계속 파업을 하니까 임금은 점점 줄죠. 협상을 봐야 되는데 협상도 안 되지. 그리고 지부 집단교섭과, 우리가 임금 차등이 있어요. 여성 조합원이라고 해서 2500원 임금 인상이 되면 여성이라는 이유만으로 500원이 삭감, 여자는 2000원, 남자는 2500원이 되는 거예요. 임금구조에 제가 굉장히 반대를 했거든요. 애시당초 들어올 때부터 남녀 임금은 상대적으로 틀렸어요. 근데 "임금은 같은 조건에서 같은 노동을 하는데 왜 임금까지도 차별을 두느냐" 그래서 그거까지. 난 솔직히 이걸 잘 활용을 하면 회사[에] 압박 수단이 될 거라고 판단을 했던 거예요. 근데 어지간이나[어지간히] 노동부는 그게 아닌 거야. 그거는 자본의 고유 권한이고, 그거에 대한 협상의 문제이기 때문에 인정을 안 하더라구요. 그래 가지고 '이참에 이거 정리 안 하면 여기서는 밀리겠다' 그래서 이제 단식에 들어가죠. 어쨌든 파업에서, 부분파업에서 시간파업까지 들어왔고, 끝내자고 했는데 자본이 안 받으니까 나는 뭐 상황을 볼 수밖에 없는 거죠. 그 단식을 31일을 해요(웃음). 근데 그때 왜 멈췄….

면담자　　시간파업하고 있으면서요?

애진 아빠　　예. 일부 그 집행 간부만 서울 농성, 서울 본사가 있어요, 거기[서] 1년[을] 우리가 농성을 했거든요. 똬리를 거기다 틀었는데, 염천교 바로 앞이에요. 거기다 천막을 치고 1년 동안 내가 올라가 있었던 거죠. 여기 공장이 있고 조합원들 탈퇴하고 비조합원이 생겨나가고 또 일부 조합원이 있고, 이런 와중에 공장도 노사 갈등, 노노 갈등이 굉장히 심해지고. 나는 끝내려고 '야, 이거 이래서는 도저히 안 되겠다, 누군가가 희생을 하지 않으면 이거 판단이 안 선다'. 그거는 어쨌든 내가 위원장, 지회장이니까 내가 결정, 내가 끝내야 하는 시점인 거예요. 단식을 시작해서 32일째 제가 쓰러져요. 화장실을 갔다가 내려오는데 갑자기 눈이 안 보이더라고. 그래서 확 꼬꾸라졌는데, 알고 보니까 당뇨 [수치]가 300이 올라간 거예요. 그 당시는 우리 같은 경우 투쟁 단식은 뭐 누가, 뭐 의사가 있어요, 뭐가 있어요? 그냥 하는 건데, 그러다가 사장이 "알았다, 끝내자" 그래서 끝냈는데, 만약에 그때 안 끝냈으면 조직은 더 날아갔어요. 벌써 내부는 노노 갈등이 워낙 심해 가지고.

그리고 이제 본사를 끝내, 본사 천막 농성을 다 끝내고. 근데 솔직히 성과는 없었어요, 아무 성과가 없었어. 조직만 보존하는 걸로 우리는 판단했던 거예요. 내려왔는데 여기가 장난이 아닌 거야, 공장이. 물론 계속 보고는 받았는데, 굉장히 심각하더라구, 조합원과 비조합원 사이의 갈등이. 심지어 밥 먹는데도 막 싸움이 어마어마하게 심해요. 일하면서도 이게 잘, 회사도 골머린 거야 이제. 그니까 회사는 공장에 있는 공장장이나 이런 쪽은 우리 쪽 입장을 이해를 해. 그나마 여기서 잘 됐는데, 이거를 공장장은 사장한테는 얘기는 못 하겠고, 사장은 이 공장에 대한 내부를 모르고.

면담자　　2000년대 들어오면서 비조합원들의 숫자가 점점 늘어가네요.

애진 아빠　　줄기 시작하죠. 아니, 늘기 시작하죠. 회사 사장이 그, 뭐라 그럴까….

면담자　　조합원들을 전략적으로 내보내고 비조합원을 새로들이고자 하나요?

애진 아빠 그건 아니에요. 어쨌든 치과기기가 수입이 있어요. 그리고 그 저기 치과기기가 치과, 제일 많이 망하는 것도 치과의사고, 제일 그 많은 것도 치과예요. 수요가 명확하게 있거든요. 근데 이 수요에 여러 업종, 치과의사, 기기, 치과 회사들이 생겨나요, 그러다 보니까 수요는 점점 줄고. 그래서 사장이 생각한 건, '대량생산보다는 명품을 만들자'가 이 사람 마인드가 되어버린 거예요. 그러면서 그런 대량 기계가 많이 안 나와도 되는 거고 그리고 이후에 임플란트나 이런 것들, 합금이나 이런 문제가 생기니까 그쪽으로 이제 조금씩 재료 쪽이나, 원래 재료로 시작해 가지고 온 거기 때문에 그런 쪽으로 이제 [경영을] 하는 거예요. 당연히 기계 숫자는 줄어들고 그리고 인원도, 회사는 사람을 해고시키거나 이러지 않아요, 나가면 안 뽑아.

면담자 나가는 건 어떤 경우인가요?

애진 아빠 정년퇴직이요. 그리고 회사는 여성들은, 특히 여성이 나가면 절대 안 뽑아요. 장기근속이 있는 이유가 물론 노동조합이 계속, 88년에 노동조합이 만들어져 가지고 계속 왔지만 상여금이 700프로죠, 거기다 자녀 학자금 나오죠, 집 없는 사람 사택도 우리가 따낸 거고. 그리고 각종 수당이나, 제일 중요한 건 여성들이 일하기 좋은 게 8시 반 출근에 5시 반 퇴근이에요. 그니까 여성들은 되게 좋죠, 자녀 있으면 대학 학자금도 나오니까. 그래 가지고 이제 그런 조건들이 있었는데, 이제 회사 [입장에서]는 그 정도의 임금에 비해 그 능률은 저조하다라는 거죠.

면담자 회사 입장에서는 수익 구조가 안 맞는다고 생각하는 거죠?

애진 아빠 예예. 그래서 여성들은 나가면 뽑지를 않고, 그러다가 인원이 점점 줄어들죠. 그래서 지금은, 제가 들어갔을 때 회사가 304명이었어요. 근데 내가 이 참사로 회사를 고만둘 때는 전체 115명 정도로 정리가 되죠.

5
4·16 세월호 참사 이후 가족협의회 활동 시작

면담자 회사는 최근까지 다니다가 그만두시게 된 건가요?

애진 아빠 아니요, 2014년 10월에 그만뒀어요. 왜냐면 그만두게 된 배경은 솔직히 애진이 때문이에요. 〈비공개〉 애진이가 "아빠는 진상 규명할 거지?"라는 게, 아빠가 지금까지 [노조] 활동해 왔고 이런 걸 뻔히 봐왔던 애이기 때문에…. 그리고 이 세월호 참사에 있어서는 도대체 뭐길래 이 아이들이 죽어야만 됐고…, 그니까 그 어쨌든……. '정말 좋은 세상 만들겠다'라고 난 [노동]운동했는데. 그리고 행복한 가정 속에서 이게 노동운동이 추구하는 세상인데, 우리 집에 오던 애들이 다 죽은 거예요. 그리고 '그 수많은 아이들이 죽었는데 무슨 운동에 대한 의미가 있나' 이런 생각이 들더라구요, 내가 노동운동을 한 게. 그래서 굉장히 고민이 컸어요. (눈물을 글썽이며) 그래서 내가 집사람한테도 얘기했지만, 내 자식이 살아왔다고 내가 지난 수십 년 동안 노동운동을 했고 활동을 했는데, 내가 안주하고 또 다시 운동을 한다는 건 내 자신도 자존심이 허락을 안 하더라고. '그렇게 해서 나한테 무슨 의미가 있을까'. 그리고 솔직히 노동운동을 내가 그만두고 고민했던 게 농민운동도 좀 해볼 생각이 있었던 거예요.

근데 그런 과정에서 아이들에 대한 그 죽음을 겪으면서, (눈물을 닦으며) 진짜 이대로 내가 직장을 다니고 할 수는 없겠더라고, 도저히 양심상. 그래 가지고 고민, 고민 하다가 '그만둬야 되겠다' 그래 가지고 집사람하고 재산을 다 모아봤죠. 퇴직금, 내가 모아뒀던 돈 하니까 한 2억 가까이 정도 있더라고. 그리고 이제 농촌생활 하려고 이제 준비해 뒀던 것들, 농민회 활동하려고 했던 것들. '이거면 충분히 살아갈 수 있겠다'. 그리고 이후에 어쨌든 배·보상에 대한 부분이 있다면 거기에 우리도 정당하게 애진이에 대한 피해보상을 받고, 돈이라는 게 많으면야 물론 좋겠죠. 근데 여태까지 우리가 그렇게 살아온 게 아니기 때문에 조금 어려울망정, 그리고 이제 ○○이도 이제 성인이 됐고 애진이도 커가니까. 그래서 고민, 고민 하다가 결정을 내린 거죠.

근데 저는 어렸을 때부터 지금까지 왔을 때, 저 혼자 판단을 하고 저 혼자 결정을 하고 지금까지 와요. 나는 부모님한테 어떤 경제적인 조건[도움]을 한 번도 받은 적도 없고, 여기 안산에 올 때도 무일푼으로 왔어요. 그래서 기숙사생활 하다가 돈 모아서 월세로 가서 전세로 가서 사택으로 갔다가 또 그 돈 모아가지고 나오고 이런 과정들이 있었는데. 나는 크게 돈이라는 문제에 있어 가지고는 없으면 말고, 있으면 있고 이렇게 왔기 때문에 쉽게 결정을 내릴 수 있었던 거 같아.

그러고 나서 집사람하고 얘기했던 거는 집사람도 이제 활동을 하게 되죠. 근데 [집사람한테] "다른 건 하지 말고 이 사람들 곁에만 있어주자. 굉장히 힘들 거다"랬는데, 당시에 애시당초 "하지 마라" 그랬어요. 왜냐면 그때는 내가 벌써 가족협의회에서 [활동이] 1년 이상이 넘어가면서 솔직히 힘들었거든요. 유가족들이 나에 대한 거[에] 있어서 물론 여러 가지 안 좋은 소리도 있었죠. "뭘 바라려고 왔냐" 이런 것도 있고, 맞기도 맞았고. 근데 지금에 와서 보면 정말 국가가 몹쓸 짓을 많이 했죠. 여러 가지 기무사[국군기무사령부], 국정원[국가정보원] 별 정보과에서부터 못 믿을 사람들 그리고 그 정말 못된 시민들 속에서 가족들이 시달렸던 문제, 이런 상황 속에서 누굴 믿어요.

근데 '어쨌든 가족들 곁에만 있어주자'라는 게 우리 가족들이, 애진이나 ○○이나 나나 집사람이나 생각했던 거고. 그리고 왜 생존 학생 대표를 내가 그냥 내 신상을 다 까발리면서 고대병원에서 맡았냐면, 내려가서 애들을 데리고 고대병원을 왔는데, 뭐라 그럴까 어떤 누구도, 이후에 학교에 대한 문제까지도 얘기를 해주는 사람이 없는 거예요. 누구라도 와가지고 얘기를 해줘야 될 거 아니야. 우리가 그렇다고 자식 살아온 사람들 입장에서 뭐라고 할 수는 없잖아요. 근데 내부에서는 난리가 나는 거죠. 그래 가지고 부모들끼리 "야, 누구든 대표 맡아야 되는 거 아니냐" 이러는 와중에 애진이가 얘들, 얘들도 이제 좀 그런 얘기가 좀 있었나 봐. 자기들한테 누구도 얘기해 주는 사람 없고 그러니까 "아빠가 대표 맡아주면 안 되겠냐" 그래서.

면담자 애진이가 직접 그렇게 말을 했군요.

애진 아빠 예예. 그래서 고대병원 대강당에서 지금 이런 구조 속에서, 그때 다들 부모니까 나름 판단은, 저보다 똑똑한 사람도 많을 거 아니에요. 시의원도 있었는데 뭐(웃음). 변호사도, 변호사 사무장도 있고. 이 사람들은 나서지 않죠. 누구든 해주길 바라는 거고, 근데 지금 이대로 갔다가는 괜히 분란 일어날 거 같아요. 왜냐면 어마어마한 아이들이 계속 죽어서 올라오는데, 여기서 생존자들이 그니까 잘났다고 떠드는 순간 이건 피해자들끼리 굉장한 상처가 되겠다[고 생각했어요]. 얘들도 많이 힘들어하는 상황에서 나는 이거를 좀 교통정리를 하려고 했던 거예요.

일단 여기에 [생존자들의] 목소리[는] 좀 가라앉히고 일단은 지켜보는 거. 심지어 거기서 그래서 나는 그때 내 신상을 얘기했고, "나는 이러이러한 사람이고 현재 민주노총 금속노조에 지회장을 맡고 있고, 대신에 당분간 이거에 대한, 아이들이 향후 관리 문제나 그리고 그 지원 문제나 이런 것들을 좀 맡겠다, 해보겠다. 그래서 저를 좀 도와주실 분들이 좀 필요하다"[라고 했죠]. 그래서 그 당시에 변호사님이 "서약서를 좀 받아야 된다"고 해서 뭐든 뭐 법적인 문제까지 변호사님이 싹 집어넣었어요. 근데 이 법적인 문제가 자꾸 걸려. 어느 누가 그걸 나한테 위임을 하겠어요, 나를 뭘 안다고. 근데 이걸 해야 된대. 이게 갑자기 분란이 생겼죠. "뭐 이런 것까지 하냐, 자기는 안 한다" 그러면서, 이제 일부 사람들이 "그래도 필요하니까 나머지 거 빼고 두 개만 사인하자. 위임해 주자" 그래서 법적인 부분은 빼고, 그랬더니 그 당시에 권영국 변호사인데 잘 알거든요. 그래서 "이거 아니지 않냐"고 그랬더니 "아, 그거 빼도 된다"고 그러더라고.

근데 저는 누구한테 도움을 청할 사람이 없으니까 내가 아는 사람들, 변호사들이나 지역 사람들을 이제 한 거죠. 그래 가지고 언론이나 이런 것들이 있어 가지고는 우리 지금 안산에 "일다[새사회연대 일다]"라고 강소영이라고 있어요. 내가 소영이를 불렀고, "좀 도와달라" 그래서 소영이하고 그런 것들을 좀 준비해 놓고 있었고. 그리고 뭐 지역에 전준호나 이런 사람들 있으니까 그쪽을 통해가지고 지역 상황을 파악을 하고. 그래 가지고 이제 대표를 맡았는데 솔직히 고민이 굉장히 컸던 게, 일단은 '생존자 가족들에 대한 입장을 빨리 내보내야 되겠다'. 왜냐? 기자들이 로비에 진을 쳐요. 들어올 때부터 그랬지만 아니 애들이[생존 학생들이] 굉장히 스트레스를 받더라고, 우리도 스트레스고. 그렇다고 또 기자들도 나름 알 권리가 있는데 이걸 또 쌩 무시할 수는 없을 거 같아요. 그래서 안 되겠다 싶어 가지고 기자회견을 하게 되죠. 어디서 할까, 그 내용이 중요하잖아요. 근데 부모들한테 "어떤 내용으로 했으면 좋겠습니까?" 해서 구구절절 [의견을 써내요]. 〈비공개〉 그래서 그때 가정은 75가정인데, 그리고 부모도 140장 정도 다 내면 그러잖아요, 160장이 왔어.

면담자　　어떻게 된 거예요?

애진 아빠　　몰라요, 그거. (면담자 : 할아버지, 할머니까지) 할아버지, 할머니, 형제자매까지 다 했는지…. 보니까 심지어 벌써 그 상황에서 학교에 대한 얘기, 대학, 뭐 여러 가지 얘기가 나와요(한숨). '이건 아니다' 그래 가지고 별도로 제가 정리를 해서 지금도 인터넷에 치면 나오긴 하는데, 일단은 "돌아오지 않은 애들을 빨리 구조를 해달라"는 내용으로 준비를 해가지고, 그리고 "생존 학생에 대한, 언론에 대한[언론의] 취재를 좀 자제해 달라"는 내용으로 끝났는데, 그거를 어디서 할까 고민이 되더라구요. 병원에서 하는 건 또 아닌 거 같고 또 다른 곳에서 하자니 희생 학생 애들이 계속 올라오는데, 그래서 고민한 게 '교육청에서 하는 게 맞다' [생각했죠]. 그래서 이제 교육청에서 하게 된 거죠. 그래서 그렇게 알리고 제가 팽목으로 내려가요. 내려가서 거기서 이제…….

면담자　　그 기자회견이 며칠이었나요? 기억 안 나시면 제가 찾아볼게요.

애진 아빠 봐야 되는데, 예예. 그래서 고 전에도 제가 얘들 14일 날, 16일 날 데리고 올라왔을 때도 올려다 놓고 또 제가 내려갔어요. 사람이 3일을 안 자더라구, 진짜. 워낙 긴장되어 있고 그러다 보니까 내려갔다 올라오고, 또 내려가다가 갑자기 자살하려는 학생이 생긴다 그래 가지고 내려가다가 다시 올라오고 이러는 과정이 좀 있었는데, 고민이 됐던 게, 나는 어지간히 국가에 대한 부정적인 부분들이 워낙 커요, 특히 이제….

면담자 예전부터 그런 경험들이 계속 있으셨죠?

애진 아빠 예, 있었기 때문에. 우리가 흔히 얘기하는 민주정부라고 하는 김대중 정권서부터 실질적으로 활동하는 그 당시에도 단일 후보 내면서 결국은 떨어졌지만 밤새 새벽까지 울면서, 물론 내가 김대중을 좋아한 건 아니지만 염원이었던 문제가 있어서. 그래서 밤새 술 마시면서도 막 울고불고하면서, 그리고 정권이 바뀌고 김영삼 때 아작 나고 그리고 노무현 들어섰지만 솔직히 노무현 정권에 대한 상실감들…. 그 당시 제가 단식할 때가 노무현 정권이에요.

면담자 그렇죠, 그때 노동 문제가 사실은 별로 좋지 않았죠.

애진 아빠 근데 항상 얘기하는 우리의 민주정권이라고 하는 이 정부, 문민정부가 됐든 뭐가 됐든 들어오는 순간 노동자들은 항상 소외돼. 내 편이라고 소외시키는지는 모르겠지만, 그때 뭐가 문제가 생겼냐면 또 한진중공업 문제가 터져요. 김주익 열사가 그 전날에 저하고 술을 마셨거든요, 그때 전국 지회장들 모여가지고. [김주익 열사가] 아이[한테] 휠리스를 사주겠다는 거야, "휠리스가 뭐냐"고. 그 당시 바퀴 달린 신발인데, "그걸 사주면 되지, 뭘 못 사줘. 내가 사줄게" 농담 삼아 그런 얘길 했는데, 못 사준 이유가 다음 날 크레인에 올라가 버린 거예요. 그러고는 결국은 시신이 되어서 내려오죠. 그랬는데 노무현 대통령이 한 얘기가 "이제는 노동자들이 죽음으로 항거하는 시대는 지났다". 이 말 한마디가 굉장한 분노가 되어버린 거고, 전국에 있는 금속노조 파업사업장 다 한진중공업[으로] 내려가고 거기 대한항공사 다 때려 부수고 난리가 났죠, 뭐. 이따만 한 거 막 들고 가가지고.

어쨌든가 그런 어떤 정부에 대한 불신감과 이런 것들이 쌓이는 상태에서 박근혜 정부가 들어서는 순간 집사람이랑 뭐라고 했냐면 "우리나라 진짜 뭔가 큰일 생기겠다" 우리 진짜 그랬어요, 집사람이랑. 근데 아니나 다를까. 왜냐면 우리가 농담으로, 이명박 때는 저기 뭐야 남대문이 불타버렸잖아, 국보, 보물 1호가. 그리고 박근혜 되면서 '뭔가 큰일 생긴다' 그랬는데 아니나 다를까 이게 세월호인지 누가 알았냐고. 정말 크나큰 참사가 일어난 건데, 내려가면서 집사람한테, 집사람이 "전원 구조"라고 그래서 난 자연스럽게 그 말이 나오더라구. "우리나라 언론을 믿냐, 내가 내 눈으로 확인할 때까지는 난 절대 못 믿는다". 그래서 내려갔는데 아니나 다를까 그렇게 된 건데, 그 과정 속에 '이 피해자들에 대한 목소리를 이게 분리되면 안 될 거 같고, 좀 하나로 모아야 되겠다' 이런 생각에서 제가 대표를 맡은 거예요. 그래서 서로 다른 방향으로 가지 않게끔. 물론 부모들도 어쨌든 자식이 살았는데 유가족들 앞에서 자기들의 주장을 쉽게 할 수는 없는 거잖아요. 그러면서 계속 오게 돼죠.

그리고 이제 단원고 일부 [생존 학생] 부모들은 "학교로 들어가야 된다"고 했는데 저는 결사반대했어요. 아니, 아이들이 계속 올라오는데 공부가 되겠냐고, 아이들이. 이거는 더 심리적 불안만 느낄 거고, 그리고 아이들 장례식장도 못 가게 했어요. 물론 그 당시에, "왜 못 가게 하냐"고 "자기 가겠다"고 막 난리 친 애들도 있는데, 근데 물론 친구에 대한 의리나 이런 것들이 있겠죠. 근데 거기서 혹시라도 잘못되는 상황이 되면 이게 파장이 굉장히 클 거 같아서 대신에 말은 그렇게 했지만, 물론 암묵적으로 가는 애들은 반대 안 했어요. 근데 애진이는 안 갔지. 민지가 올라옴에도 애진이는 "너 안 가냐?" 그랬더니 "응, 아빠가 가지 말래서. 아빠[가] 대신에…" 애진이가 "엄마하고 아빠가 좀 갔다와 주면 좋겠다"고.

민지를 제가 수학여행을 보냈거든요. 마지막에 그 포렌식[디지털 정보를 수집하여 수사에 활용하는 것], 핸드폰에, '뉴스타파'에도 나왔지만 그 핸드폰 포렌식 복원돼 가지고 손가락 부러진 애. 그 영상에 있는 애가 애진이에요. 맨날 우리 집에 걔가 밥 차려주고 내가 저녁 늦게 집에 데려다주고. 2014년에 참사가 났는데 2013년에 나하고 여름휴가를 같이 갔어요, 애진이하고 나하고 민지하고. 근데 그것도 정말 우연인 게, 하필 간 데가 위도인데 거기가 서해, 서해 페리호 침몰 [현장이에요]. 거기 [있는] 그 후배 어머님도 세월호 그, 서해 페리호에 대한 [사고의] 피해자고.

근데 민지가 [수습 후 안산으로] 올라왔는데 아빠가 가지 말랬다는 그…… “아빠가 결정을 했는데 자기는 그걸 따라야 한다”는 거예요, 아빠가 [생존 학생 가족] 대표인데. 그래서 집사람하고 나하고 이제 갔죠, 사랑의병원으로. 민지 아빠는 못 쳐다보지. 애 손가락 부러져 가지고 그 두손병원에, 우리 집 앞에 있었는데…. 걔가 [퇴원해서] 나오기 전날까지만 해도 나랑 통화했는데 “아저씨, 언제 올 거냐”고, “간다, 간다” 하고 그러다 이제 못 간 건데…. [장례식장에] 갔다 와서 보니까 애진이가 없어. 그 옆에 이제 A 엄마가 “애진이 금방 복도로 나간 거 같다”고, 가니까 층계에서 울고 있더라고. 자기도 가고 싶은데 아빠가 대표고 아빠의 말을 믿어야 되고 따라야 되기 때문에 자기가 안 간 거예요. 그래 가지고 [애진이가] 민지[에게]도 못 갔고, 민정이[에게]도 못 갔고….

그리고 이제 병원에서 학교는 못 가겠고, 예상을 했던 거는 아이들을 안정을 시키려고 좀 좋은, 조용한 데를 가려고 했어요. 그래서 부모들한테 얘기했더니 부모들이 뭐 교육청 직원들하고 안산시 직원들이 하는 얘기가 평생교육학습, 학습원이 저기 대부도 쪽에 있거든요. 거기 이제 답사를 갔지, 갔는데….

면담자 아이들이 안산으로 올라와서, 그러니까 얼마 사이에 이렇게 의논해서 움직이게 된 건가요?

애진 아빠 우리가 학교는 6월 25일에 들어갔거든요. 그러니까 4월

16일 날 애들 올라와서 5월 근 한 달간 병원에 있었을 거예요. 그러고 나서 연수원으로 간 건데, 연수원 두 군데를 보고 대부도 거기를 본 건데 엄마들이 거기 답사를 갔는데 창문을 여니까 바다가 보이는 거지. 그리고 대부도 둑방길을 넘어가야 하기 때문에, 바다라는 것 때문에 안 된다. [또] 나는 미처 그것까진 생각을 못 했는데, 나는 당연히 엄마들이 아이들을 챙기려면 직장이 문제겠어요? 아이들이 있는 데서 나는 같이 생활할 줄 알았더니, 그 와중에 "이제 직장을 가야 된다" 이런 부모들이 있더라고. '아니, 애들 올라온 지 얼마 됐다고 그 정도 안 되나?' 그래 가지고 결론은 이쪽 시화공단에 중소기업연수원이 있는데 시설이 너무 안 좋고, 여기 그래서 안산에 중소기업연수원을 한 거지. 그리고 부모님들이 자유스럽게 이동할 수 있는 [있도록]. 그래서 조건은 그 병원에서 연수원으로 갔을 때, "어쨌든 아이의 한 부모는 같이 붙어 있어야 된다" 이런 게 조건이었는데 한 부모 가정들이 있잖아요, 얘네들은 안 되는 거지.

〈비공개〉

근데 연수원이라는 이 장소는 우리뿐만 아니라 언론들도 굉장히 관심을 가지고 있고, 당시 애들 막 웃고 떠들고 이런 과정들이 외부에서 보기엔 진짜 안 좋아 보였고. 심지어 김××이라는 사람, 정말 잘못된 사람이지. 애들 거기 있는데 오란 얘기도 안 했는데, 저기 뭐야, 피자 사들고 와가지고 "얘들아 놀자" 그러고 웃으면서 애들이랑 사진 찍고. 그게 에스앤에스(SNS)에 퍼지는 순간 당시 애들 한참 수습할 때인데…, 그래 가지고 내가 애들한테 "야, 절대 이

거 SNS에 올리지 마라" [그랬는데] 근데 벌써 그게 나갔어. 그니까 이제 부모들이 난리가 난 거야, 유가족 부모들이, 어떻게 애들이 저럴 수 있냐고. 그래 가지고 이제 그때는 내가 대표인 줄 알고 그 와스타디움을 왔다 갔다 했었거든요. 자꾸 그런 얘기를 하는 거야, "죄송하다, 근데 애들이다 보니까". 김××에 대한 부분도 있고.

면담자 　　아이들도 어쨌든 스트레스를 엄청 받았을 텐데요.

애진 아빠 　　예. 그리고 솔직히 김××이가 너무 섣불리 생각을 한 거예요.

면담자 　　그렇죠, 김××이 잘못한 거죠.

애진 아빠 　　얘들 맨 처음에 왔을 때에도 연결, 연결해서 내가 제일 중요한 게 김제동이가 필요했었던 거예요. 얘들한테 안정적으로 좋은 얘기들 그래도 의외로 굉장히 진보적이기 때문에 얘는 좀 그래도 믿을 만한…, 그래서 연락을 했는데 아니나 다를까 김제동이가 애들한테 좋은 얘기해 줬죠. "너희들의 아픔은 이 참사에 있어 가지고 낱낱이 밝혀지는 거, 이것이 너희들을 치유할 수 있는 제일 좋은 방법이다, 너희들의 마음을 안다". 그 말이 나는 굉장히 김제동이가 애들한테 해주길 바란 건데 그렇게 얘길 하더라구요. 얘들하고 공 차고 그렇게 하고 갔는데, 그런 게 필요했던 거예요, 저는. 물론 내가 무슨 그 뭐 심리적인 안정을 취할 수 있는 의사도 아니고 복지사도 아니고 상담사도 아니지만, 제가 판단했을 때는 이 아이들한테 '죄스러움[이라든가]과 너희들의 잘못이 아니다'라는 거,

'명확한, 국가에 대한 잘못이 있다'라는 거를 나는 얘네들한테 알려주고 싶었던 건데, 근데 그건 뭐 내 개인적인 소망이었던 거 같고.

그래서 그런 와중에 연수원에서 부모들끼리 싸움이 나죠. 마이크를 잡고 뭐 의료 지원에 대한 문제나 그리고 그 긴급 그 복지 자금 정책들이나 이런 것들이 생존자 부모들, 생존자 애들은, 부모들은 [지원 금액이] 반이 되죠. 근데 나는 내가 개인적으로 생각했을 때, '반, 그게 문제가 되나. 그 어떻게 희생자 가족하고 같은 이게 될 수는 없을 거 같다'라는 판단인데 자꾸 그 문제 제기를 하고, 심지어 내가 앞에서 마이크를 들고 얘기를 하는데 아이들, 그 저기 뭐야 대학 특례 얘기를 하시는 분도 계시고 심지어 군 면제까지 얘기하시는 분도 계세요. 그래서 내가 그거에 있어 가지고 단칼에 잘라요. "그건 말도 안 되는 소리다. 이게 지금 뭐 하는 짓이냐. 아이들의 대학 특례 문제는 우리가 결정할 문제가 아니다. 그리고 군에 대한 문제는 어디 가서 얘기하지도 마라". 우리나라 3대 [의무 중] 국방의 의무가 이건데, 그리고 항시 그때 이제 막 마타도어가 엄청나게 심해지게 되잖아요.

근데 여기서 "생존 학생들 부모 입에서 이런 얘기가 나오는 순간 당신네들이 욕먹는 게 아니라 이 아이들에 대한 엄청난 죄를 주는 거다[아이들이 죄를 짓게 하는 거다]" 그랬는데 내 마이크를 뺐고 하시는 분이 계셨죠. "왜 우리들의 의견은 우리가 정당하게 얘기를 못 하냐?" 근데 참 거기서 난 설득시키기가 싫더라구. 그래 가지고 어쨌든 말싸움으로 해가지고 제가 눌러버리고 "이제 다시는 그런 얘기하지 마라" [그랬죠]. 근데 이분이 나중에 [내가 있던 방] 호실에 올라와 가지고 나한테 "미안하다, 근데 자기도 얘기를 하다 보니까 그런 얘기가 나온 거다" 그래서 내가 "다시 한번 말씀드리지만 저도 아버님한테 뭐 개인적으로 억하심정 없다. 근데 아이에 대한 자존감을 지키려면 그런 얘기는 어디 가서 하지 마시라" 그래 가지고 일단 그 사람은 그렇게 됐는데.

이제 거기서 각 대표들을 구성을 해요, 반 대표들을. 1반부터 10반까지니까, 현재 10반에 한 명, 7반에 한 명, 나머지 두 명, 두 명, 그리고 1, 2반이 제일 많고. 그래서 1, 2반은 어쨌든 대표를 하나 두고, 나머지는 통합을 하죠. 남자 부모들, 여자 부모들. 그래 가지고 어쨌든 조직 운영을 해봤으니까 당장 대의원이, 소식을 전해줄 사람들이 필요한 거고, 그리고 나 혼자, 그때 제가 몸무게가 엄청 빠졌어요. 그 당시 제 사진을 보면 이제 몸무게가 그때가, 지금이야 이제 68, 9킬로 나가는데 그때 61킬로, 59킬로까지 간 적이 있어요. 이제 정신적으로도 힘들지만 워낙 이제 그래 가지고…. 그때는 진짜 정신적으로 너무 힘들었어요, 사람들 상대하는 것도 힘들고. 그래 가지고 뭐 교육청 쪽은 누구, 누구, 누구 이렇게 각 조직국을 꾸리게 되고, 그렇게 해서 나는, 어쨌든 유가족들 상대하기가 쉽지 않으니까 이제 내가 총대를 메고 유가족들을 상대를 하면서 계속 접촉을 했고 회의에도 참여하고. 근데 제가 할 말이 뭐, 뭐 있겠어요. 꾸준히 그냥 그렇게 하면서 학교를 들어가게 되죠.

6
4·16 세월호 참사 이전까지 민주노총 금속노조 지회장 활동

면담자　아버님 말씀하시는데 중간에 끊어서 그렇긴 한데….

애진 아빠　얘길 해주세요.

면담자　앞부분에 시간적으로 약간 빠졌던 부분을 조금 채우고 갈게요. 아까 지회장 맡으셨던 거 그리고 단식하셨던 게 노무현 정부 때라고 하셨는데, 몇 년도라고 하셨죠?

애진 아빠　2001년도 아니에요? 예예.

면담자　그럼, 그때부터 2014년까지 계속 지회장을 하셨던 건가요?

애진 아빠　그렇죠.

면담자　장기 집권을 하신 거네요(웃음).

애진 아빠　왜 그랬냐면, 제가 그때 말씀드렸지만 단식을 하고 노사 간에 합의를 보고 올라왔는데 여기는 노노 갈등이 굉장히 심해진 거고, 비조합원들이 상당히 더 많았죠, 조합원보다. 그럼 이걸 수습을 해야 하는데 누구도 지회장을 안 맡아. 맡을 수가 없는 거예요. 나도 딱 왔는데 '장기적으로, 이 조직을 살리려면 장기화되겠다' 그래서 그렇게 간 거예요.

면담자　그 문제는 어떻게 해결됐나요?

애진 아빠　　아니, 그러다가 2002년도에 올라온 거니까, 그렇지 2년에 한 번씩이니까 2003, 2004, 5, 6까지 하고. 그 젊은 친구가 있었어요, 거기서 지회장을 우리가 추대를 했지. 그래서 걔가 또 한 6년을 했어요.

면담자　　중간에 약간 공백기가 있으셨군요.

애진 아빠　　있었어요. 그다음 그게 또 문제가 생겼어. 거기서 이제 완전히 조직이 빠그라져요. 왜냐면 우리 지회장이 잘했어야 되는데(한숨). 〈비공개〉 고소, 고발이 들어오면서 회사를 그만두고 나가게 되고, 그래서 또 어쩔 수 없이 제가 맡게 된 거예요.

면담자　　계셨던 곳에서는 비정규직 문제는 없었나요?

애진 아빠　　저희는 비정규직은 없어요, 다 정규직.

면담자　　뭐 IMF 지나는 과정을 겪으면서도 그런 변화는 없네요?

애진 아빠　　IMF 때도 저희는 IMF를 몰랐어요, 저희 회사는. 단지 이제 임금 동결은 했죠, 사회적 분위기로 인해서. 그래도 뭐 상여금, 학자금은 다 나왔어요. 회사가 탄탄한 회사여서 부채 비율도 작은 회사고 캐피탈[자본]도 있고 워낙 또 회사 마인드가 괜찮아 가지고.

면담자　　제가 지금 시기를 좀 맞춰보려고 그러는데, 아까 말씀하셨던 금속노총 안산지부에서 사무국장은 언제부터 하시게 된 거예요? 지회장 하시면서 같이 하신 건가요?

애진 아빠　　예, 겸임이 가능해요. 왜냐면 지회장에서 파견 나갈 수 없으니까 안산 지역이기 때문에 겸임을 하는 거죠.

면담자　　그걸 같이 2000년대 초반부터 하신 건가요?

애진 아빠　　예. 2000 중반…, 중반. 그니까 6년이 지났으니까 예, 그렇죠.

면담자　　엄청나게 활동을 하시는 동안에 애진 엄마는?

애진 아빠　　직장을 다니고 있었죠.

면담자　　물론 직장을 다니지만 퇴근하시고도 많은 일을 하셔야 하는 거잖아요?

애진 아빠　　의외로 그때 같은 경우는 나는 시간적인 여유가 쪼금, 쪼금씩 있어요. 굉장히 많은 시간이 여유가 있는 건 아니고 잠깐 회의가 끝나고 나면 1, 2시간 정도, 3, 4시간 이렇게 시간이 있으면 집에 가야 돼. 저녁에도 일단 이후에 회의를 잡고, 집사람이 야간작업을 하고 늦게 들어오니까, [저녁] 이후에 잡고 빨리 가서 아침 먹은 거 설거지 그리고 빨래, 빨래 널어놓은 거 개고 세탁기 돌려놓고 다시 널어놓고, 그다음에 저는 나가요.

면담자　　애진 엄마는 어디서 일하셨나요?

애진 아빠　　여기 안산 공단에. 거기도 참 웃긴 회사인데 ….

면담자 거기도 강한 노조가 있나요?

애진 아빠 거기 도화공업에 노동조합이 있어요. 여기에 또 유가족이 얽히죠. 거기에 1반에 우소영이가 있어요. 소영이 아빠, 우종희. 거기 노동조합이 만들어졌을 때 그게 제가 담당[이었죠]. 그랬는데 거기에 이제 누가 있냐면, 혹시 여기 안산에 김미금이라고 아세요? '엄마의 노란손수건' 미금이 신랑 동진이가 그 회사를 다녀요. 그리고 종희 형, 우소영이 아빠. 그래서 몇몇 사람들이 노동조합을 결성해요. 노동조합 만들었으니 싸움이 시작되는 거지. 아, 용역 깡패 오고 난리가 났었어.

면담자 거기도 금속노조 소속인가요?

애진 아빠 금속노조예요. 그랬는데 거기에, 나중에 회사가 [싸움을] 끝내야 되잖아요. 회사는 이제 몇 명을 날리죠. 일단은 당시에 용역깡패 투입되면서 폭력 행위로 해서 우소영이 아빠가 구속이 돼, 쟁의부장을 맡았거든요. 그리고 이제 나와서 복직 싸움을 하는데 몇 명을 날려. 그중에 우소영이 아빠 그리고 지금 미금이 신랑 그리고 한 사람이 또 있어요, 지금은 활동 안 하지만. 유가족도 아니고 일반 사람인데 이 세 명을 정리하면서 노동조합을 인정해 줘요. 근데 거기에 제가 담당이었는데, 거기에 또 애진이하고 얽히고설킨 게 있어. 우소영이 아빠가, 그러니까 종희 형 딸내미가 애진이하고 같은 반이 될 줄도 몰랐고.

그리고 그때 조합원들이 그 명절이나 이럴 땐 [명절을] 보내야 되잖아요. 집에 갔다 와야 되잖아, 농성을 하다가도. 그러면 거기 [농성장을] 지킬 사람이 없는 거예요. 그래서 애진이, 나, 집사람, ○○이 그리고 우리 지역에 간부 가족들[이 지키러 갔어요]. 그날 비가 무진장 왔어, 그때는 또. 막 천막 다 그냥 열리고 비가 막 쏟아져가지고 애들 비 쫄딱 맞고, 그렇게 또 우리가 천막을 지켜. 그런 사업장이어서 노동조합이 만들어는 져요. 어쨌든 날아갈 사람들 날아가고, 희생 치르고 노동조합 만들어지고 한 1년 지났나? 어느 날 집사람이 자기 회사에 들어가겠대. 나는 생각지도 않았지. 자기도 벌어야겠다고 그래서 뭐 "들어가라"[고 했죠].

면담자　　애진 엄마가 처음에 조금 쉬셨군요, 결혼하고.

애진 아빠　　예. "들어가라" 그랬더니 덜컥 도화공업을 들어갔네. 나한테 말도 안 했어요, 도화공업이라고 하면 반대하니까. 근데….

면담자　　왜 반대하세요?

애진 아빠　　분명히 쫓겨날 거 뻔한데, 그 회사에서 날 알거든요(한숨). 나중에 얘기를 안 하더라고.

면담자　　애진 엄마도 아셨을 거 아니에요, 그런 거?

애진 아빠s　　회사? 알죠. 근데 회사는 집사람을 잘 모를 거야. 근데 3개월쯤 지났나, 이제 소문이 나기 시작하는 거야, "저게 장동원 씨 마누라다". 그니까 회사가 이제 면담을 하게 돼요. "혹시 신랑분이 신흥지회 지회장이냐?", "맞다" 그랬더니 "왜 얘기를 안 했냐?" 그랬더니 "내가 신랑이 아니지 않냐. 나는 이 회사에 돈을 벌려고 왔지, 노동조합 활동하려고 들어온 게 아니다" [했다네요]. 근데 회사가 그걸 믿어줘, 응? 그래서 3개월이 지나니까 더 이상 자를 수는 없고, 그리고 집사람도 노동조합에 가입을 안 해요. 그냥 평직원으로 지내는데 거기서 〈비공개〉 일부 사람들이 집사람 왕따를 시켜요. 〈비공개〉 거기서 우울증 막 생겨나가고, 그러다가 이제 이 참사가 일어나게 되죠. 집사람이 한 5년 다녔어요.

면담자 애진 엄마도 나름대로 굉장히 힘든 면이 있으셨겠네요.

7

4·16 세월호 참사 이후, 새로운 운동체 건설에 대한 의지

면담자 오늘 마지막 질문일 거 같은데요. 오랫동안 노동운동을 하셨고, 조직 경험이 있으셔서 다른 분들과는 달리 국가에 대한 불신이나 언론에 대한 의심 등에 대해 이미 각성이 된 상태였고, 그렇기 때문에 생존자 가족이지만 이후에 적극적으로 이런 활동을 하셨을 거 같아요. 이전의 노조 활동 경험이 이후에 4·16 관련된 운동을 하는데 어떤 영향을 주었다고 생각을 하시는지요?

애진 아빠 그렇죠, 다 영향이 있죠. 아까 제가 말씀드렸지만 '노동조합 활동을 하면서 오직 좋은 세상 만들어보고 더불어 가는 세상을 만들어보겠다'라는 게, 그리고 '사람 중심의 사회, 노동의 존중성' 여러 가지 말은 많지만 그런 신념은 가지고 있었고, 누구보다도 그런 신념이 굉장히 강해요. 운동을 하다 보면 많은 사람들을 접촉을 하는데 힘든 경우가 없지 않겠어요. 근데 그 사람들을 이해해 주고, 또 그 사람들을 설득시켜서 같은 방향으로 가게끔, 나 같은 생각을 먹을 수 있는 것들을 만들어나가는 건데, 그런 와중에는 여러 사람들을 겪어봤을 것이고.

근데 이 세월호 참사가 딱 나고 나서 어쨌든 그런 의식을 나는 개인적으로 가지고 있는 상태인데, 이 참사는 아이들이 죽었단 말이지…, 너무 충격이 컸던 거고. 이런 운동이 무슨 필요가 있냐, 아이들이 행복한 세상이 없는, 아이들이 없는 세상에서 내가 이런 걸 [노동운동을] 한다라는 건 도저히 용납이 안 되는 거였고. 솔직히 그 생각, 내가 고민을 했을 때 새로운 운동체 건설, 욕심인데 나 혼자 되는 문제는 아니지만, '한국 사회에 새로운 운동체 건설을 해야 되겠다' [하는 생각이 들었어요]. 그거는 뭐냐면 안전에 대한, 국민에 대한 안전, 아이들에 대한 안전, 이건 좀 어떻게 색다르게 만들긴 해야겠지만 그게 굉장히 필요하다는 생각이 들었어요. 나는 '이걸 제대로 짚고 넘어가는 운동체[가] 건설이 되지 않으면 어떤 운동이든 한국 사회에서는 필요치 않다'라는 [생각에 이르게 되더라고요]. 물론 통일에 대한 부분도, 민족사에 어떤 제일 관점이긴 하지만 '애들이 죽어가는 사회에 통일이 무슨 필요가 있냐'라는 거예요. 그리고 '애들이 없는 세상에서 어른들이 어떠한 행복과 삶을 가지고 가겠냐'

라는 거지.

이게 워낙 크다 보니까…, 그래서 제가 어쨌든 결정을 하게 되는 계기가 그런 것일 거고. '나는 강하다'라고 생각을 했어요, 제 스스로도. 근데 정말 약하더라구요. 이런 과정 속에서 세월호는 일반 사람들이 쉽게…. 세희 아빠하고 나하고 농담 삼아 "노동조합에서는 무슨 이거, 한 투쟁 사업장 정도로 생각하는 거 같아" [하고 말한 적이 있어요]. 워낙에 민주노총 금속노조는 그런 투쟁을 많이 해왔기 때문에 그렇게 생각한다고 그래서 "그럴 수도 있지" 이러는데, 농담 삼아 그런 얘기를 하는데, 이 세월호는… 이렇게 쉽게 생각할 문제가 아닌 거예요.

어떤 사람들은 "야, 뭐 저래?" [할지도 모르지요]. 물론 집사람하고 나하고도 유가족 얘기들을 하면 아무래도 많은 사람들이 있다 보니까 집사람은 안 좋은 얘기도 할 때가 있어요. 그럼 나는 뭐라 그러냐면 "그런 얘기 하지 마. 그 사람의 성격이 모질든 뭐 하든 간에 유가족이야, 그냥 곁에 있어줘" [해요]. 근데 집사람은 그럼 "동원 씨는 맨날 성인군자야"[라고] 얘기하는데, 나는 그렇게 받아들여요. 나는 이 사람들은……, 내가 애진이야 살았으니까… (눈물을 글썽이며) 만약에 내 자식이 죽었더라면 이렇게 살 수가 있을 거냐……. 지금도 우리 가족들끼리 얘기하지만 만약에 나는 애진이가 죽었으면요, 청와대에서 아마 나 분신자살 했을 거예요. 워낙 이런 싸움 과정들과 정부에 대한 불신들과 많은 열사들을 보고 살아온 입장에서… 이게 엄두가 안 나는 거야.

근데 나의 삶을 다 잃은 사람들 앞에서 내가… 그 어떤 얘기를 한다는 건 나는 도저히 용납이 안 되는 거고, 그냥… 이 사람들이 울면 같이 울어주고 이 사람들이 힘들어하면 같이 힘들어하고 싸우면 같이 싸워주고. 대신에 이 속에서 이 사람들이 정말 대한민국이 우리가 얘기하는 '더 이상 이런 아이들에 대한 죽음은 있으면 안 되겠다'라는, 그리고 '그러기 위해서는 우리는 뭘 해야 된다'라는 이런 생각을 먹을 수 있게끔 미약하나마 나는 그런 도움을 줄 수 있는, '이게 이제 새로운 운동이 아닐까'라는 그런 생각이 좀 드는 거예요. 그럴려면 굉장히 많은 시간이 걸리겠죠. '내가 자식 잃었는데 이런 것까지 생각해야 돼?' 그럴 수 있죠. 지금은 그럴 수 있겠지만 이후에는 '내 자식은 잃었지만 더 이상 이런 일이 반복돼서는 안 되고 남의 자식도 이렇게 허무하게 죽어서는 안 된다' 이런 것들을 난 분명히 생각할 거라고 보거든요. 그게 이 4·16[세월호참사]가족협의회가 해야 될 일이고 한국 사회가 꼭 해야 될 일이라고 생각을 하는 거예요. 그래서 이제 그런 것들이 있는데 '나는 어지간히 강하다'라고 생각을 했지만, 그 많은 사람들 속에서 힘들 때가 너무 많았던… 솔직히 손 놓고 싶은 생각도 있었어요.

면담자 금속노조 활동하셨던 것보다 이게 훨씬 힘드시던가요?

애진 아빠 예. 심지어 차라리…(한숨), 감옥에 들어가면 몇 개월이라도 편하게 있지. 너무 이… 사람들에 대한 얘기, 시선 이런 것들이 너무 힘들었고, 생존자 가족과 유가족과 그 사이에 [있던 입장]이 사람들에 대한 요구와 나에 대한 비난들이, 물론 생존자 가족들이 더 심했죠. "재는 뭐 유가족 편이다"[고 해가지고], 심지어 아이가 학교에 들어갔음에도 불구하고, [단원고] 추×× 교장은 "애진 아빠는 유가족만 챙기게끔 내버려 둬라. 그리고 학교 문제는 우리끼리 상의하자" [하고] 그리고 애진이한테는 어떤 얘기이든 간에 애진이를…, '그게 뭐 아니다'라고 하면 나도 할 말은 없지만, 우리가 봤을 때는 거의 애진이를 왕따를 시켰어요. 부모들도 뭔 얘기를 하다가, 애들도 몰려다니다가 애진이만 있으면 얘기를 안 해요, 애진이 아빠 귀에 들어가니까. 한 예가 서울을 갔다가 내려왔는데 교실을 치웠죠. 그래서 제가 멈추게 했죠. "지금 뭐 하는 짓이냐?" 그래서 내가 유가족 가족협의회[에] 얘기를 했고, 그때 성호 아빠가 와서 그걸 말렸고. 나중에 알고 보니까 우리[생존 학생] 부모 일부가 "저거 치워라" [했다는 거예요]. 근데 제가 그거는 또 이 피해자들끼리 다툼이 생길까 봐 쉬쉬한 거고, "학교가 공식적으로 사과해라" 그래서 다시 원상 복귀해 놓고. 이런 과정 속에서 결국은 생존자 가족들이 나를 밀어내기 시작하는 거죠.

면담자 지금 말씀하신 건 참 어려운 이야기이지만 다음에 좀 자세하게 여쭤봐야 할 거 같아요. 아까 잠깐 농민운동에도 관심이 있다고 말씀하셨는데 어떻게 그런 관심을 가지셨나요? 물론 세월호 참사가 있기 전이겠죠.

애진 아빠 그거는 이런 거죠. 제가 이제 남자들 로망이잖아요, 전원주택 이렇게 지어가지고 노후생활, 솔직히 그럴 돈도 없고 그리고 귀농 귀촌이 쉬운 게 아니에요. 사람들 뭐 한다 그러지만 망한 사람도 많고. 그러다 고민, 고민하다가 회사생활도 굉장히 오래됐고, 그리고 더 이상 뭐 제가 정년까지 회사에서 하고 싶은 생각이 나름 [전혀 없었고].

면담자 25년 가까이 하신 거죠?

애진 아빠 예. 젊을 때, 1살이라도 젊을 때 해야 되는데 마침 돈은 없지, 집사람 고향은 영광이에요. 영광에 집이 있어. 누가 살지도 않고, 큰형님만 계시는데. 일단 집이 터가 있는 거고, 영광 농민회에서, 거기 영광 농민회가 좀 많이 활발한데 그럼 이쪽에 관계를 좀 갖고, 뭐 허드렛일이나 이런 것 좀 하고. 내가 할 줄 아는 게 뭐 있어, 사람 만나는 거 [그거지].

면담자 조직하고 거기서 집회 추진하시고(웃음).

애진 아빠 실무적인 업무들, 예. 있다 보면 나야 뭐 성격이 그러니까 어디가든 못 버티겠냐. 그리고 젊은 놈이 왔으니 얼마나 좋아요, 그리고 또 농민회 쪽에 아는 사람이 많고. 그래서 그 고민을 가지고 있었어요. 근데 집사람은 죽어도 싫은 거지. 저 같은 경우는 고향은 서울이지만 여기 텃밭들 이렇게 있잖아요. 저것도 제가 다 관리해요. 직장생활 하면서 나름 굉장히 큰 텃밭도 많이 했고, 실패도 많이 했지만 김장도 하고 이런 것들 되게 좋아하고 또. 그래서 물론 시골에 비할, 비교할 건 아닌데, 농사짓고 이럴 건 아니지만 그 속에서 좀…. 그리고 선배들도 아는 선배들 많이 내려가 있어서, 그 속에서 좀 사람 냄새 좀 느끼고 싶어서. 이 복잡하고 머리 아프고 이런 도시생활보다(웃음). 그런 생각을 몇 년 동안 고민을 하고 있다가 2014년, 그니까 나는 준비를 하고 있었어요, 영광에. 근데 이 참사가 일어난 거죠, 그래 가지고 이제 안 된 거죠.

면담자　　오늘은 이 정도로 마무리를 지을까 하는데, 마지막으로 덧붙일 말씀이 있으세요?

애진 아빠　　아니요. 그럴 건 없어요. 저는 어쨌든 질문하신 내용들이나 하고자 하는 부분에 있어 가지고는 제가 말씀을 드린 거고, 제가 뭐 어떻게 무슨 내용을 전달해야 하는지 몰라서 그냥 물어보신 거만 했어요.

면담자　　굉장히 말씀 잘 해주셨어요. 이것으로 1차 구술 마치겠습니다. 감사합니다.

2회차

2018년 7월 25일

1 시작 인사말

2 생존 학생들과 안산으로 올라옴

3 다시 내려가서 본 진도의 상황

4 생존 학생 학부모 대표로서의 활동

5 생존 학생들의 단원고 복귀

6 생존 학생들의 국회 도보 행진과 구술증언

7 생존 학생 학부모 대표로서의 활동과 가족협의회 활동

8 단원고 교실 존치를 둘러싼 입장 차이

9 생존 학생 부모들 사이의 갈등

10 생존 학생의 병역 문제 및 대학 장학금에 대한 비판

1
시작 인사말

면담자 본 구술증언은 4·16 사건에 대한 참여자들의 경험과 기억을 기록으로 남김으로써 이후 진상 규명 및 역사 기술에 기여하고자 합니다. 지금부터 장동원 씨의 증언을 시작하겠습니다. 오늘은 2018년 7월 25일이며, 장소는 안산시 단원구 4·16세월호참사가족협의회 회의실입니다. 면담자는 이현정이며, 촬영자는 강재성입니다.

2
생존 학생들과 안산으로 올라옴

면담자 오늘 2차 구술에서는 애진 아버님께서 생존자 가족 대표로 가협 활동을 하시게 된 2014년 4월 16일부터 2015년 12월 〈나쁜 나라〉 상영회에 이르는 시기를 중심으로 여쭤보도록 하겠습니다. 2014년 4월 16일, 사실 가슴 아픈 기억이실 것 같긴 한데 그때 진도에 내려가시게 되는 상황은 얘기해 주셨고, 그 이후에 내려가시면서 혹은 도착한 다음에 목격하셨던 장면들이 어떤 거였는지요? 그리고 애진이를 만나게 되기까지 당시에 들었었던 이야기, 보셨던 거, 뭔가 이상하다고 생각하셨던 거, 그 당시의 분위기, 사람들의 움직임, 이상한 사람들 등등 기억이 나시는 대로 2014년 4월

16일 아침부터 이야기를 해주시면 감사하겠습니다.

애진 아빠 전날 4월 13일 날, 제가 회의가 있어 가지고 집에 상당히 좀 늦게 들어왔고, (면담자 : 15일이요?) 예, 15일 날. 그래서 그날, 아무래도 회의 끝나고 나면 또 간부들이랑 뒤풀이하고 이래 가지고 음주를 좀 해서 피곤한 상태인데, 아침 6시쯤인가 전화가 왔어요, 애진이한테. 그래 가지고 자기들끼리 막 놀고 떠들고 이러는 소리가 들리는데 의외로 애들이 일찍 일어났더라고. 소리가 막 들리는 거예요. 그래서 "아빠" 이래 가지고 장난치는 목소리, 그래서 "아, 피곤하니까 이따 통화하자". 그때 뭐, 아직 한 2시간 더 자야 되니까 그래 가지고 전화를 끊었어요.

끊고 나서 아침에 출근을 했죠. 출근을 해서 우리 현장에 컴퓨터가 있어 가지고, 거의 뭐 대부분 사람들이 출근하면은 컴퓨터를 키잖아요, 컴퓨터를. 그때까지 아침[에] 현장 회의 하고, 한 8시 50, 40분쯤 됐나? 50분쯤 됐나? 40분이랑 50분 사이쯤 될 거예요. 전화가 온 거예요, 애진이한테, "배가 이상하다"고…. "무슨 배가 이상하냐, 왜 왜 왜?" 이랬더니 "아빠, 배가 이상"하대. 그래 가지고 "아빠, 끊어봐" 그러더라고요. 끊었어. 그냥 아무렇지도 않게 생각을 했죠. 50분이 지나가지고 연락이 왔어요. 어….

면담자 그때부터 또 다시 50분이 지나서요?

애진 아빠 아니, 아니요. 8시 40분에서 50분 사이에 한 번 전화가 왔고, 50분 지나가지고 9시는 안 된 거 같은데 전화가 또 왔어요. 컨테이너가 떠다닌다는 거예요. 그래서 내가 "이게 뭔 소리냐?" 그래서 지금, 지금 생각해 보면은 침몰 그 시간하고는 좀 매치가 안 되는데, 하여간 그때 시간에 "컨테이너가 떠다닌다"고 얘기를 하더라고. 그래 가지고, 그때까지만 해도 그걸 또 믿지도 않았지. "여객선에 무슨 컨테이너가 있냐, 이게 화물선도 아니고" 그랬더니, "아빠 우리, 저기 뉴스에 떴다"는 거야. 그러더니, 아, 아니구나. 그 전에 저걸 [말]했구나. 배가 이상한데 이제 당시, 이제 애들은 배가 그 변침을 하니까 연락들이 여기저기[여기저기 연락들을 하기 시작하고], 애들이 소리 지르고 막 난리 나니까 "어디다가 구조요청을 해야 되냐?"라고 물어보더라고요.

면담자 두 번째 전화왔을 때요?

애진 아빠 두 번째 온 거죠. 그래 가지고 '어, 이건 뭔 소린가' 그래 가지고 애진이한테 "침착하게 얘기를 해봐" 그랬더니 "아빠 배가 이상하고 애들이 막 소리 지른다"라고 해서 "구조 요청을 해야 되냐?" 그래서 나는 "어디다 하나?" 그랬다가 그때까지만 해도 119다 아님 112다 어디다 얘기를 할 수가 없어서, "애진아, 침착하고 기다려봐. 뭐라고 하대?" 그랬더니 계속 뭐 "가만있으라"는 안내방송만 쭉쭉 나온다는 거예요. 그러고 나서 전화가 어쨌든 끊어졌어. 그때도 아마 지금 기억으로는 "아빠, 나 다시 전화할게" 뭐 이런 거였던 거 같아.

그러고 나서 이제, 그때가 이제 9시가 좀 넘었을 거예요. 내가

[두 번째 전화받았을 때가] 8시 57분인가 그런 거 같은데 하여간 넘었어, 9시가 넘어서 컴퓨터를 켜보니까 뭐 서해 앞바다에, 이게 [세월호 침몰 기사가] 나오더라고. 깜짝 놀랐죠. 그래서 애진이한테 전화가 온 거야, 또. 그러더니 컨테이너가 떠다닌다고 그래 가지고 "빨리 전화를 해야 되겠네" 하고 "애진아, 아빠가 한번 알아볼게, 끊어봐". 그래서 전화번호를 확인을 하는데, 그때 내가 해양경찰청에다가 전화를 한 거 같아요. 그랬는데 아마 거기서 처음에 전화를 받았고, "이러이러한 전화가 온다, 지금 자기들이 확인 중이다"[라고] 그래서 뭐 그때까지만 해도 큰 심각함보다는 '저 배에[가] 설마 저렇게 침몰하지는 않겠지'라는 생각에 일단 끊고 나서, 그러고 나서 애진이가 이제 전화가 온 거예요, 또. "아빠, 배에 물 들어왔다" 그래서 제가 정확한 시간을 정확하게 모르겠어요, 나도 봐야 되겠는데.

그래서 애진이가, 내가 그 전날에 얘 수학여행 가기 전에 그날따라, 원래 그런 얘기 잘 안 하거든요. 근데 그날따라 내가 그랬거든. "가면 꼭 비상구 확인하고 구명조끼 확인해라"고. 원래 수학여행 가기 전에 나는 그런 얘기를 잘 안 하거든요, 워낙 뭐 애하고. 애도 이제 성격이 좋다 보니까 조목조목 이런 얘기를 안 해요. 근데 그날따라 그 얘길 했는데, 그날도 마찬가지로 통화받으면서 내가 "비상구 확인했냐?" 이랬더니 비상구 확인했대. "애들 구명조끼 다 입었냐?" 그랬더니 "다 입었다" 그러더라고. 그래서 "그럼 애들 데리고 빨리 나가라" [했어요]. 물이 들어왔으니까 당연히 나가라 그래야지, 물 들어왔는데 거기 계속 가만히 있으라고 그럴 수는 없잖아요. 그래 가지고 "아빠, 알았어" 그러고 끊고 나서 이제 전화가 그다음서부터는 전화가 안 됐고, 그리고 인터넷, 그 컴퓨터 켜서 보니까 "서해 앞바다에 단원고 수학여행 학생…"[이라고 나왔던 거 같아요]. 그때까진 단원고라고, 단원고라 그랬나? 하여간 수학여행 배가 침몰 중이라고 얘기하는 거 같지는 않았어, 하여간 그런 식으로 해서….

면담자 전원 구조라고 얘기했었죠.

애진 아빠 아니, [그때까지는] 전원 구조도 없었어요. 침몰 중이라고 그랬나, 하여간 뭐. 그래 가지고 '어, 이건 아닌데'라고 해서… 일단은 회사에 얘기를 하고, 그때 내가 현장에 내려온 지 얼마 안 돼가지고 어쨌든 부서 결재를 좀 맡아야 돼서. 지금 생각하면 그 사람은 진짜, 만약에 애진이가 혹시나 잘못됐으면 그 사람 나한테 죽었을 거야. 우리 위 상사가 회사 쪽에 그 계속 뭐 결재를 얘기하더라고. 그래서 "이게 지금 결재받을 문제냐?" 그래 가지고 그냥 나갔어요. 나갔더니 공장장이 나와가지고 "지금 빨리 가라"고.

그래 가지고 그 차를 끌고 집사람 회사로 갔죠. 가가지고 경비실에 얘기를 하고, "집사람 좀 빨리 나오라고 해라"[고 했어요]. 근데 집사람도 어쨌든, 거기는[집사람 회사는] 현장에 전화 통화가 안 되니까, 하여간 나왔어. "지금 배가 침몰 중이라더라. 빨리 가봐야겠다" [했더니] 집사람은 얼굴이 하얗게 질린 거지. 그래 가지고 이제 현장에 들어가서 옷을 갈아입고 나와야 되는데, 그냥 작업복 차림으로 나왔더라고, 거기에다 안전화 신고. "지금 가야 되니까 빨리 옷, 편한 복장으로 빨리 갈아입고 가자, 그냥" [하고] 집사람이 들어갔는데 안 나와요, 빨리빨리 나와야 되는데. 알고 봤더니 들어갔는데 공장 안에 소문이 쫙 퍼진 거야. 언론에 그런 게 뜨고 그러니까 집사람도 사람들이 얘기를 하니까 너무 놀라가지고 막 부들부들 떨면서 옷도 못 갈아입고 멍하니 있었나 봐. 자꾸 안 나오길래 경비실에 또 얘기를 했더니 그때서야 나오더라고. 완전 자지러져 가지고 나와가지고 내가 들어가서 부축해 가지고 나온 거야. 차에 태워서 나는 핸드폰을 제 것도 있지만, 회사 후배 거를 하나 더 가지고 왔거든요.

그래 가지고 이제 갔지. 진도라는 데를 모르니까, 한 번도 안 가봤어요. 그래서 나는 진도가 또 섬인 줄 알았어요, 그때까지도. 근데 이제 쭉 내려가다가 내가 회사 형님, 진도 사는 형님이 있어서 "어디로 가냐?" 그랬더니 "그냥 내비[내비게이션] 켜고 서해안 고속도로로 그냥 가라" 그러더라고. "그럼 진도랑 연결된다" 그래서 "알았다" 그래 가지고 내려가는데 집사람이 전원 구조…. 계속 핸드폰을 켜놓고 가니까 "전원 구조"가 뜬 거에요. 그래서 내가 그때, 나는… 우리 항상 집에서도 농담하거든. 무슨 일이 생기면, 만약에 멀리 떨어져 있거나, 그냥 한국 사회에 살면서 여러 가지 일들이 많았잖아. 전쟁 위험도 있고 이런 것들이 많아서 혹시라도 가족들끼리 "무슨 일이 생기면 그냥 그 자리에 있어라, 아빠가 갈게" [했었거든요]. 심지어 애들끼리 농담 삼아 어렸을 때도 "우리 아빠는 슈

퍼맨이야". 모든 애들이 다 그렇잖아요. 그래서 뭔 일 있으면 항상 내가 달려가고 이러니까 그런 얘기를 수시로 좀 했었어요.

그래서 내려가면서도 "전원 구조"라고 딱 뜨길래 "나는 우리나라 언론 못 믿는다. 내 눈으로 확인할 때까지는… 그 언론을 믿냐?"[라고 했죠]. 솔직히 그때까지만 해도 아까는 내가 설마라고, '저 많은 승객들이, 아이들이 침몰을 할까'라고 생각을 했는데, 전원 구조라는 얘기를 딱 듣고… [전원 구조 속보가 뜨기까지] 그 시간이 얼마 안 되거든요. 과연 그 큰 배에서 이 사람들을 한 치의 오차도 없이 다 전원 구조했다는 건 난 도저히 이해가 안 가더라고. 그게 상식적으로도 이해가 안 가는 거예요, 그거는. 그 시간대에.

면담자 더구나 배의 상황에 대한 애진이 전화를 받은 상태에서요.

애진 아빠 예, 받은 상태에서 물 들어온 상태인데, 그리고 또 애하고도 통화도 안 되고.

면담자 그다음에도 통화를 시도해 보셨나요?

애진 아빠 했죠, 그런데 안 돼요. 그래 가지고 내려갔어요. 무작정 내려가고…. 그러던 와중에, 내려가면서도 단원고에 전화를 했죠. "이러이러한 상황이 있는데 확인이 되느냐?" 그랬더니 학교도 뭐 "전원 구조를 했는지 확인이 안 된다"고 얘기를 하더라고. 그래서 '이거 뭔가 문제가 있다' 판단했고, "내가 지금 진도로 내려가고 있으니까, 내려가서 내가 확인을 할 텐데 혹시라도 궁금하신 부모님들이 계시면 내 연락처를 알려줘라". 근데 어떤 부모가 벌써 내가 진도 한 중간쯤 내려갔을 때 어떤 부모가, 집사람이 "그 엄마 이름은 기억 못 한다" 그러더라고, 전화가 집사람한테 왔어요. 근데 어떻게 알고 왔는지는 모르겠어요, 집사람 전화번호를. 그래 가지고 "지금 우리도 내려가는 중이니까, 누구요? 내려가면 확인해 드릴게요" 이러고 이제 쭉 내려가다가 학교에서 선생님 전화가 왔어요. 그 선생님[이 누구인지], 운전하면서 누구 선생님, 누구 선생님 적을 수는 없으니까. 그래서 그 선생님이 "애진 아버님, 내려가시면 저희하고 좀 소통을 해달라. 연락을 좀 취해달라, 어떤 상황인지" [해서 저는] "알았다"[고 했었어요].

면담자 학교에서는 이런 일이 있다는 연락을 그때까지는 못 받으신 건가요?

애진 아빠 우리가 직접 연락해서 확인한 거죠.

면담자 학교에서는 아직 연락도 오지 않고? (애진 아빠 : 그렇죠) 일단은 그 뉴스와 애진이와의 연락을 통해서 "배가 이상하다"고 그냥 개인적으로….

애진 아빠 예예, 그냥 내려간 거예요.

면담자 내려가기로 결정하실 때 다른 부모에게 연락을 하신 것도 아니고요?

애진 아빠 그런 거는 없었어요. 그때는 뭐 누구한테 연락할 생각이 없는 거야, '굉장히 심각하다'라는 판단이 좀 들어가지고. 그리고 이제 전원 구조라는 얘기를 듣고 나는 '이거 진짜 심각하다'라고 판단을 했죠. 말씀드렸지만 그 짧은 시간 내에 그 많은 아이들을, 거기다 일반인들도 분명히 있을 거고, 이런 상황에서 뭐 "컨테이너 떠다닌다" 그러지, "물 들어왔다" 그러지 뭐 그런 상황인데…. '이거는 도저히 나는 아니다'라고 판단을 하고 심각함을 더 느낀 거죠.

그래서 내려가서 도착을 했죠. 진도에서도 한참 들어가서 진도체육관. 거기서도 진도… 하여간 서해안 고속도로로 가는데 중간에 한 번 막힌 적이 있어요, 평일인데도. 근데 갓길에 비상 깜빡이 켜고 가는 차들이 몇 대가 있었어. 나도 그걸 따라갔죠. 보면, 그 부모들인 거 같애. 그래서 진도 거의 다 가가지고, 그게 또 우측으로 빠져가지고 유턴해 가지고 이렇게 들어가야지 진도체육관인데, 뭐 길을 알아? 내비가 그러니까. 좌측에 진도체육관이 보여요. 그래 가지고 나는 바로 그냥 좌회전했지, 좌회전도 안 되는 덴데.

그래서 쭉 들어가서 차를 세워놓고 내리니까 벌써 시민사회단체 자원봉사자들이라 그럴까 그런 사람들이 있고, 언론들이 와 있었어요. 그래서 밖에, 체육관 밖에 보니까 아무것도 없고 사람들만 우왕좌왕하고. 안에 들어가니까 한쪽에 이제 컴퓨터 놔두고, 뭐 공무원들인 거 같애, 쭉 있고, 이쪽에 아이들이 있더라고. 진도[체육관] 정문 안에 우측에 애들이 있었어요.

면담자 아버님이 도착하셨을 때가 대충 몇 시였어요?

애진 아빠　그때가 한 4시? 3, 4시쯤 됐나?

면담자　그래서 갔더니 이미 시민 자원봉사자가 밖에 있고….

애진 아빠　애들도 있었어요.

면담자　안에 아이들이 있고 공무원들이 있고요.

애진 아빠　예. 그래 가지고, 아… 그게 아리까리하네. 애들이 있었나? 아니, 있었던 걸로 알아요.

면담자　생존 학생들이 배를 타고 오는데 배가 바로 오지 않고 어디 들렀다가 오지 않았나요?

애진 아빠　아, 그건 여러 개가[경우가] 있어요. 배를 타고 어선으로 이동을 시켜서 서거차도로 들어간 애들이 있는가 하면, 배를 타고 다른 항구로, 그니까 팽목으로, 아니 다른 데로 가서 목포병원으로 간 애가 있고, 또 일부는 팽목에 도착한 애도 있고 그래요.

면담자　그게 세 갈래로 나뉜 거예요?

애진 아빠　예, 나눠진 거예요.

면담자　16일 4시경에 체육관에 있었던 아이들은 바로 팽목으로 온 아이들이겠네요?

애진 아빠　그런 거 같아요. 왜냐하면은 이후에 말씀드릴 건데, 마지막, "이게 아이들의 마지막 버스"라고 그랬거든, "생존자 마지막 버스"라고 그랬었어. 그게 애진이[가 탄 버스]거든요. 그러면 몇 차례 왔던[왔다는] 거거든. 그래서 들어갔는데 뭐 울고 있는 애들이 있고….

면담자 아이들이 몇 명 정도 있던가요?

애진 아빠 한 15명 있었나, 20여 명 되는 거 같던데. 왜냐면 거기서 내가 선생님을 봤거든, 4반 선생님을. 4반 선생님이 허리가 안 좋아서 여자애들 몇몇을 데리고, 애들은 또 모포 입고 그리고 막 울고 있더라고. 그 선생이 굉장히 어려, 선생이. 그때 뭐 스물넷인가 스물다섯인가 그랬다는 걸로 내가 알아요. 그래 가지고 뭐 일단 그런가 보다 해가지고 거기 공무원들한테 "여기가 다냐? 아이 부모인데, 아이를 좀 찾으러 왔다" 얘기를 했더니 아무도 얘기를 안 해, 어이가 없는 거예요.

그래 가지고 뭐 어떻게 할지도 몰라서, 거기서 바깥으로 다시 나가서 하니까, 그때 이제 이걸 붙이더라고. 뭐 생존 학생 이름 [명단이] 쭉쭉 있는데, 근데 내가 지금 그 자료가 없는데, 그때 휴대폰으로 찍었는데 그 휴대폰이 날아가는 바람에 [지금은 없어요]. 당시 그 대자보에다가 생존자 이름을 쓰는데, 애진이가 희생자 명단에 가 있었어요. 나는 그것도 좀 이해가 안 가는 게, 그걸 어떻게 알아. 그리고 문지성이 이름이 생존 학생 이름에 가 있더라니까. 그것도 참 이상해. 근거가 없어가지고, 난 그걸 분명히 봤는데, 내가 뭐 착각할 수도 있겠지만, 근데 어쨌든 난 그렇게 봤어요.

그래서 내가 너무 화가 나서 안으로 들어가서 "여기 공무원들 없냐? 아이하고 통화를 했는데 왜 희생자 명단에 가 있냐?" 이거를 내가 막 소리를 쳤고, 거기서 아무도 대답을 안 하니까 내가 심지어 거기 컴퓨터를 발로 차버렸어요. 그러니까 공무원들, 여자 공무원 몇 명하고 남자 공무원들 이 사람들이 하얗게 질려서 나가더라고. 어이도 없는 상태예요. 애들한테 물어봐도 애들도 “모르겠다”라고 얘기를 하고. 그래 가지고 막 발 동동 구르고 있고 바깥에는 집사람[은] 벌써 거의 뭐 까무러친 상태고 자지러졌고 얼굴이 하얗게 질려가지고 그래 가지고 있는데.

그… 삼호중공업이야. 내가 지금 아니까 그 친구가, 지금 그 친구 회사 그만뒀다고 하더라고요. 근데 지난번에 정리해고 때 그만둔 친구인데, 그 친구가 나를 알아봤어요. 예전에 제가 민주노총 활동을 오래하다 보니까 “혹시 누구 아니시냐?”고 그래 가지고 “맞다”고 그랬더니, “형님 저 누구입니다”라고 하는데 내가 알아? 워낙 많은 사람들을 상대하다 보니까. “아, 그렇냐”고 해서, [그 친구가 나보고] “지금 혹시 단원고 저기[부모]냐”고 그래서 “그렇다”고 [했죠]. 우리 애를, 애가 통화를 했는데, 그때 뭐 반갑다는 이런 얘기가 어딨어, 반가운 게 어딨어. 그래 가지고 뭐, “[애가] 살았다고 통화를 했다는데 도저히 연락이 안 된다. 좀 확인 좀 해줄 수 있냐” 막 애걸복걸했죠. 누구도 얘기를 안 해주니까. “기다려보라”는 거예요. 그러더니 막 여기저기 전화를 하고 하는 거야.

그러더니 생존 학생들 일부가, 많은 인원이 서거차도로 들어갔대요. “그래, 그럼 나는 가야지” 그랬더니 “거기 못 간다”는 거야. 배 타고 들어가야 되는데, 배 타고도 꽤 오래 간대요. [그건] 그렇지. 철선[여객선] 타고 동거차도까지 가면은 거의 한 3시간 가까이 걸리니까. 그때는 우리가 뭐 낚싯배나 이런 생각도 못 했으니까. 그리고 팽목까지도 가야 되고, 그리고 진도체육관에서 팽목까지도 한 40분 가까이 걸리는데. 그런 와중에 전화가 왔어요, 애진이한테. 근데 그 전화 [통화]가 "아빠, 나 살았어. 나 살았고", 그리고 이 전화기 가지고 좀 더 많은 얘기를 하려고 했더니. 선장님… 맞다, 내가 "선장님 바꾸라"고. 그 "어디 탔냐?" 그래서 어선에 탔대. "그럼 전화번호 좀, 그분 전화 바꿔달라"고 그랬더니 그분이 사투리로 얘기하더라고요. [선장님이] "여기 학생들이 좀 있다"고 그래서 "지금 어디냐?"고 그랬더니, 서거차도라고 얘기하는데. 지금이야 우리가 입에 서거차도, 동거차도 저기 뭐야 진도든 뭐든 이런 데가 익숙한데, 그때는 뭐 서거차도가 이게 뭔지 도대체 무슨 말인지도 모르겠고, 그래 가지고 "일단 알았다"라고 하고.

면담자　　그 배는 무슨 배였던 거예요?

애진 아빠　　어선이에요, 어선.

면담자　　그러면 일반 어민의 배였네요.

애진 아빠　　어떻게 된 거냐면, 그것도 참… 해경도 진짜 나쁜 놈들인데, 나중에 연수원에서 애들 나와가지고 NHK하고 NHK? 아니, 후지TV. 후지TV하고 애네들이 "이러이러한 상황을 전제로", 그게 좀 [방송] 스케일이 컸어요. "그거를 일본에 방송을 하려고 한다. 여기에 미안한 일이지만 애들이 좀 증언을 해줄 수 있냐?" 이게 어려운 시간인데 A하고 B하고 애진이하고 그 [인터뷰] 일정을 잡고 장소는 민주노총 사무실 안쪽에 그 노동자들 심리 치유하는 데가 있어요. 그때는 2층에 있었거든요, 거기서 하는 걸로. 그래서 이제 다 세팅하고 갔는데, 거기서 후지TV 그분이 "혹시 아버님 이런 영상을 봤냐?"[고 해요] "그게 뭔데요?" 그러고 노트북으로 보여주니까, 애들이 나오는 장면을 해경이 다 찍은 거예요. 지금 그 떠돌아다니는 [영상이요]. 아이들, 하이바[헬멧]에 그 해경 카메라[가 달려] 있고, 고무 단정[으로] 막 가가지고 뒤에서 애들 구조하는 이게.

그 당시 그 영상을 제가 입수를 해서, "이거 안 주면 우리 안 하겠다" 그래서 "달라" 그랬더니 자기네들 "일본 본사에다가 얘기를 해보겠다"고 그래서 급하게 연락을 해서 그걸 받은 거예요. 그래서 이거를 우리 [가협] 자료실로 가지고 와서 우리가 이거를 이제 언론에 뿌리기 시작한 건데, 그 영상을 보면 애진이가 맨 마지막으로 배에서 나오는데, 애들이 이제 배가 높잖아요. 어마어마한 크기인데, 거기서 막 애들이 뛰어내릴 엄두가 안 나지. (손바닥으로 기울어짐을 표시하며) 배가 이 상태인데 여기서 뛰어내렸다가는 밑에 철제에 부딪칠 수도 있고 그러니까, 애진이 왈, "왜 그때까지 있었냐?" 그랬더니 "너무 높아서 무서워서 뛰어내리려는데, 뛰어내릴 수가 없어서 배가 더 침몰하길 기다렸다"는 거예요. 물이 더 올라올 때까지.

그랬는데 거기서 그 모터, 해경 보트예요. 그거는 맞아. 거기에 애들이 타요. 그니까 물이 있으니까 뛰어내려서 물에서 여기로[보트로] 옮겨 타는데, 애진이가 거기서, 그때는[영상에는] 안 나오는데 바깥에서 그 목소리가 C야. 여자 애 C가 "애진아, 애진아" 하고 소리를 질러요. "저기 애진이 있다"고, "애진이 안 나왔어요"라고 막 소리를 지르는데, 애진이가 거기서 딱 나와. 그러면서 얘가 이제 쭉 그 물속으로 뛰어내리더라고, 미끄러지듯이. 그러면서 모터 단정, 그 고무보트를 타고 이 고무보트가 어선에다가, 저쪽에 떨어져 있는 어선에다가 [애진이를] 갖다준 거예요. 그 어선을 타고 가는 중이었지.

그니까 그 시간이 거의 내가 내려가는 시간들이랑 이런 걸 봤을 때, 그 정도 시간이 되는 거 같더라고. 왜냐면 모터 단정, 단정이 거기까지[세월호까지] 가야 되고, 그게 아무리 빠르다고 해도 팽목에서 갔을 리는 없거든요. 123정이나 아니면 다른 배로 그쪽까지 가서 그 근처에서 모터 단정이 떨어져서 갔을 거니까. 그리고 가는 시간만 해도 거의 10분 가까이 걸리더라고요. 그런 상황이 있어 가지고 그러고 보니까 어선을 타고 가면서 나한테 전화를 한 거예요, 선장이. 그래서 "서거차도로 간다" 그래 가지고 "알았다" [했어요]. 근데 이제 거기서부터 내가 그 친구한테 고맙다는 얘기도 못하고, 서거차도만 지금 잡고 있는 거야. "팽목으로 가겠다" 그랬더니 그 "오신다"라는 거예요. 아이들이 온대요.

면담자　　처음 전화가 선장님 핸드폰으로 온 건가요?

애진 아빠　　예. 끊고 나서 있는데 갑자기 어떤 사람들이 바깥에서 그래. 지금 팽목에서 아이들을, 그니까 생존자들을 실은 차가 온대. 그니까 아까 말씀드렸다시피 몇 차례 차가 온 거야. 이게 첫 번째 왔고, 그래서 나는 그때는 서거차도로 간다고 했지만 '이렇게 올 수도 있나 보다' 해서 당연히 기대하죠, 애들이 온다는데. 그래서 팽목으로 안 갔어요. 그래서 이제 그다음에 차가 왔는데, 거기에 [애진이가] 없어. 애들만 이제, 애들하고 아… 2, 30명이 더 있었네. 화물기사들이 있었어요. 아, 맞아. 내가 도착했을 때, 이제 생각이 난다. 지금의 D 씨나 이런 사람들이 있었어. 거기 있으면서 카메라 막 들이대는데 어떤 사람이 "내가 이 배를 얼마나 탔는데, 이거는 구조할 생각도 없고, 사람들 아수라장인데 누구 하나 도와주는 사람도 없고, 세상 이런 나라가 어딨냐" 막 거기서 하소연을 해. 난리를 치는 거예요, 카메라에 대고. 그러니까 대충 한 30명은 넘네. 예.

면담자 그분이 D 씨였나요?

애진 아빠 예, D 씨하고 또 몇 명 있어요. 가서 보면 누군지 이름은 기억나는데, 하여간 그런 사람들이 있었고. 그리고 아까 [얘기]로 돌아가서, 거기서 이제 "팽목에서 버스가 온다" 그러니까 팽목을 안 가고 있는데. 그 차가 도착했나, 도착해서인가 아니면 도착 전인가, 도착하고 나서일 거예요. 거기 없었으니까 없다고 판단을 해서 있는데 전화가 또 와, 애진이한테서. 근데 이상한 번호, 애진이 번호는 아니고… 애진이는 전화를 할 수 없었던 이유가 있어요. 얘가 지퍼백을 이만큼을 가지고 갔어요. 그게 기억이 나는데, 이게 바다니까, 혹시라도 모를까 봐 지퍼백을 가지고 간 거야. 그래서 지 핸드폰을 거기다 넣은 거예요. 그래서 이제 채워놓은 거지. 그래 가지고 전화를 못 한 거고, 물론 물도 적셔져 있었고.

그래 가지고 어쨌든 그 버스가 도착을 하고 나서 전화가 왔어. 왔는데 이게 서거차도 마을회관 전화래요. 그래서 애진이한테 "애진아, 거기 애들 몇 명이나 있냐?" 그랬더니 "3, 40명 정도 있다"는 거예요. "그러면 그 아이들 명단 좀 누구든 간에 해가지고 좀 줘라" 그래 가지고 내가 그 명단을… 하여간 뭐 부르는데 아는 애들만 이렇게 부르는 거고. 애들이 2학년 때 같이 만난 애들이라 처음 만난 애들이다 보니까 아는 애들이 있을망정 모르는 애들이 많으니까 "그러면 뭐 누구 거기 뭐, 반장이나 이런 애들 없냐? 누가 좀 적어서 줘라" 요렇게까지가 거의가 정리가 된 거 같은데, 그다음에 내가 명단을 받았나, 받았나 모르겠네. 그래 가지고 "애들이 거기서 전화를 해야 된다고 그래 가지고 전화를 오래 쓰지 못한다" [하더라고요].

그래서 최종 거기가 서거차도라는 섬이라는 걸, 애들이 거기에 있다는 걸 확인을 하고. 그리고 그 당시에 공무원들인가 경찰인가를 얘기를 했더니, 서거차도에 있는 게 확인이 됐고 거기 아이들 명단을… 맞아, 거기서도 취합을 한다 그랬어요. 그리고 "그 아이들은 곧 올 거"라는 거예요. 근데 나중에 안 거지만, 거기 가서 애들이 옷은 다 젖었지…, 온 동네사람들이 다 나와가지고, 심지어 애진이는 할머니 고쟁이 바지 있잖아요, 속치마. 그 바지를 입고 왔더라고, 옷이 없어 가지고. 돈이 없어서 애진이가 꼬깃꼬깃한 게 만 원짜리가 있었는데, 가방에 [돈이] 다 들어 있으니까. 근데 우연찮게 그게 주머니에 있었나 봐요. 그거 가지고 애들끼리 초코파이

사 먹고. 너무 배가 고파 가지고 그랬다고 하더라고요. 그리고 할머니가 "들어오라"고 그러는데도 애들이 못 들어갔대. 물에 다 젖어버리니까 들어가면 또 지저분해지고 그럴 거 같아서. 근데 할머니가 "괜찮다"고 "들어오라"고 그래 가지고, 뭐 남자 애들 몇몇은 라면도 끓여주시고 그랬나 봐요.

하여간 그렇게 해서… 저녁은 아니었어요. 깜깜해진 때는 아니었어요, 그때. 왜냐면 마지막 버스라고 들어왔을 땐데, 애들 내릴 때 애진이를 봤는데 애진이를 안아보질 못했지. 기자가 너무 많아 가지구요. 이 무슨 완전 기자들이, 아니 사활을 걸었어. "애진아. 아빠야, 아빠" 그러고 [애진이가] "아빠" 막 이러는데도, "나오시라"고 막 이러는데도 절대 안 비켜요. 심지어 몸싸움까지 벌였다니까, 거기서. 막 화가 나는데 그냥. 나중에 이 사람들도 뭐 하다가 정신없다 보니까, "부모다" 그러니까 그때서부터 애들은 그냥 쭉 안으로 들어가고, 들어가서 애진이를 만났고. 그때서부터 애들 있는데 울고 아수라장 됐지, "누구는 못 나왔어요" [하면서]. 그때는 벌써 애들이 아이들이 물속에 수장당한 걸 다 본 애들인 거야.

그 나중에 지나서 애들이 얘기했지만, 애진이도 그 얘기했지만, (손짓으로 표시하며) 천정이 이렇게 되어 있는[뒤집힌] 상태에서 [위쪽이] 비상구고 여기를 올라가야 하는데, 애들을 다 올려주고 서로 도우면서 올려줬는데 나중에 보니까 애진이가 "맨 마지막에 SP1[선실]에서 나왔다"고 그러더라고, 애들 다 올려주고. 애가 덩치도 있고 키도 크고 그러니까. 거기다가 이제 애진이는 그 목까지 물이

찼는데 어떻게 나왔냐고 했더니, 캐비닛들이 무너졌잖아요. 그걸 밟고 올라온 거예요. 만약에 그게 없었으면 못 올라오는데 그거 밟고도, 애가 "자꾸 팔 힘을 길러야겠다"는 이유가 [비상구에] 매달린 건데 올라가야 하는데 이게 너무 힘드니까.

마침 거기에, 지금 우리 여기 생존 학생 소희 아빠가 지금 가협에서 활동하는데, 소희가 그 위에를 지나가다가 애진이를 발견을 한 거예요. 그래서 끄집어 올려준 거예요. 그래서 나오는데 나와도 애들이 복도에 있었고, 그 무서우니까 다들 복도에 기대고 있었는데 물이 확 들어온 거고. 거기에 이게 이쪽은[기울어진 반대쪽은] 이 난간이 있어 가지고 잡고 있었고, 이쪽[기울어진 쪽] 애들은 [벽에] 기대고 있었고, 그니까 [물이 들어오면서 기울어진 쪽 아이들은] 그냥 쓸려 들어가 버린 거예요. 애진이는 그나마 이걸[난간을] 잡고 있었던 거고, 그래서 거기서 나오게 된 거니까. 얘네들이 도착한 애들은 그런 장면들을 다 본 애들인 거야. 그러니 거기서 뭐 대성통곡할 수밖에 없던 거지. 그게 이제 뻔히 기억이 나니까. '내 친구들은 죽었다'고 판단을 하는 거거든요. 그러고 있는데 그….

면담자 그 당시에 복도에 나왔었던 학생들은 사실은 75명보다 더 많았을 수도 있었던 건가요?

애진 아빠 아니요, 그렇진 않죠. 왜냐면 (테이블 위에 위치를 짚으며) 그 배 4층에 SP1, SP1? 어, 이쪽 SP1, SP2, 뭐 3, 4 이렇게 쭉 쭉 있잖아요. 우현에 있던 이 통로가 이게 하나의 통로가 아니거든. 그리고 우현에 있던 데 그쪽에 두 개 통로인데, 우현에 있던 애들은 이쪽에[좌현 측에] 있던 애들을 볼 수가 없었어요. 이쪽으로, 좌현으로 뒤집어지니까 우현에 있는 애들은 물도 안 들어오고. 그리고 지금 영상이나 사진 보면 애들 그 통로에는 물 하나 없이 애들이 그냥 순수하게 있잖아. 근데 이쪽 애들은 벌써 물이 통로에 들어찼기 때문에, 애진이가 나오는데 그쪽에는 인원이 별로 없었어요.

그리고 심지어 그런 얘기까지, "공부 잘하는 애들은 거의 다 죽었고 공부 못 하는 애들은 살았다" 그러는 건데, 그게 아니라 문과가 인원이 더 많아요. 그러면 전체 250명의 아이들 중에 희생당한 애들을 보면, 이과는… 그, 인원으로 본다면 문과 애들이 더 많이 죽은 거죠. 그래 가지고 어쨌든 그쪽 통로에는 "애들이 별로 없었다"고 얘기를 하더라고. 한 많아봤자…. 왜냐면 그 전에 벌써 바깥에 나간 애들도 있거든요. 근데 저기 뭐야… 애들 문과 같은 경우는 그니까 1반, 2반이 많이 산 이유가 애들은 좌현에 있기 때문에 살았던 거예요.

그리고 1반, 2반 애들 중에 그 우현으로 간 애들도 있어요. 인원이 많아서 이과 반 쪽으로[선실로] 인원이 나눠졌어요. 그래서 1반에 있던 애들도 문과 다른 반 애들하고 같이 반[선실]을 쓴 애들도 있죠. 그래서 어쨌든 그 상황에서 애들을 [태우고] 진도체육관에서 마지막 버스라고 해서 왔을 때 '야, 이거 심각하구나. 그럼 여기 도착한 애들은 산 거고 나머지 애들은 거의 희생당했다'라고 그때는 나는 생각이 들더라고.

면담자 거기서 보트를 탄 아이들이 주변에 있는 어선을 타고 어떤 친구들은 팽목으로 오구요.

애진 아빠 그러니까 그때 상황을 보시면요, 바로 어선에 탄 애들이 있고 고무 단정에 탔다가 어선으로 이동한 애들이 있고 요렇게 나눠지죠.

면담자 서거차도로 갔었던 친구들은 나중에는 무슨 배를 타고 팽목으로 온 건가요? (애진 아빠 : 철선) 철선을 타고 다같이?

애진 아빠 그 영상에 보면 철선에서 애들이 내리더라고. 그니까 이 철선은… 철선이었나, 내가 철선으로 알아요. 맞아요.

면담자 시간에 맞춰서 동거차도까지 왔다 갔다 하는 여객선 말씀이시죠?

애진 아빠 예, 그때는 이 철선이 아마 다른 데 거치지 않았을 거예요. 바로 왔을 거예요, 그냥 팽목으로. 인원이 많기 때문에 이걸 어디에다 태울 수 없죠. 123정이라고 해도 123정은 거기서 수색을 해야 되는 판이고. 그리고 뭐 다른 보트에, 어선을 빌리려고 해도 이걸 다 태우려면, 그리고 당시에 어선도 없었고. 그래서 철선을 타고 온 거구요. 다이렉트로 왔기 때문에 빠른 시간에 온 거예요.

면담자 서거차도에 있었던 아이들은 팽목에 도착해서 버스를 타고 체육관에 도착했을 때가 대충 해 지기 전이었나요?

애진 아빠 해 지기 전이에요. 왜냐면 내가 '애들을 데리고 가야 되겠다'라고 했을 때가. 〈비공개〉 여기 애들을 지금 [안산] 고대병원을 준비해 놓은, 그게 교육청하고 준비를 해놓은 거 같아요. 공무원들이 그런 매뉴얼은 또 잘해. 그래 가지고 "그 버스를 타고 애들을 일단 이동하자" 그래서, 제가 거기 몇몇 부모들이 좀 있었고, "이 애들은 갔으면 좋겠다" 이 얘기하는 도중에 단원고 버스가 도착을 해요.

면담자 부모들을 태운 버스?

애진 아빠 예, 부모들이 막 울면서 안으로 들어와. 그래 가지고 이거를 뭐 누구든 얘기는 못 하겠고 막 부모들이 우왕좌왕하는 거고, 애들을 붙잡고 "누구 왔니?", "누구 봤니?", "너 몇 반이니?" 이러고 있는 상황인데, 그래서 제가 마이크를 잡죠. 그래서 "저 단원고 학부모인데, 좌측에 보면 생존자들 명단 확인 좀 해봐라". 그러면서 이제 좌측으로 우르르 가서 거기서 막 보고 계신 거예요. 그 와중에, 나는 이제 애들이 벌써 거기서 막 부들부들 떨고 무서워하니까, 아까 얘기했듯이 부모들이 해서[데리고] 밖에 있는 버스를 타고 올라가고. 부모가 오지 않은 애들, 난 참 그것도 신기해요. 아니, 그 큰 상황에서 온 언론에 다 떠들썩하고 그러는데 애하고 통화했다고 안 내려와.

면담자 통화했다고 안 내려오신 거예요?

애진 아빠 난 이해가 안 되더라고요.

면담자 어디 출장가시거나 이런 게 아니고?

애진 아빠 예, 가정사로 그럴 수 있어. 근데 이 크나큰 참… 애가 아무리 살았다고 해서 안 내려온다는 게 이해가 안 되더라고요. 심지어 어떤 사람은 장사하느라고 바빠 가지고 안 내려왔다[고 하는데]. 그게 말이 되냐고 난, 난 진짜 이해가 안 가더라고. 그래 가지고 거기서 가까운 데 친척이 있는 사람은 친척이 오고 데리고 가고. 그래서 애들을 버스를 태웠는데 몇몇 애들이 부모들이 안 왔어요. 근데 또 애진이하고 친한 애들은 아니더라고. 나는, 근데 나는 애진이하고 친하고 안 친하고 상관이 있는 게 아니라, 얘들이 이렇게 부들부들 떨고 있는데, 일단 자리는 애진이 포함해서 두 명 더 태울 수 있으니까 "가자", 그리고 얘들을 내 차에 태워놓고 이제 가려고 하는데, 마침 민지 아빠가 나하고 만나지.

근데 이제 민지 아빠가 난리가 난 거지. 애진이 붙잡고 "너 같이 갔다 온다고 했는데 민지는 어디 있냐?"고 "왜 너만 있냐?"고 "왜 민지하고 같이 안 있냐?"고. 집사람은 거기에 그냥 바로 주저앉아 가지고 울고, 나는 그 민지 아빠 얼굴을 도저히 못 보겠더라고. 그 눈초리가… 그거지 뭐. '결국 니 자식만 살았냐', '니가 니가, 나는 안 보내고 싶었는데 니가 가라 그래 가지고 간 거 아니냐?'. 막 있는데 뭐라고 그래요, 그냥. 거기서 뭐 아무 얘기도 못 하고 그래서 "민지 아빠, 일단 지금 상황을 주시하고 있으니까 체육관 안으로 일단 들어가 봐라. 지금 민지가 어디 있는지 확인이 안 되니까" [하고 말씀드렸어요]. 그래서 민지 아빠 체육관 안으로 들어가고, 이제 애들을 데리고 올라와요. 그때까지만 해도, 민지 아빠랑 얘기할 때까지만 해도 껌껌하지는 않았어요. 그리고 이제 애들을 [데리고] 올라오는데, 내려갈 때는 엄청 밟고 내려갔지만 올라올 때는 애들도 불안하고 남의 자식들도 있어서 좀 천천히 왔어요, 거의 뭐….

면담자　　올라오실 때는 생존 학생들이 각각 친척이나 부모들이 와서 데리고 가고.

애진 아빠　　다수는 버스로 가고.

면담자　　그 버스는 거기서 준비해 준 버스인가요, 단원고에서 부모들을 태우고 왔던 버스였나요?

애진 아빠　　그 버스는 [단원고에서] 부모들 실어가지고 내려온 버스죠.

면담자　　아, 그 버스를 바로 타고 올라 간 거군요. 그리고 아버님은 애진이랑, 잘 모르지만 부모가 안 내려온 아이 두 명을 태우고 올라오신 거구요.

애진 아빠　　예, F 하고 G. [안산에] 올라왔을 때가 11시, 거의 12시가 됐거든요. 그니까 맞아. 천천히 올라왔거든요. 거기서 한, 진도에서 여기까지가 한 4시간, 4시간 정도 걸리니까 내가 휴게소를 두 군데를 들렀어요. 걔네 “부모님들한테도 연락해”라고 연락해 주고, 그러니까 거의 12시쯤 돼가지고 도착을 했는데 난리가 났지 뭐. 버스 도착하고 얼마 안 있어서 우리가 도착했거든요. 로비에서부터 기자들이 쫙 있고, 애들 [고대병원에] 들어가자마자. 그렇지, 얼마 차이 안 났네, 애들하고 우리하고. 막 담요 해가지고 바로 응급조치하고 검사하고, 애들 이름 명단 적고, 그렇게 해서 애들 호실 배정해서 들어갔고.

면담자 체육관에서 생존 학생들은 고대병원으로 데리고 가기로 다 공지가 된 건가요?

애진 아빠 이야기, 공지도 아니에요. 그것도 아니고, 그냥 "버스에 타라" 그런 거고 "고대병원으로 가야 된다" 그런 거고, 이 애들은… 그냥 어른들이 버스 타라고 그러니까(헛웃음). 다들 고대병원으로 공지하기를, 내가 일일이 찾아다니면서 얘기하기도 쉽지 않잖아요.

면담자 그 버스는 알아서 고대병원으로 간 거네요.

애진 아빠 예. 저도, 나는 원래 아, 그때는 고대병원으로 가고 싶지 않았어요. 일단은 애하고 집사람하고 저하고 그 아는 사람, 충청도에 있는 그쪽으로 좀 가려고, 일단은. 그때는 뭔 생각이었는지 일단은 좀 안정적인 데가 필요한 거 같아 가지고. [그런데] 애진이가 "애들 병원 간다"고 자기도 그리로 간대. "알았다" 그래서 고대병원 간 거예요. 그래서 가서 애들 검진받고 그러니까…, 부모들이 그때 선택권이 있었나. "저희 안 가요, 말아요" [하는 게]. 안 가면 안 가는 거고 가면 가는 건데, 근데 다들 그리로 가니까 간 거지 뭐.

면담자 생존 학생들 중에 고대병원으로 안 가고 따로 집에 갔다든지 이런 친구들은 없었던 건가요?

애진 아빠 없죠. 왜냐면 75가정, 75명인데 쌍둥이 하나니까 74가정이잖아요. 거의 다 왔죠. 대신에 다른 병원에 있던 애들이 있죠. 한도병원에 간 애가 있었죠.

면담자 네. 생존 학생들이 왔을 때 한 팀은 서거차도 쪽으로 가고, 한 팀은 바로 팽목항으로 오고, 다른 한 팀이 있었잖아요.

애진 아빠 그거는 병원 쪽으로 간 거죠, 병원으로, 목포병원.

면담자 바로 목포병원으로요?

애진 아빠 예, 왜냐면 당시에 심각해서 다친 애들이 있거든. 움직이지 못하는 애들이 있었잖아요.

면담자 그 친구들은 일단 팽목까지 와서 목포로 간 건가요?

애진 아빠 그러겠죠, 이동할 수 있는 데가 거기밖에 없어요. 딴 데는 어디로 갈 수 있는 데가 없으니까.

면담자 그 친구들이 몇 명 정도 됐는지 기억나세요?

애진 아빠 글쎄요, 한…. 여기 올라와서는 전체적인 상황은 판단이 되는데 거기서는 잘 안 돼요. 근데 내가 알기로도 목포 한국병원 그쪽으로 세 명인가, 네 명이 가 있었고, 그럼 전체 한 여섯 명 정도, 일곱 명 정도가 아마 딴 쪽에 있는 걸로 알아요.

면담자 그 친구들은 나중에 고대병원으로 합류했나요?

애진 아빠 나중에 올라왔죠. 올라왔는데, 세 학생은 고대병원으로 온 게 아니라 한도병원으로 갔어요.

면담자 세 학생은 목포에서 바로 한도병원으로 가고, (애진 아빠 : 예예) 나머지 학생은 고대병원으로 가고 그렇게 됐군요.

애진 아빠 왜냐면 몰랐거든, 이 세 사람은 애들이 다 고대병원에 갔는지 몰랐던 거예요. 당연히 모르지, 아까 말씀드렸지만 뭐 일일이 문자를 날려준 것도 아니고. 그래서 일단 병원에 입원하고 입원한 상태에서 고대병원으로 오기는 저러니까 검사를 좀 받고 이래야 되니까. 당시 이제 다쳤던 소희나 뭐 심하게 다친 애 H, 그리고 또 하나 저기 누구야 I 이런 애들 세 명은 다 한도병원에 있었던 거예요. 그리고 나중에, 나도 연락처를 모르니까, 애들끼리 확인을 해보니까, 애들이 "아저씨 누구누구가 어디 있어요, 어디 있어요" 그래서 내가 이제 한도병원을 간 거고, 가서 보니까 세 가정이 거기 있더라고요. 그래서 이분들한테 "이후에 일정을 내가 수시로 알려드리겠다" 이렇게 하고 왔는데, 고대병원에서 애들 각 그 호실로 배정받고 돌아왔는데 이제 장난 아니지, TV에. 그래서 한동안 TV를 꼈어요. 근데 부모 중에 애들이 막 난리치고 이러는 애들이 있어서, 그리고 애들끼리 뭐 얘기가 나오는데 뭐 누가 죽었느니 살았느니 이걸 이제 애들끼리 막 휴대폰으로 어떻게든 알더라고, 애들이. 그래서 어느 부모가 뭐 "애들 TV 못 보게 해달라"고 그러는데, 그게 되냐구. 딴 거로[다른 수단으로] 다 알고 있는 사실을 [어떻게 막겠어요]. 우리는 그냥 G하고 애진이하고 있었는데 그냥 방에다가 켜놨어요. 근데 거기에 막 사망자 명단 뜨기 시작하는 거지, 심각한 거죠. 그래 가지고 얘들을 놓고 나는 바로 팽목으로 내려가요.

면담자 그날?

애진 아빠 예, 새벽 2시, 3시쯤 됐을 거야. 3시에. 왜냐면 민지 아빠 때문에, 도저히 민지 아빠가 생각이 나가지고 민지 때문에 내가 도저히 못 있겠더라고. 그리고 상황이 어떻게 되는지도 모르겠고, 그래서 3시에 내가 [차를] 끌고 내려가요.

면담자 밤에 11시쯤 병원에 도착한 후에 보통 두 명이 한 방에 배정됐던가요? (애진 아빠 : 예예) 그때 몇 명은 빠졌다고 해도 70명 가까이 되는 친구들이 다 비슷한 시간에 도착했었나요?

애진 아빠 예, 거의 다 했죠. 다음 날에 온 친구들도 있어요. 그거는 아까도 말씀드렸듯이 한국병원이나 이런 데 있던 애들 중에 일부는 한도병원에 갔지만 나머지 애들은 그쪽으로, 고대병원으로 들어온 거죠.

3
다시 내려가서 본 진도의 상황

면담자 애진 어머님은 병원에 두고 내려가셨나요?

애진 아빠 애진이[하고] 같이 병원에, 그 고대병원에 두고 나는 팽목에 내려간 거죠.

면담자 아버님만 새벽 2시경에,

애진 아빠 3시경이에요, 3시경. 3시 한 20분 됐을 거야.

면담자 3시경에 민지 아버님 생각이 나서 다시 진도체육관으로요.

애진 아빠 민지 생각이 나니까.

면담자 차를 몰고 내려가셨나요?

애진 아빠 그렇죠. 민지 아빠를 내가 봤는데, 당연히 뭐 내려가야지 어떡해. 일단 집사람이 있으니까 안심시키고, 보호자가 있으니까. 그래서 내려간 거예요. 그때는 진짜 거짓말 안 하고 졸리다는 생각도 없어요. 졸리지도 않았고, 그냥 차 몰고 내려갔었죠. 내려갔는데 진도체육관을 갔더니 이제는 뭐 난리도 난리고, '이 사람이 여기 왜 와 있지?' [했어요]. 정보과 형사가 내려와 있더라고요. 근데 이 사람은… 물론 이제 나는 대수롭게 생각을 안 해. 일반적으로 그러니까 이런 운동, 그니까 뭐 운동권이나 이런 분들은 이 사람들이 [정보과 형사들이] 있어, [그러면] 나는 딱 보면 저게 형사인지 뭔지 대충 감이 오는데 일반적으로 직장 다니는 사람들은 뭘 알아요?

근데 이 사람, 지금 생각해서는 이 사람들 입장에서는 '경찰들이 왜, 정보과들이 이런 데 와가지고 사찰하고 뭐 이런다'라고 하지만, 내가 아는 정보과 [사람]는 "다 동원령 내렸다"고, 그래서 "다 내려가라 그랬다"고 [하더라고요]. 그래서 내가 "아니, 정보과가 여기서 뭘 하냐?" 했더니 워낙 큰 저거다 보니까 자기들한테 임무가 주어진 거는 혹시라도 그 저기 뭐야, "폭력적인 부분들이나 극단적인 선택을 하는 거를 미리 예방해야 한다"는 지침을 받고 내려왔대. 근데 그거는 맞는 거 같아요, 내가 봤을 때는. 당연히 뭐 그럴 수밖에 없었던 입장이고, 그래서 나중에 부모들하고 얘기를 해보니까 이 사람, 유가족이라고 이렇게 판단되는 사람이나 이러면 무조건 경찰이 따라붙었어요.

그리고 내가 진도체육관에 있다가 거기서 민지 아빠를 못 봤거든요. 그래 가지고 뭐 팽목항을 얘기를 하길래 그때 팽목항을 갔죠. 그게 아침 8시인가 9시쯤에 내가 팽목항을 갔어.

면담자 거기 도착하고 조금 있다가 가신 거네요.

애진 아빠 예, 9시쯤에 내가 간 걸로 알아요.

면담자 맨 처음에 체육관으로 가셨잖아요. 그때 어떤 상황이었어요?

애진 아빠 아니, 무슨 피난민들 이런 뭐… 이쪽 한쪽에 쭈그러져 있는 사람들서부터 울고불고 난리가 아니죠. 거기 벌써 내가 가 보니까 책상도 다 부숴놨고, 기자들서부터 막 그때도 뭐 집어 던지고 난리 나는 그 상황이에요. 거기 자원봉사들은 바깥에 조끼 입고 뭐 하면서 그 와중에 한쪽에서 컵라면 끓여 먹는 사람이 있고, 경찰들 하… 체육관 안에 바글바글했어요. 위에 그 스탠드[관람석] 있는데 쫙 있는데, 거기도 뭐 내가 보더라도 이건 가족이 아니야. 왜냐면 아니 유가족들이, 자식 잃은 부모들이 등산화 신고 등산복 입고 와요? 아니거든. 딱 보더라도 정보과 형사인데 뭐. 위에 있고 안쪽에도 쫙 있고. 거기에 이제 딱 봐서 이렇게 기지바지에다가 와이셔츠 입은 사람들. 뭐 일반 사람들은 회사원이라고 보겠지만 나는 딱 봤을 때 그 사람들 관계 기관 공무원인데, 엄청 많았어요. 전체 단원고 생존 학생[희생 학생]도 250명, [전체] 304명이라고 해도 이 체육관이 발 디딜 틈이 없었어요. 아주 바글바글해, 바깥에만 해도 어마어마한 인원들이. 1000명도 넘겠더만, 엄청 많았어요. 1000명이 다 뭐야.

면담자 아침에 처음 내려가시는데 그때부터도 벌써 시민 자원봉사자 같은 사람들이, (애진 아빠 : 예, 왔어요) 그 사람들은 어디서 온 건가요?

애진 아빠 진도. (면담자 : 진도에서?) 그니까 진도 시민들은 벌써 오전에 속보를 듣고 뭐 하고, 진도 내에서 그런 공무원들 매뉴얼은 잘 되어 있거든. 여기도 그런 사람들 많잖아요, 자원봉사자들. 그러면 시에서 연락 한마디만 하면 바로바로 오거든요. 그래서 그렇게 정리가 돼요. 근데 그때는 뭐가 이렇게 설치되어 있는 게 아니라 뭐 물통 정도 갖다놓고 책상에다가 라면들 좀 놔두고, 이제 준비하는 과정이었어요.

면담자　　아침 한 8시쯤에 팽목으로 가셨다고 하셨나요? (애진 아빠 : 9시쯤에) 팽목으로 가셨더니 거기는 어떠한 상황이던가요?

애진 아빠　　팽목은 들어갈 수가 없어서요. 지금 생각하니까 그 팽목 들어가, 그니까 팽목 거의 다 오면은 우측으로 들어가면은 팽목이고, 좌측이 이제 서망항 쪽으로 연결되는 부분인데, 여기 아예 입구, 여기서부터도 아예 차 댈 데가 없는 거야. 계속 1차선이니까 시간이 엄청 걸리는 거예요. 그래 가지고 아마 근 2신가에 내가 팽목, 2, 3시인가에 들어갔어. 그래서 차를 댈 데가 없어 가지고 어쨌든 최대한 들어가려고 했는데 못 들어가서 지금 아마 12시… 그쪽 정도에 내가 차를 댄 거 같아. 12시[쯤에] 농협 있는 그쪽 거기가 하여간 그때 거기가 뭔가 있었어요. 근데 지금 생각해 보면 거기 같은데, 그 위쪽일 수도 있고 하여간 거기서부터 차를 대놓고 걸어 올라갔어, 걸어갔어요. 차가 갈 수가 없어요. 한 차선만 있는 거고, 그래 가지고 나오는 차 있어야 되고 들어가는 차 있고 막 이러니까.

들어가서 보니까 그 서망항 이쪽 가는 게 이 삼거리에서 팽목 들어가는 입구, 여기서부터 아이고 난리도 난리도 아니야. 막 사람, 진짜 사람 막 비집고 들어가야 돼요. 그리고 한쪽에 그 언론사들차, 그리고 군 뭐 경찰. 진짜 다… 거기 군인 차량도 있었네요. 지프차 같은 것들도 몇 대 있었고, 포터[트럭] 같은 것도 좀 있었고. 경찰, 진도 뭐 하여간 뭐 어디 어디 해서 봉고차 뭐 어마어마했어요. 그 사람도 거기까지 들어온 거 보니까 관계 기관이니까 거기까지 들어온 거 같아요. 안 그러면 일반 시민들은 거기까지 못 들어오지. 경찰들 계속 거기서 통제하고 있었고, 제일 먼저 하는 게 그거인데. 그래서 걸어서… 팽목에 딱 갔고, 거기서 민지 아빠를 만났지.

면담자 거기에서 가족들을 많이 찾으셨네요?

애진 아빠 많이 있었죠. 그쪽, 지금의 분향소 그쪽이 아이들 시신 검안하는데 그쪽인데, 그때도… 일단 시신 올라오고 있을 때[였어요]. 내가 도착했을 때 그때도 한 일고여덟 구가 오는 거 같더라고. 민지 아빠는 그니까 처음에 뭐 '여학생 어쩌구저쩌구'하면 우르르르르르 몰려가.

면담자 아이들 시신이 올라오면 방송 같은 걸로 누구라고 알렸나요?

애진 아빠 방송이 아니고 거기가 서망항, 아[니] 팽목 [선착장] 그쪽에서 배가 올라오니까, 요쪽. 아, 팽목이 아니구나. 여기, 여기 그, 지금의 분향소 있는데, 요쪽에 거기 조그만 부두[선착장] 그쪽으로 오거든요. 검안, 지금 분향소가 [당시] 검안소니까. 그러면 뭐 "몇, 몇 센티에 뭐 무슨 색깔에 어떤 여학생입니다" 그러면 우르르르 몰려가. "여학생이다, 여학생" 그러면 여학생 부모들 오는 거야.

면담자 체육관에서는 전광판으로 보여주는 방식이 있었던 거잖아요.

애진 아빠 그거는 다음, 다음 날인가 전광판이[TV가] 만들어졌죠, 당일 날은 만들어지지도 않았죠.

면담자 그러면 팽목에서는 확성기를 통해서 말을 한 건가요?

애진 아빠 아니요. [시신이] 배에서 내리면 어떤 검안관이 소리를 질러요. 그러면 거기 사람들이 연결 연결돼서 오는 거고. 그리고 당시에 진도체육관은 마이크 시설이 되어 있었기 때문에, 제가 말씀드렸잖아요. 처음에 내가 마이크 잡고 얘기했듯이, 되어 있기 때문에 이쪽에서 연락을 한 거야, 진도체육관 공무원 쪽에. 그리고 그쪽에서는 방송을 하는 거죠. "여학생 누구누구, 어느 정도 된다" 그러면은 나가는 거지, 사람들. 그러면 이제 바깥에 버스 대가지고 버스로 가는데, 이게 다 못 태우니까. 그때도 진짜 어떻게 갔는지 몰라. 아수라장이었을 거예요, 아마. 뭐 일부는 거기서 대여한 버스 타고 가고, 일부는 자가용 끌고 가고 난리 났겠죠. 그때 진도체육관 상황은 내가 잘 모르겠고, 하여간 팽목에서는, 야… 진짜 그것도 너무해. 문제가 생기니까 내가 시신을 볼 정도예요. 그렇게 보면 안 되거든, 실제. 홀러덩 뒤집어 놔가지고… 근데 그걸 난 차마 못 보겠더라고. 솔직히 발 있는 데나 이런 종아리 있는 데 보긴 봤는데, 엉덩이 있는데 이렇게 겹치면서…. 이게 일부러 보려고 한 것도 아니고.

면담자 제가 조금 자세하게 여쭤보는 게 사실 유가족 부모님들한테는 이 과정을 너무 자세하게 여쭤보기가 힘들어요.

애진 아빠 그렇죠, 당연히 그렇죠.

면담자 그래서 제가 애진 아버님한테 더 자세하게 자꾸 여쭤보게 되는데, 그러면 그 당시에 그 시신이 들어오는 배는 어떤 배들이었는지 기억나시나요?

애진 아빠 해경 배예요.

면담자 매번 올 때마다요?

애진 아빠 예. 그게 123정인지는 모르겠, 123정은 아닌 거 같고. 몰라 123정인지. 하여간 그런 [함]정이 몇 대가 있었으니까, 해경 배로만 와요. 그래서 거기서 하얗게 싸여가지고 들어오면 검안 장소로 들어오는데, 나중에 얘기 들어보니까 그다음에서부터는 검안을 할 때에 어떤 절차나 확인이 가능하고, [그러고 나서] 봤다고 얘기를 하더라고요. 근데 그때는, 내가 갔을 때는 그런 절차가 없었어요, 누구든 다 볼 수 있는 꼴이 되어버린 거야.

면담자 맨 목소리로 누가 왔다고 검안관이 소리를 질러서 얘기를 해주면 우르르 가서 내 자식인가 이렇게 보고. 그래서 "내 자식이다" 이렇게 되면….

애진 아빠 이제 그때는 이거 확인해서, 민증[주민등록증]이나 이런 것들을 확인해 가지고 올려 보내는….

면담자 그 절차도 그냥 주먹구구식이었던 거네요?

애진 아빠 아, 그냥 바닥에다 내려놨는데, 애들 시신을. 나중에야 뭐, 물론 그때도 천막은 있었지만, 나중에야 바닥에다 뭐 해가지고 그 위에다 올려가지고 확인하고, 부모 누구 이름 적고 이랬지. 그때는 그냥 바닥에 깔아놨어요, 이게 무슨 전쟁터에 사람 죽은 것도 아니고. 그래서 이제 그런 상황이었고, 거기서 이제 한바탕 싸움이 나지. 갑자기 사람들이 우르르 와가지고 시신을 보고 막 이러니까, 지금 이제는 누구 아버지인지는 알겠어. 아는데, 나한테 "너 누구냐?" [하고 물으시는데] 근데 이렇게 멍하고 보고 있으니까 "너 누구냐?" 근데 아, 이분은 경찰은 아닌 거 같아, 내가. 근데 유가족인 거 같아. 근데 내가 거기다 대놓고 내가 말을 하지 못해가지고 따귀를 몇 대 맞았거든요. 근데 거기다 대놓고 내가 저 생존학생, 그렇다고 유가족이[라고] 얘기도 못 하겠고…….

면담자 그 당시에는 사실 생존 학생 부모, 유가족 이런 단어 자체도 사실은….

애진 아빠 그렇게 문제되는 건 아니에요. 그냥 "단원고 부모에요" 이러면 "저 단원고 학부모예요" 이러면 되는데, 나는 벌써 애들을 올려다 놨고, 애들이 죽어가는 모습을 보고 있는데, 내 자식은 살아 있는 걸 뻔히 있는데, 내가 거기다 "저 단원고 학부모예요" 이렇게 얘기를 못해요. 그리고 아까도 말씀드렸듯이 유가족이라고 얘기도 못 하겠고. 그러다 머뭇머뭇거린 거야, 나는. 그냥 울기만

하고, 그냥 그때는 막 부들부들 떨리는 상황이니까. 이 사람은 이게, 이게 "수상한 사람이다" 그래서 몇 대 맞고 나서 제가 얘기를 했죠. "저, 단원고 저기 생존 학생, 지금 단원고 학생 아빠다" [하고]. 그때 그런 얘기를 하니까 그분이 아무 얘기를 안 하더라고.

면담자 그때는 '부모다, 아니다'라는 걸 만들어야 된다는 이런 생각도, 그때 가족인 사람들은 가족인 것을 표시하는 그런 것도 아직 없었을 때잖아요.

애진 아빠 (고개를 흔들며) 아니, 그거는…. 그거는 나중에 민지 아빠가 만들었지, 와스타디움 올라와 가지고. 그때는 그런 게 없었어요. 진짜 별의별 도둑놈들도 많았구요. 어떤 사람은 지갑도 없어졌다 그러고 거기서 그런 얘기도 많이 들렸어. 그래도 그때 아마, 내가 봤을 때 그 당시, 솔직히 거기 내려온 정보과들이나 이런 경찰 직원들은 그런 것도 관리해야 되는 거잖아요, 그런 거. 근데 하여간 그런 얘기들 그때 많이 들렸어. 뭐 누가 누구인지도 모르는 상황이니까. 내가 그래서 거기서 민지 아빠를 만났는데, 민지 아빠하고 얘기를 못 했어요. 민지 아빠 혼자서 막 여기저기 다니더라고, 다니고. 그런 다음에 내가 가만, 몇 시에 올라왔더라. 10시, 2시, 3시… 7시쯤? 근데 그때는 배도 안 고팠어요, 진짜. 배도 안 고팠고, 그리고 원래 제가 물을 많이 마시는데 그때 지금도 생각하면, 그때 물도 별로 안 마셨어. 나 차에 있는 데까지 다시 걸어와서 내 차에 있는 물을 마셨으니까. 그럼 장장 몇 시간을 거기서 있었던 거예요, 7시[간]인가?

하여간 그때 돼서 올라오는데 연락을 받았어요. 아, 내가 내려가서 다시 올라온 게 아니었다, 맞다. 지금 생각하니까 연락을 받은 게 그 "병원으로 좀 빨리 와야 되겠다", "왜 그러냐?" 그랬더니 "어떤 애들이 없어졌어요"[라고] 울고불고 난리가 나가지고, 애진이한테 내가 전화를 하니까 "애들 어떠냐?" 했더니 뭐 애들, 애진이도 얘기를 못 하는데…, "친구들 많이 울고, 아빠 누가 저기 어떻게 됐대, 어떻게 됐대" 이러니까. 애들이 불안감이 더 가중돼서 빨리 올라왔죠. 그래서 그때 7시에서, 그때는 일찍 도착한 거 같아요. 한 12시인가쯤 도착한 거 같아요. 12시인가 3시인가.

면담자　　두 번째 날 저녁 7시 말씀하시는 거죠? (애진 아빠 : 그렇죠) 그래서 밤에 도착하셨구요.

애진 아빠　　예. 그래서 애진이한테 먼저 가고, 잠깐 애진이 침대에 요렇게 엎드려 잔 거 같아. 그래서… 아니구나, 내가 쇼파에서 좀 잤네. 다음 날 아침에 어쨌든 일어난 거, 아침이 아니구나, 새벽에 일어난 거 같은데…, 뭐 때문에 내가 내려갔다가 올라왔는데, 하여간 다음 날에 내가 아침을 먹고 어디 내려갔어요. 다시 또 (면담자 : 다시?) 예, 다시 또 내려갔어요. 아, 저거 때문에 내려갔다. 민지 아빠가 카톡[카카오톡]에다가 자기네 회사 동료들[채팅방]인데 나를 초대를 했더라고요. 그래 가지고 뭐 "여기 전혀 구조하지도 않아" 뭐, "TV 언론 믿지 마. '고발뉴스'나 이런 것만 봐". 이렇게 반

말 형태의 그게 막 올라왔고, 거기에 회사 직원들이 "형님, 힘내세요" 뭐, "여기서도 상황 예의 주시하고 있고, 여기저기 알아보고 있어요". 그랬더니 "아무것도 안 하고 있어. 누구 좀 도와줘" 이런 식으로 카톡이 올라와요. 그래서 내가 그걸 보고 다시 내려가. 왜냐면 그 전날에 민지 아빠하고 내가 얘기도 못 했으니까. 근데 나를 카톡에 초대했는데 일부러 초대한 게 아니라 아는 사람 초대하다가 내 거를 그냥 초대한 거 같아. 난 거기다 댓글도 못 달고 내려갔는데 연락이 와요.

아이 하나가 자살 시도하니까, "없어졌다"고, "죽겠다고 나갔다"는 거야. 그래 가지고 서해대교쯤 갔다가 다시 올라와요. 그래서 올라와 가지고… 근데 그때가 저녁이었는데, 내가 그 낮 시간 동안 뭐 했지? 그게 기억이 잘 안 나네. 뭐 했는데… 아, 맞다. 아침 정도에 올라와 가지고 단원고를 내가 갔다 왔구나. 단원고를 갔다 오고 여기저기 갔다 왔는데, 그 단원고 얘기는 다음에 하구요. 어쨌든 내려가다가 다시 올라와. 저녁쯤, 약간 어스름쯤 됐는데, "누구야?" 그랬더니 "J야". J 아빠가 술을 마시고 왔대요. 그래 가지고 차마 입에 담지 못할 얘기를 애한테 한 거야.

〈비공개〉

면담자　　그때까지 아직 생존자 부모들이 모임을 가지지는 않은 상황이구요?

애진 아빠　　그때까지는 3일 차잖아요. 예, 3일 차. 없었어요.

면담자 각자 알아서 자기 아이들을 돌보거나, 그때쯤에는 병원에 부모들이든지 친척들은 다 있었던 거겠죠?

애진 아빠 있었죠. 그래서 낮 시간에, 아까 말했던 낮 시간에 [제가] 뭘 했냐면 누가 와서 학교 얘기를 해줘. 우리도 어떻게 해야 될지 모르겠고, 계속 이럴 수는 없는 거고, 상황은 우리가 직접적으로 전달받을 수 없고. [그래서 제가] 학교로 가요. 그래서 행정실로 들어갔더니 그 죽일 놈이지 그거, 행정실장. 원탁자에서 어떤 사람하고 웃으면서 커피를 마시고 있더라고. 그래서 내가 "지금 여기 단원고 생존 학생 부모다" 그랬더니 웃으면서 "아, 어서 오세요. 여기 앉으세요" 이러는 거예요. 어이가 없어 가지고 내가 욕을 하고 난리를 쳤어요. "당신들이 사람이냐, 지금. 애들, 생존 학생, 살아온 아이들 병원에다 집어넣어 놓고 어느 누구 한 사람이라도 찾아왔냐, 지금 뭐 하는 거냐?" 그래서 "누구든 와라" 이러니까, 그래 맞아. 저녁쯤에 온 거예요. 저기 교생 선생, 실습 선생들 그리고 한 선생, 남자 선생이 있어요. 그 선생님인데 이분하고 와가지고 아이들 그 호실을 찾아다니더라고.

근데 나중에 내가 교생 선생님들 다섯 분인가 여섯 분을 식사 대접을 한 번 했어. 1년 지나서인가… 2년 지나서, 2년 조금 안 된, 2년 됐을 거다. 그래서 고잔동에서 교생 실습 선생님들, 그 당시에 있었던 선생님들은 만났는데, 이 사람들도 진짜 힘들었던 거야. 학교에서 가라 그러니까 가는 건데, 여기에는 단원고 졸업한 선생님들도 있는 거예요. 애들 시신을 다 봤대. 거기서 [팽목에서 학생인지]

확인을 시켜줬다는 거예요. 그럼 오죽 힘들었겠냐고, 나하고 얘기하는데도 막 울더라고. 그 애들 뭐 캐리어[도] 버스 타는 데까지 가져다주고 애들한테 잘 갔다 오라고 했는데 그렇게 됐고…. 하여간 뭐, 물론 남아 있는 다른 학년의 학생들도 있겠지만, 이 학교 인원으로는 도저히 이 사태에 있어 가지고 감당이 안 되니까 뭐 교생 실습 선생 다 그냥 진도 내려 보내고 막 그런 거죠. 실제 진도 그쪽에 영어 선생이 몇 년 동안 진도에 있었잖아요, 팽목에 그 영어 선생님은. 그런 선생님도 있었고.

면담자　　시신 확인을 팽목항에서 교생 선생님을 비롯한 교사들이 내려가서 확인하는 거를 돕는 작업을 했었던 건가요? (애진 아빠 : 그렇죠) 첫날부터?

애진 아빠　　첫날은 아닌 거 같아요. 다음 날부터인가? 근데 우리가 그건 좀 알아봐야 할 거 같은데 내가 봤을 때 선생님들은 학생들 신원 파악을 할 수 있으니까, 직접적으로 유가족들을 그 아이들 시신하고 접촉을 못 하게 한 거 같은 생각이 드는 거야. 그래서 이 선생님들이 "얘 누구다"라고 하면 그쪽 부모한테 연락을 해서 부모가 와서 확인하는, 이런 절차를 며칠 후에 밟은 거 같아요. 아까 그 시신을 바닥에 내려두고 이런 일들이 문제가 컸어, 그때. 막 "죽일 개새끼들" 뭐 이런 것들이 워낙 많으니까, 얘네들이 그런 생각을 해놓은 거 같아요. 그래서 실습 선생님들이나 선생님들이 먼저 확인을 하고, 교생들이 먼저 확인하고 이게 [학생이] 맞다고 하면 부모한테 확인을 시켜서, 연락을 취해서 부모가 와서 확인을 하고, 시신 수습해서 가져가고 이런 형태인 거 같아요. 〈비공개〉

그래서 어쨌든 뭐 그런 경우가 상당히 있었기 때문에 교생 선생님들이나 이런 분들이 그 당시에는 '아, 그럴 수도 있겠다'라는 생각이 들긴 하더라고요, 지금 생각해 보면. 가족들이 직접 [시신을] 보는 거는 뭐 굉장히 어려운 부분이 있어서. 그리고 뭐 신원 파악이 안 되는데 모든 사람이 다 와. 시신 하나 올라오면 이 사람도 보고, 저 사람도 보고 이건 아닌 거잖아요. 그랬을 때는 고정적인 사람들이 필요한 건데 아이들에 대한 얼굴을 제일 파악하는 사람이 선생들인 거지. 그럼 거기에 있으면서 선생들도, 한 선생님은 아는 애들도 있지만, 모르는 애들도 있을 거 아니에요. 그러니까 교생 선생님하고, 교생하고 선생님하고 있으면서 파악을 하기 시작한 거 같아. 맞아, 그런 거 같아요.

면담자 그 당시에 애진 아버님이 만나보셨던 교생 선생님들은 지금도 연락을 하시나요?

애진 아빠 아니요, 연락 안 하죠. 연락을 할, 그니까 연락보다는 내가 연락을 안 하는 이유가, 이 사람들한테 연락을 해서 내가 해줄 수 있는 게 아무것도 없어요. 근데 이 사람들은 뭘 바라지는 않아, 그렇다고. 근데 나는 이 사람들도 피해자이기 때문에 그리고 어린 나이잖아요, 저희들이 봤을 때는. 그럼 뭔가 국가적으로도 이 사람들한테 보상이면 보상이고, 아니면 어떤 의료 지원이면 의료

지원이든 뭔가를 이 사람들을 위해서 해줘야 된다고 나는 보는 거예요. 근데 이거는 또 바라보는 입장마다 다 틀리죠. 유가족들은 또 그렇게 생각 안 할 수도 있는 분들이 있는 것이고.

면담자 그렇죠, 단원고 교사에 대한 또 감정이 복잡하시잖아요.

애진 아빠 있죠. 그런데 우리가 그, 가족협의회가 사단법인 4·16 세월호 참사 진상 규명 및 안전사회 건설을 위한 피해자 가족협의회라고 하고, 더 이상 이런 참사가 일어나지 않고 국가적인 공동 매뉴얼을 만들어내야 되고, 그래야지만 그 피해자들에 대한 국민들과의 약속한 사회를 만들 수 있다고 한다면, 나는 이 세월호 참사에 있어 가지고는 모든 피해자들, 직접적·간접적 피해자들에 대한, 뭐 큰 배상이나 이런 게 아니라, 이것도 다 조사를 해야 되고, 이거에 대한 피해에 따른 것도 산출을 해야 되고, 이 사람들에 대한 지원도 해야 된다고 보는 거예요.

당시 고등학교 3학년 애들은 그쪽 부모들 입장에서는 당연히 그래, 얘네들은 [참사로 인해] 공부 못했어요. 실제 대학 특례는 걔네들을 해줘야 되는 거야, 정부가. 왜냐면 얘네들, 대학 가야 될 애들이 이 참사로 인해가지고 매일 시신이 올라오니까 공부는 못 하고 바깥에 나와가지고 애도하고 보내고 이런 일이 근 몇 개월 동안 계속 이어진 거 아니에요? 자기 학교가 그렇게 완전, 후배들이 죽고 이러는 와중에 대학교 시험 본다는 게 가능해요? 내신이 나오나? 4월 16일 날 발생한 참사에 있어 가지고 그러면 근 8개월 동안 이건 내신 만들기도 쉽지 않죠. 그러니까 그 당시에 학부모들은 '우리 애들은 3학년이었는데 뭐 피해만 당하고, 정부가 해준 것도 없고, 뭐 공부한다고 유가족들한테 우리는 죄인이 됐다'고 이런 얘기하시는 게 가능할 거 같아.

근데 이게 솔직히 유가족들한테 뭐라고 할 문제가 아니에요. 국가가 제대로 대응하지 못해서 참사가 일어난 부분에 그럼 국가에 대한 문제 제기를 했어야 되는데, 물론 그 사람들 마음에서는 뭐 '죽은 부모들 앞에서 우리가 뭘 요구하냐?' 그럴 수 있겠죠, 그럴 수밖에도 없었고. 그 이후에 이런 부분도 잘 정리가 되어야 한다고 보는 건데, 교생들도 마찬가지이지만 그런 부분들이 있어요. 그래서 교생도 그렇게 하고 내려갔다고 하는 거고. 일단 그러고 나서, 나는 저기 뭐야, 그다음에는 팽목을 3일 정도만 내려가고 안 내려갔어요.

면담자 팽목으로만 바로 가시고 체육관으로는 안 가셨기 때문에 다음 날 해경청장이 내려오고 할 때는 안 계셨었던 거네요.

애진 아빠 예.

4
생존 학생 학부모 대표로서의 활동

면담자 그 이후에는 안산에서 생존 학생들을 위한 활동을 시작하셨죠. 개인적으로 알아보신 것도 있고, 또 가족들을 만나기도 하셨을텐데 그과정을 이야기해 주세요.

애진 아빠 다음 날부터는 고대병원에 아이들이 상담을 해요. 아이들이 상담을 하고 부모들이 상담을 하죠. 미성년자이기 때문에 부모들이 직접적으로. 13층인가 그때까지 다, 거기까지 원래는 [고대]병원이 개원을 안 했는데, 거기까지 열어준 거예요, 애들이 워낙 많다 보니까 특별[히] 아이들로만. 맨 처음엔 일반인들하고 병원을 같이 썼어요, 몇몇 애들은 일반인하고 있었더라고. 근데 얘들이 하다 보면 울기도 하고, 웃기도 하고 떠들기도 하니까 거기 있는 일반인들이 시끄럽고 짜증 난다고 막 뭐라 그런 거야. 그니까 또 부모들하고 부딪치는 거고. 그래서 병원 측에 얘기를 해서 얘들은 또 이동 조치해서 다른 병원으로 갈라면 병실이 없으니까, 터버린 거죠, 13층까지. 그래서 애들만 따로 이제 [지내게 됐어요].

면담자 그럼 아이들이 몇 층에 다 있었나요?

애진 아빠 다 틀려요[달라요]. 그니까 일단은 입원실이 몇 층서부터인지 모르겠는데 그 층에서부터 13층까지인가 썼어. 근데 13층은 그 아이들끼리. 내가 학교 가서 난리치고 [하니까] 선생들이 와서 한쪽에다가 단원고 대체 교사 뭐 이래 가지고 [공간을] 만들고, 거기서 뭐 애들 필요 용품들이나 아이들 뭐 자기들끼리 모여서 선생님들과 대화할 수 있는, 13층은 그런 식으로 썼어요, 거기를.

면담자 13층을 선생님들이랑 상담도 하는 병원 내 교무실 비슷하게 만든 거군요.

애진 아빠 그런 거 비슷한 거죠. 교실, 거기는 뭐 병원도 아니고 개장을, 개원을 안 했기 때문에 거기를. 그냥 다 이게 병원이라고 하면 통로가 쭉 있고 방, 방, 방, 방[으로 구획만 나눠서] 그냥 다 훤히 보이는 유리 형태로만 이렇게 해놨고, 아직 뭐 실내 공사나 이런 걸 안 한 거예요. 예, 그런 데[곳에] 애들이 좀 있었고, 그래서 이제 그 간담, 그 부모님들과 아이들 관련한 검사에 따른 소견과 이런 것들을 미팅을 하는데, 거기서 어머니 한 분이 그러시지. "아니, 우리도 누군가 대표를 뽑아서 해야 되는 거 아니냐. 이거 도대체 어떻게 되는 거냐?" [그런 적이] 있는데, [나중에 제가 그런 말씀을 드리니까] 그 어머니는 "제가 그런 얘기를 했어요?" 그러는데, 나는 그 어머니가 누구인지 정확하게 기억을 하죠. 그게 지금 이제 K 어머니라고, 4·16합창단 거기 생존 학생 부모가 둘이 계시거든요.

면담자 그게 나흘째 되던 날인가요?

애진 아빠 제가 3일째에 기자회견을 가졌나? 정확하게 내가…, 제가 그런 거를 다 정리를 해놨어요. 근데 지금 자료실에서 그걸 찾아봐야 되는 건데….

면담자 아버님이 하셨던 활동을 다 기록을 해놓으셨어요?

애진 아빠 예. 근데 막 무분별하게 기록을 해놔 가지고 일단은 자료실에다가 내가 그거 다 카피 떠놓고… 그걸 했는데….

면담자 저희 자료에는 교육지원청 기자회견이 4월 29일이라고 나오는데요.

애진 아빠 아, 맞다. 학부모들, 맞아. 그러면은 그게 맞을 거예요. K 엄마가 그런 얘기를 해서 고려대학교 강당에서 학부모들 전체 모임을 가졌고, 거기서 제가 제 신상을 밝히면서 "내가 학부모 대표를 맡겠다" 이렇게 맡아서 그때 그 위임장이나 뭐 이런 것들은 권영국 변호사를 통해가지고 그때 받으려다가, 법적인 문제 이게 있어서 그게 이제 말들이 많아서 그걸 삭제하고. 어쨌든 대표로서 인정을 받고 그리고 각 반별 연락처, 부모님들 그래서 부모님들끼리 논의해서 거기서 한 분씩 이제 [연락처를 모았어요]. 근데 그건 나중이었고 그때만 해도 각 반별 대표는 없었어요. 저 혼자였고 그래서 내가 안산 지역에 우리 ××이 후배를 데려다가 내가 방을 돌아다니면서 얘기를 하고, 학교하고 얘기를 해서 기자회견문을 만들고.

그때 이제 플랑[플래카드]을 들고 계셨던 L 아빠나 몇몇 분들이 "저희가 도와드릴 일이 뭐가 있겠습니까?" 그래서 기자회견에서 이 말, 저 말 할 거[라]고 그래서 몇몇 부모님들한테 그 기자회견문만 보여드리고 [했는데], 그것도 또 나중에 말들이 많더라고. "왜, 지가 뭔데?" 이제 그때는 나를, 초기에는 괜찮았지만 이후에는 싫어[해]

서 뭐 지금 와서 얘기하는 건데, "기자회견문도 지가 만들고 공유도 안 하고 마음대로 발표했다"는 둥 "거기에 뭐 생존 학생들 요구 사항을 좀 담았어야 된다"는…. 뭐 그걸 지금 얘기하고 앉아 있냐고. 그리고 그 당시에 그런 요구 사항을 어떻게 담아요.

면담자 참사 이후 기자회견까지는 한 열흘 정도의 시간이 있었어요. 그 열흘 동안에 주로 무엇을 하셨어요? 일단 병원에서 생존 학생들은 어떤 도움을 받았나요?

애진 아빠 제가 그거는 기억을 잘 못 하는 게 일단은 아이들 상담 위주 그리고 안정 위주로 했던 거고. 왜냐면 내가 병원에 있었던 게 아니구요. 학교도 만났고, 교육지원청 사람들 계속 이런 사람들이랑 접촉하면서 이후에 어떻게 할 건지를 좀 하다 보니까. 그리고 당시 와스타디움에 [유가족]대책위가 일단은 있어서, 거기도 왔다 갔다 했었고. 그리고 이제 한날은 유경근 집행위원장하고 나하고 그 지금 10반에 다영이 아빠, 내가 아는 분들 통해서, 그리고 경주 엄마. 경주 엄마는 여노회[안산여성노동자회] 회원이고, 여성노동자위원회 그쪽 회원이었고, 유경근 집행위원장은 서로 개인적으로는 친하지는 않지만 암암리에 서로를 알고 있었고. 다영이 아빠 현동이 형은 내가 예전서부터 알고 있던 분이어서 안산에 조동찬 변호사하고 시민사회연대 쪽에서 "이분들하고 대화를 좀 나누고 싶다. 그래서 애진 아빠가 다리를 좀 놔다오" 그래서 어렵사리 그렇게 그런 작업들을 좀 했어요. 워낙 못 믿을 사람들이 많고, 유경근 집행위원장은 그 당시에는 안산 시민사회단체나 이런 사람들을 잘 모르는데, 이 사람이 나름대로 똑똑한 사람이거든. 그니까 굉장히 넓게 보고 있는 건데, 거기서 뭐 어떤 사람을 안대. 근데 어쨌든 암암리에 나를 알고 있으니까 뭐, 조동찬 변호사나 이런 사람들이 또 신뢰가 가는 사람들이 있어서 그런 자리를 마련하려고 좀 많이 다녔고.

면담자 그 당시 유경근 집행위원장은 어떻게 알고 계셨나요?

애진 아빠 저요? 당시에는 내가 알지를 못해요. 애진이는 알죠, 애진이는. 그 △△이하고 예은이하고 쌍둥이인데 예은이가 희생 학생이잖아요. △△이가 애진이하고 친해요, 중학교 때. 그래서 애진이가 △△이네 집에 자주 갔었어. 〈비공개〉

그래서 어쨌든 예은이 아빠는, 나는 이제 좀 그런 사정을 알고 있었고, 예은이 아빠는 암암리에 '저기 생존 학생 아빠가 어떤 사람이다'라는 걸 알고 있었어요. 그래서 제가 쉽게 접근을 할 수 있었던 거 같고, 예은이 아빠는 크게 나한테 뭐라고 했던 사람은 아니고, 그냥 꾸준히 지켜보는 정도. 그래서 이제 제가 쉽게 접근할 수 있었고, 얘기를 드렸고. "이만저만한 사람들이 좀 만나 뵙고 싶겠다[싶다더라]" 그래서 그런 자리를 좀 마련했었죠. 그래서 예은이 아빠가 "그렇게 하자" 그러고. 그 당시에 경주 엄마 같은 경우는 심리[생계]분과 [활동을] 그렇게 했고, 그때 다영이 아빠는 아마 10반 대표인가 그랬을 거예요. 나름 그렇다고 아무 유가족이라고 만날 수는 없잖아. 나름대로 집행 단위에 있는 사람들이어야 돼서 그렇게 좀 만났던 걸로 알고.

면담자 전명선 위원장님은 같이 하시지 않으셨어요?

애진 아빠 예, 거의 지방에 있어가지고 얼굴을 잘 못 [봤죠]. 당시에 부위원장이었죠. 진상규명 부위원장이었는데, 전명선 위원장을 내가 실질적으로 접촉을 했던 거는 미술관에서예요. 당시 그 진도 브이티에스(VTS)[해상교통관제센터] 그거를 증거 보전 신청을 내면서 진도까지 내려가 가지고 근 3일 동안 잠 안 자고 그거 붙들고 있어서 올라왔을 때, 그때 내가 전명선 그 당시 진상규명 부위원장이었죠. 만나서 얘기를 하는데 진상규명 부위원장이 하는 얘기가 "학교에서 좀 해줄 게 있다" 그래서 "뭐냐?" 그랬더니 "학교에 당시 수학여행 모든 기록을 빨리 좀 확보를 했으면 좋겠다"[고 하더라고요].

그래서 제가 바로 학교에 들어가서 학교에 요청을 했는데, 그 당시에 행정실장이 한 10쪽짜리인가 이렇게 가지고 왔어요. "이게 뭐예요?" 그랬더니 그 "수학여행 모두 관련된, 2학년 모든 관련된 기록"이래요. 어이가 없는 거예요. 그래 가지고 내가 화가 나가지고 그걸 집어 던졌죠. "이게 자료냐?" 그니까 아니, 사람 보기를 완전히…(한숨). 진짜 그때 화가 나더라고. 아니, 직장생활 하면서 나도 노동조합 생활을 했지만 어떻게 자료라는 문서가 이건 공식적인 문서도 아니고 무슨 카피본도 아닌… 그래 가지고 어이가 없어서.

그랬더니 [단원고] 교감이 추×× [단원고] 교장하고 만나서, 이거

이만저만해서 수학여행 당시, 그럴려면은 2013년도겠죠? 하반기 쯤에 14년도 수학여행 기록들을 [달라고] 하니까, 당시 [수학여행 관련] 학부모 운영위원회를 어떻게 열었고, 이런 과정들이 있기 때문에 "그걸 다 달라" 그랬더니 일단은 행정실장은 되게 원칙적으로 생각을 하신 거 같아요. 거기에 뭐 이름도 거론되고 이러니까 이거를 개인적인 그 신상을 줄 수가 없었던 거 같아. 근데 지금 상황이 그런 상황이 아닌데, 물론 나도 그렇게 법적으로 문제된다고 그러면 어쩔 수는 없잖아요.

근데 그 당시 상황은 그런 상황이 아니었거든. 그리고 유가족들이 요구하는 부분이기 때문에 저는 뭐 지금까지 마찬가지이지만 이 모든 참사나 어떤 거에 있어 가지고 피해자 중심이어야 한다고 보는 거거든. 그래서 그걸 요구한 상황이어서 내가 그 얘기를 전달을 했고, "그럼 당신들이 가서 직접 면담하고 받을래, 아니면 나를 통해서 전달해 주는 게 나을까?" 그랬더니 추××이가 행정실장한테 다 주라고, 그래서 그걸 다 받아가지고 다시 전명선 위원장한테 가서 그걸 전달하고 그런 내용에 있어서 공유하고. 전명선이가 의외로 꼼꼼한 사람이거든요. 다 점검하더니 "이러이러한 거는 어디 가서 얘기를 안 했으면 좋겠다" [해서] "당연히 그렇다" 그래서 그때서부터 서로 간에 얘기하면서.

광주 5·18 관련한 자료들이나 이런 것들을, 그러면 전명선은 벌써 나를 다 확인을 해본 거 같아요. 그래서 "이러이러한 자료들을 좀 수집을 해달라"고 그래서 5·18 그쪽 광주 쪽에 아시는 분들이 계셔서 그 형님들한테 요청을 했고, 그런 자료들을 예전 자료서부터 받기 시작해서 그거를 좀 검토하고. 그 당시에 자료들을 쭉쭉 모으기 시작했어요. 그래서 전명선 위원장을 알게 된 거고.

당시 와스타디움에 있었을 때는 제가 와스타디움 수시로 들락날락거렸어요. 어쨌든 맨 처음에 분향소가 올림픽기념관에 만들어지고, 그다음에 이제 인원이 점점 늘어가면서 화랑유원지 합동분향소[정부합동분향소]를 만들게 됐는데 그때까지만 해도 와스타디움을 계속 운영했기 때문에 거기 있는데, 솔직히 지역이나 중앙에서 4·16연대[4월16일의 약속 국민연대]에 있는 분들이 저하고 접촉을 많이 했어요. "거기 부모 중에 활동하는 부모가 있으니까 이 사람을 통해서 하자"고, 이 사람들이 찾아와 가지고 나한테 얘기를 하는데, 미친 사람들이지, 내가 무슨 힘이 있어. 생존 학생 부모라 얘기도 못 하고, 아무런 얘기도 못 하는 사람한테 "이런 거, 저런 거 발을 놔달라"고[연결시켜 달라고] 그러는데, 내가 어떻게 해요, 그거를. 근데 최대한, 내가 봤을 때는 이거를 같이 연대해서 싸워나갈 수 있는 사람들이 이 사람들이 맞아요. 이 사람들만 끝까지 할 수 있는 사람일 거 같은, 그리고 그중에 내가 아는 사람도 있겠죠, 모르는 사람도 물론 있거든요. 근데 한 다리 건너 이렇게 보니까 다 아는 사람들인 거고, 저하고도 뭐 다 인연이 있는 사람들인데, 당시에 내가 이 사람들을 [가족대책위] 운영위에 이렇게 얘기하기는 쉽지 않았고.

그때 김병권 위원장하고 민지 아빠가 총무였고 ◇◇이가 있었고, 상호 아빠 김유신은 나중에 올라왔지. 그리고 그 당시에 1기 집행부 분들은 최대광 씨서부터 쭉 있었죠.

〈비공개〉

애진 아빠 [이미 당시에] "진상 규명 못 하고, 뭐 한들 무슨 소용 있겠냐. 그러니까 보상에 대한 문제를 직접적으로 우리가 접촉을 해야 된다"[는 말도 있었어요]. 근데 지금 보니까 그런 얘기가 나왔던 게 지금 기무사 문건에도 있지만 이후에 저희 생존자 가족들도 뿔뿔이 흩어졌지만, 그걸 계속 그 정부가 뭔가 조작을 했어요. 계속 접촉을 하면서 그런 식으로 유도도 많이 했고, "이번에 이런 협상을 빨리해야 하고, 이후에 뭐 진상 규명하세요, 할 수 있으니까. 근데 이거는 빨리 정리하지 않으면 안 됩니다" 이런 [식으로] 어떤 정치적 판단을 할 수 있게끔 계속 넣은 거 같아. 그럼 당시에 이런 거지. 어떤 공무원이든 간에 와서 "애진 아빠, 당연히 하셔야죠, 진상 규명하고. 예, 억울한 거 알죠, 저희도. 저희도 도와드리겠습니다. 근데 이 법이라는 게, 국가 관련한 법이라는 게 각기 공무원들 조직이 있듯이 그럼 여기서는 이것만 할 건데 이거를 빨리 협상을 안 하면 이거 날아갑니다. 이거 협상하고, 이런 거 협상해 놓고 이후에 이런 것들 정리합시다" 이렇게 얘기하면, "어, 그게 맞는 거 같아"[라고 생각했겠죠].

면담자 1기 집행부 분들 중에는 오랫동안 노동운동 하셨던 분들도 계셨잖아요. 그때 와스타디움에 왔다 갔다 하면서 보셨을 때 어떠셨어요?

애진 아빠 그렇진 않아요. 이분들은 저같이 전선에서 이렇게 활동하고 직접적으로 집회 다니고 이런 거를 하신 분이 아니라, 경주 엄마는 여성노동자회라는 사람[소속이라] 거기에 나름 그 의식은 가지고 있는 거야. '이런 사람들이 있으니까 이런 좋은 일을 하[는]구나. 난 여기 회원으로 가입해야지'라고 가입을 한 거고, [여성노동자회의] 간부는 아니었고. 다영이 아빠는 예전에 활동 경험이 있기 때문에 나는 의식에 대한 문제로 접근을 해보면 갖고 있는 분이라고 판단을 한 거고, 유경근 집행위원장은 내가 지금 봤을 때, 그때는 좀 멀리 보시는데 누구를 막 접촉하고 이러지를 않았어요. 자기 주변에 있는 인맥과 이런 거를 활용해서 준비를 하는 과정이었던 거 같아. 그래서 이제 싸울 준비라고 해야 되나? 그래서 이러이러한 정보나 인맥들을 활용해 가지고 쌓고 있는 과정이었던 거 같아요. 그래서 이렇게 나서거나 뭐 하거나 이러지는 않았어.

〈비공개〉

애진 아빠 이 당시에 이 사람들이 구성원들을 구성하고 이런 것들은 대한변협[대한변호사협회]이 왔었는데, 당시 내가 와스타디움에서 민변[민주사회를 위한 변호사모임]을 이제, 나는 민변을 알죠. 권영국 변호사도 다 아니까. 근데 이 당시에 집행부들하고 대한변협들하고 이렇게 [소통]하는데, 그 대한변협에서 하는 얘기가 "민변은 안 된다. 저기는 뭐 투쟁하는 사람들이고, 정부에 반하는 조직들이다" 이렇게가 좀 깔려 있었고, 실제 가족들 내에서도 "민변이 끼면 골치 아프다" 이런 흐름이 있었어요. 근데 대한변협과 민변이 나중에는 서로 협상을 하게 되죠. 그래서 각기 영역을 갖고 가요. 그러면서 이제 내부에 대한 조언이나 이런 거는 좀 정리가 되고. 내부의 조직은 어쨌든 이게 워낙 큰 참사이다 보니까 유가족만 가거나 이럴 수는 없어. 그래서 당시에 실종자, 희생자, 생존자 가족대책위원회인가[세월호사고 희생자, 실종자, 생존자 가족 대책위원회], 이렇게 구성이 되었을 거야, 아마. 그렇게 있었고.

이쯤 돼서 요 정도 진행됐을 때, 애들은[생존 학생들은] 이제 학교하고 논의를 하죠. 학교는 빨리 그 애들이 들어와야 되는 거예요. 그래야지 1, 3학년에 대한 수업이 진행되고 학교 행정절차가 가는데, 저는 적극 반대를 했죠. 저번에도 말씀드렸지만 애들 영구차가 계속 들어오고 [희생자] 아이들이 들어오는데, [생존자] 아이들이 거기서 도저히 수업은 할 수가 없을 거 같다는 거예요. 그래서 당분간은, 그리고 기자들도 워낙 많고, 심지어 우리 가족 그 저기 어디야, 병원 내에서도 가족들한테 전화가 무수히 많이 왔거든요.

제가 처음에 인터뷰했던 데가 금속노조 기관지인데, 뭐 다 못 믿으니까. 그래 가지고 거기하고 처음 접촉을 하고 했는데, 거기서부터 연락이 무진장하게 많이 오더라고. 인터뷰를 좀 해달라고 그러는데, 인터뷰 못 해요. 처음에는 이 상황을 알리려고 내가 금속노조 기관지, 당연히 [내가] 금속노조 조합원이니까 했지만 그다음에서부터 언론들과 얘기하기가 말이 되게 조심스럽더라고. 그때는 벌써 뭐 희생자가 어마어마하게 늘어난 상태고, 여기서 생존자 부모가 무슨 얘기를 [할 수가 있어요]. 그때 전화하고 문자하고 많이 왔는데, 그래서 학교하고 얘기를 하면서 "이런 상황이니, 학교에 들어갈 수가 없으니 아이들을 좀 안정적으로 하자" [하고 설득했어요].

고대병원에서도 아이들을 계속 데리고 있기는 굉장히 부담스러운 부분이 있[었]어요. 왜냐면, 심지어 무슨 일이 그 내부에서 있었냐면, 애들이, 어린애들 18살이잖아. 팔팔한 애들이니까, 친구 장례식장도 가고 막 개인적인 행동들이 있는 거야. 맨 처음에 우리가 링겔[링거]을 좀 빼달라 그랬어요. 애도 시퍼렇게 멍들고 이게 안 좋잖아. 병원에 왔는데 뭔가 애들이 환자도 아니고. 근데 병원은 그게 원칙이잖아요. 일단 뺐어. 애들이 빼니까 난리가 난 거지, 지들끼리. 1층에는 기자들이 많으니까 2층에서 모여가지고 밤에 잠도 안 자고 새벽까지 떠들고 얘기하고 그[러]니까 병원에서 골치 아픈 거야. 일부 학생은 또 병원 안에 구석 같은 데 가서 담배 피고, 그런 애들도 있었거든요, 실제. 담배 피는 게 잘못된 건 아니잖아. 근데 어쨌든 뭐 도덕적으로 애들이 그런 문제에 있어 가지고, 그럴 때 자제하고 했었어야 되는데 그런 일도 있었거든요. 그러니까 병원은 골치 아픈 거야. 그래서 링겔을 다시 꽂아. 그러면서 간호사가 "니들이 하도 움직이고 시끄럽게 하니까 링겔 꽂는 거야" 이렇게 얘기를 해요. 그니까 일부 부모들은 화가 난 거지. "뭐! 애들을 움직이지 못하게 링겔 꽂아둔 거야?" 막 이러면서 이제 뭐 난리가 나고.

근데 해수부들, 해수부 관계자들 오면서 이동하는 과정에서 여러 가지 관계 기관들 논의를 해야 되잖아요. 거기에 병원 측하고 얘기를 하면서 이제 그때는 제가 대표니까, 구성이 된 상태이니까 계속 그걸 혼자서 했죠. 그래서 '이제 이전을 해야 되겠다'라고 판단이 들었는데 일부 부모님들은 저한테 항의를 하기 시작해요. "학교로 가야지, 어디 그런 데로 가냐?" 그럼 저는 설득을 하죠. "애들한테 직접 물어보셔라, 그럼. 지금 애들이 학교 갈 수 있는 분위기입니까? 일단은 아이들을 안정을 시켜놓고 그리고 거기서도, 예를 들어서 방문, 출장 형태로 애들 교육은 할 수 있는 거니까. 지금 아이들한테 나는 개인적으로 공부에 대한 부분은 아닌 거 같다. 그리고 여기서 일부 학생들이 학교에 대한 거부감이 생기는 순간 어차피 당신들 자식들 [학교로] 들어가도 공부 안 된다, 그거. 그래서 이게 전체적인 의견을 좀 모아내고 학교에 들어가자" 이렇게 설득을 시켜서 좀 안정적인 데로 이동을 하죠.

그래서 이제 연수원으로 들어가는데 교육청 관계자들을 내가 전혀 못 믿겠으니 너무 궁금하더라고. '이 사람들이 도대체 어떻게 하고 있나, 이후에'. 그래서 아는 분한테 전화를 해요. 우리 저기 같이 활동했던 분이 교육청에 계신, 경기도교육청에 있어서 그래서 나는 그분한테 조언을 듣고 싶었던 거지. ××가 직접적으로 우리하고 개입할 거라고 난 생각을 안 했는데, 교육청에 이제 얘기를 했겠죠. "내가 생존 학생 학부모 대표를 잘 아는 사람이다. 내가 직접 얘기를 하겠다" 그래서 이분이 직접 일선에 들어와요. 여기서 이렇게 보니까 물론 나하고는 수십 년 동안 안 사람이지만 이게 너무 기가 막힌 거야. 공무원들 매뉴얼대로, 우리는 "충분하게 이 애들을 여기서 어떻게 안정적으로 할 거고, 심리적인 안정, 치유를 어떻게 할 건지, 이런 전반적인 계획을 세워달라, 교육청에서"라고 요구를 했는데, 교육청이 계속 뭐 차일피일 미루면서 접촉만 하고 얘기만 듣고 이런 것만 하더라고.

그래서 "구체적인 프로그램들은 가족들하고 같이 짜자" [그래서] 짜기 시작하는데 뭐 부모들이 알아요? 모르잖아. 당신들 공무원 매뉴얼이 더 잘 되어 있으니까 "그거에 대한 계획을 좀 달라" 그래서 첫째 날은, 그니까 "준비할 동안 이틀의 과정은 우리가 준비하겠다" 그래서 김제동하고, 우리가 교육을 시킬 수 없으니까. 그러고 나서 얘네들이 짜왔는데 일주일 [계획]을 짜온 거예요. 그래서 "왜 일주일밖에 없냐?" 그랬더니 "뭐, 일주일 정도 해보고 진행을 해보자" 이런 식으로 얘기를 하더라고. 그니까 일주일하고 어쨌든 부모들을 설득해서 학교[로] 들어가[게 하]려고 했던 거예요. [저는] "말도 안 되는 소리하지 마라".

그래 가지고 근…, 우리가 병원에서 나와서 5월에 나왔나? 6월 25일 날 학교를 저거 들어가서 한 달 정도 있었던 거 같은데. 그래서 거기서[연수원에서] 프로그램들을 진행을 하다가, 이제 나도 한계는 올 거라고 봤어. 애들을 언제까지 가둬놓을 수는 없어요. 그래서 아이들이 폭발할 때쯤 돼서 이제 외박이라는 걸 시키죠. 연수원에 들어와서는요, 쉽게 부모들을 접촉할 수 있다 보니까 일단 애들도 안정적으로 되는 게 어떤 거냐면, 일단은 수업을 하러 가잖아요. "여기서는 똑같이 행동을 해야 된다" 그래서 아침에 학교 가는 식으로 교복 입고 나가고, 일단 이 연수원에 들어올 때는 한 부모 한 가정은[가정당 부모 한 명은 같이] 있어야 된다고 했거든요, 아이들 한 사람한테. 그래서 [아이들은] 나가고.

그러면 부모들이 뭘 해, 거기서. 그래서 이제 모은 거지. 모으다 보니까 "아, 저는 몇 반 누구예요", "나는 몇 반 누구누구요" 하더라고, 부모들이. 그러면 그 1반 부모님들은 1반 모이고, 2반, 3반, 4반 모이셔요. 그걸 딱 보니까 그때서야 확인이 조금씩 되는 거야. '어, 7반에 한 명밖에 없네?', '10반도 한 명밖에 없네?' 몇몇 반은 두 명, 두 명. 희생 학생이 이쪽 반은 많은 거예요, 생존 학생이 요거밖에 안 되니까 희생 학생이 많은 거죠. 그래서 이 부모들은 좀 다른 반으로 묶었어. 그래서 1반, 2반, 3반, 4반 이런 형태로 좀 구성을 해서, 여기서 반 대표 나누고, 남자 쪽으로. 그리고 거기에 도와주실 수 있는 분을 한 분 더. 그래서 두 명씩 정리를 하고, 그리고 그때는 뭐 심리분과 이런 것들은 구성을 해놓은 상태는 아니에요. 대신에 거기 M 아빠, 〈비공개〉 계시고, 그때 이제 B 아빠, 그 사람 완전 낙인찍혔지만, 어쨌든 이 사람이 빨랑빨랑거리고 좀 그래서 '이런 사람들한테 이런 걸 좀 맡기면 되겠다' [생각했었어요]. 내가 자꾸 이제 회의를 가야 되니까. 그래서 아침에 애들 학교 보내고 9시에 회의를 열고, 회의가 끝나면 회의 정리해서 공지하고, 저는 바로 와스타디움으로 가고.

그리고 그 언론 담당을 좀 나눴어요. B 아빠하고 저하고, 맨 처음에 M 아빠하고 하다가 M 아빠가 다리가 불편하고 이래서 차라리 그걸 하시는 게 나을 거 같아서 그렇게 대변인 형태로. 그리고 B 아빠는 차는 없지만 굉장히 활동적인 사람이에요. 그래서 그 심리[분과] 쪽 맡기면서 "언론도 좀 같이 좀 담당을 해달라" 요렇게 하고. 안에서는, 그 연수원 안에서는 N 엄마한테 "엄마들이 아이들 간식이나 이런 것들을 좀 준비해 줘라" 이렇게 나름 이제 기초적인 조직을, 틀을 갖춰놓고 저는 연수원과 학교와 교육청을 상대하게 되죠.

근데 이쯤 됐을 때 거의 한 달 좀 안 된, 2주쯤 됐을 때 아이들 내에서 그런 문제가 나오면서 일부 학부모들이 굉장히 강력하게 반발을 해요. "학교 안에 가야 된다, 들어가야 된다. 들어가기 전에 이러이러한 요구들을 해야 된다" 뭐 이런 것들인 거죠. 그래서 나는, 그 당시에 나왔던 게 군대에 대한 문제와 그 특별전형에 대한 문제여서 "이건 우리가 요구할 문제가 아니다, 요구하는 순간 아이들은 엄청나게 다칠 것이고, 이건 법적으로 알아서 해야 되는 부분이고 우리가 요구하는 부분은 아닌 거 같다" 그래서 거기서 그거를 이제 강제로 잠재우고.

그리고 아이들이 워낙에 갑갑해하니까 벌써 그때는 아이들이 탈출을 하기 시작해요. 일부 애들이 밤에 나갔다가 들어오고, 담치기하고 그래서 외박을 허용하죠. "금요일 날 나가서 일요일 날 몇 시까지 들어와라"고. 근데 애들이 나가보니까 이제 장난이 아니지 뭐. 현수막에서부터 어마어마하게 걸려 있고, 이런 거에 애들이 막 충격받고 힘들어하는 애들이 있고. 심지어 언론이, 기자들이 어떤 학생 집에까지 가는 이런 상황이 좀 전개가 돼서 그것도 한 외박을 2주 정도 해요. 1주 정도, 아니야. 1주가 아니구나. 그것도 꽤 몇 번 했어요.

하고 나서 최종, 나는 교육청에서 학교에 대한, 그니까 경비 문제나 어떻게 교육을 할 것이고, 그리고 심리적인 안정을 취할 수 있는 어떤 전문가 선생님 그리고 반 구성을 어떻게 할 거고. 지금 그 교실에서 공부를 할 수 없으니 새로운 교실을 만들어내는 거, 뭐 이런 거 하면서 학교가 그런 준비를 하기 시작해요. 근데 여기서도 어지간히 교육청이 굉장히 나쁜 사람들이라는 게, 교육청이 뭐라 그럴까 피해가[는 거예요]. 피해[간다]라기보다는 무책임하다라는 건데, 물론 단원고가 그런 거를 낼 수는 있겠죠.

근데 이 참사에 있어서 나는 교육청이 직접적으로 그런 내용을, 교육청 이름으로 우리한테 주길 바랐어요, 경기도교육청이. 근데 계속 교육청 이름을 빼더라고. 그래서 결국은 나중에 우리한테 세부 내역이라고 그래서 책자를 줬는데 거기에는 [책임 소재가] 단원고등학교로 이렇게 되어 있더라고. 결국은 단원고등학교가 그걸 책임지는 걸로만 하고 교육청은 빠진 거죠. 원래대로 본다면 단원[안산] 교육[지원]청이, 아니 경기도교육청이 그러한 내용들을 교육청에서 직접 이름을 걸고 했어야 했던 건데 그게 안 됐던 거고.

거기서 판단하기에 여기서 나는 솔직히 교육청 거를 받고 싶었어요. 그래서 교육청을 직접적으로 상대하고 싶었지 단원고하고 상대하고 싶진 않았거든. 왜냐, '들어가는 순간 갑을 관계가 바뀔 거다'[는 판단 때문에요]. 거기에 재학생 부모들이 있어요. 더 많죠. 우리 [생존 학생] 부모들은 소수고, 그러면 물론 지금이야 재학생 부모들이 유가족 눈치보고 우리 눈치보겠지만 일정 정도 [지나면] 그렇지 않을 거 같다는 생각이 좀 들었고, 그게 빨리 올 거 같다는 생각이 들었어. 그래서 이거를, 그러면 단원고하고 얘기한다는 건 솔직히 쉽지 않거든요. 단원고는 재학생 얘기할 것이고, 거기에 우리가 "왜 끼어드냐" 이거지. 교육청이 정리하게끔만 해주면 돼서 이걸 하려고 했는데 이 사람들 뭐 바본가. 그 정도 눈치를 깐[챈] 거 같더라고.

근데 우리 부모들은 내가 봤을 때 솔직히 그걸 몰랐어요. 그래서 결국은 안 되겠더라고. 그래서 어쩔 수 없이 단원고 거를 받고 들어갔어요. 아니나 다를까, 그 [이후] 상황이 벌어지기 시작하는 거지. 들어갔는데 1반부터 4반으로 정리가 되고, 일단 들어가서부터 만들어지는 것도 꽤 있었어. 다 만들어지고 왔어야 됐는데 그런 상황이 안 됐고. 뭐 내부[부터] 연수원 내에서 부모들이 난리를 치지, 학교에서 학부모들 그러지, 애들이 뭐 그러니까 내가 어떻게 선택의 여지가 없더라고. 그렇다고 내가 뭐 고집하고 주장하고 이럴 문제가 아니거든. 의견이 그렇다고 그러면 가면 되지 뭐.

면담자 애진 아버님이 연수원에서 이제 생존 학생들을 위한 특별한 보호와 교육 프로그램을 준비하는 과정에서 단원고에 가서 교장을 만나셨던 거네요?

애진 아빠 그렇죠. 아니, 단원고에 맨 처음에 교장은 없었죠.

벌써 잘렸고, 교감이 있었던 거고. 그리고 우리가 연수원에 들어왔을 때 며칠 안 돼서 "교장이 새로 부임이 됐다, 그게 추×× 교장이다" 그래서 내가 아는 전교조[전국교직원노동조합] 선생님들한테 확인해 보니 "이 사람이 광덕고등학교를 다녔고 혁신학교고 선생님들이 굉장히 신뢰하는 분이다" 이렇게 얘기를 들었어요. 그래서 '그러면 됐네'라고 했는데, 이 참사에 있어 가지고 수습을 하려고 했지, 수습만 하려고 했지 실제 이거에 대한 어떤 심각성에 대한, 아니 심각성보다도 올바른 방향으로 가는, 피해자 중심의 방향이 아니야, 그런 게 아니었고. 본인이 교육자라고 하면 나도 인정을 해요. 인정을 하지만 이 사람이 판단을 잘못한 게 수습만을 하려고 했던 게[것 때문에] 분란이 더 많아졌던 거예요.

그러다 보니까 처음에는 이 사람이 뭐 '굉장히 열성적이고 하다'[라고] 보[았]는데 점점 가다 보니까 굉장히 독단적이고 밀어붙이려고 하는 것들이 너무 크니까 유가족들이랑 마찰[이] 생기기 시작하고 저희하고 마찰이 생기기 시작하는데, 거기에 어떤 변수가 생겼냐. 나하고 정말 실질적으로 마찰이 생긴 이유는 "애진 아빠는 유가족들 [일을] 하게끔 하고 [우리는] 여기 [생존 학생] 아이들 챙겨야 하지 않겠습니까?"[라고 저를 배제하려 했다]라는 얘기가 저한테 들어와요. 부모들이 나한테 얘기를 한 거야, 일부 부모들이.

그러면서 일부 부모들이 갈라지기 시작한 건데, 거기에 교실을 치우려고 했던 부분이, 처음에 서울 갔다 내려왔더니 TV 내놓고 이런 과정이 일부 부모님들하고 벌써 정리를 하기로 했던 거였고.

그걸 내가 반대를 하고 유가족들하고 얘기하고. 당시에 가족들 중에는 김유신 사무처장, 상호 아빠가 사무처장이었고, 어쨌든 나하고 [학교와의] 관계 개선 때문에 바로 내가 연락을 해서 담비 아빠하고 몇몇 부모들 와가지고 막았고, 공식적인 사과[는] 받아냈는데[받아냈어요]. 그때 공식적인 사과할 때 [추×× 교장이] 나를 쳐다보는 눈초리가 '한번 보자' 이런 눈초리예요. 그때서부터 나하고 완전히 벗어난[틀어진] 거고, 일부 부모들이 그때서부터 저를 뒷담화를 하기 시작하지.

그리고 저는 '여기[단원고]에서 부모들이 빨리 나가야 된다'고 판단을 했어요. 왜냐면 선생님들도 부담스럽구요, 애들이 한두 살 먹은 어린애도 아니고. 물론 어리긴 하지만 그 정도까지 부모들이 그렇게 학교 안에까지 똬리 틀어가지고 걱정하고, 이런 형태는 아니거든요[안 되거든요]. '빨리 나가야 된다'라고 판단했는데 일부 부모님들은 자꾸 안 나가려고 하더라고요. 여기서 이거 해주고 저거 해주니까 어쩔진 모르겠어요. 근데 일부는 애가 걱정이 되니까 옆에 있길 바라겠지. 〈비공개〉

그래서 거기서도 빨리 논의를 해서 "우리가 나가야 된다" 일부는 "안 나간다" [하고 또 일부는] "나가야 돼" [하고] "뭔데, 안 간다" [하면서 대립이 일어났어요]. 그래서 나는 "나가면 미술관으로 가자, 그래서 거기서 하자" 하는데 일부 부모들은 반대하고, "우리가 거기를 어떻게 가냐, 어떻게?" [하더라고요]. 그렇죠, 그건 내 생각이지. 나는 '[유가족 부모들과] 가서 같이 어울리고 이래야 된다'라고 보지만, 이 사람들은 유가족들 한마디 하면 그냥 뭐 욕하고 이럴 사람들이니까, 나가서. 그 앞에서는 못 하겠지만 이런 어떤 조직적인 분위기는 안 되더라고. 그래서 나도 "그럼, 그거 맞을 거 같다" 그래 가지고 그 앞에 올림픽기념관에다가 사무실을 차린 거예요.

여기서부터 공식적으로 학교 안에 들어와서, 일단 들어오면서 나가기 전 한 2주서부터 분과들이 구성이 돼요. 엄마들이 학교에 들어오고, 공식적인 회의 체계가 만들어지는 거예요. 그때 연수원에 있을 때는 2층 휴게실에서 모이고 이랬지만, 여기서는 이렇게 좀 정리가 되면서 심리생계분과 그리고 또 대[외]협[력]분과 이런 것들이 좀 만들어져요. 그래서 거기서 일부 부모들하고는 와스타디움에 자주 왔다 갔다 하면서, 근데 와스타디움을 왔다 갔다 하다 보니까 그때는 와스타디움은 명찰을 만들기 시작해요. 그 전에 벌써 만들었는데, 우리 연수원 있을 때 만들었는데, 민지 아빠가 이 패찰을 만들어요. 그래서 유가족, '유가족'이라고 했나 '가족'이라고 했나 하여간 뭐 그렇게 해가지고, 그래서 내가 민지 아빠한테 얘기를 하죠. "우리 [생존 학생] 가족들 여기에 들어올 수 있는 사람들, 가족이 몇 명이고, 누구니까" 여기 그, 그때 임원진들이죠. "반 대표들 이런 사람들도 만들어달라" 그래서 만들어서 나눠주죠.

면담자 생존자 가족은 아버님이 약간 자진해서 대표를 하시게 되구요. 그리고 연수원 안에서 모든 생존 학생 부모들이 어느 정도 파악이 됐을 때 거기서 반을 총 4개를 구성을 하신 건가요? 반을 모두 몇 개로 구성하셨나요? (애진 아빠 : 10반까지인데) 그걸 몇 개로 묶으셨다고.

애진 아빠 묶었죠. 1반은 어쨌든 인원이 많으니까 둘…, 어쨌든 여자 부모들, 남자 부모들로 나눴어. 여학생들도 (면담자 : 1반, 2반 포함해서 다?) 1반은 내가, 그니까 각기 두 명씩인 거 같아요. 1반에 두 명, 2반에 두 명, 3반이 남자고, 3반이 남자인가? 아, 3, 4반[4, 5반]이 남자일 거예요. 거기는 좀 인원이 많잖아요. 여기도 두 명, 두 명으로 구성이 되고 그리고 5반도 남자죠. 거기도 두 명 있는 걸로 알아. 그리고 6, 7, 8, 9, 10 여기는 인원이 별로 없어서 하나로 좀 묶었던 거 같아요.

면담자 그러면 총 5반이네요?

애진 아빠 그 정도로 좀 되는 거 같아요.

면담자 그리고 아까 말씀하신 조직의 기본적인 분과라든지 이런 건 연수원에서 아이디어가 시작이 되고, 몇 분이 핵심적으로 활동하시는 분들이 나오시죠?

애진 아빠 학교에 들어와서는 정확하게 자리매김이 되죠. 그래서 공식적으로 회의 자료도 뽑고, 서기도 만들고 각 담당자들을 구성을 해서 논의 구조를 만드는 거죠.

면담자 연수원이라든지 아니면 학교에 들어오는 초기 몇 달 정도까지는 생존자 가족 부모들도 애진 아빠가 이런 일을 맡아서 진행하시는 것에 대해서는 사실은 (애진 아빠 : 뭐, 없었어요) 지지하고 또 같이 한뜻으로 (애진 아빠 : 예예) 가고 있었던 거네요. 일단은 여기까지 하구요. 조금 쉬었다가 또 이어서 하죠.

애진 아빠 예, 그래요.

5
생존 학생들의 단원고 복귀

면담자 '단원고 안에서 생존 학생들을 어떻게 돌보고 어떤 식의 교육을 진행할 것인가' 그리고 '이후 유가족 부모들의 투쟁활동과 관계를 어떻게 결합시킬까' 이런 것에 고민이 많으셨을 거 같아요. 유가족들은 계속 싸우고 있는 상황이고, 아이들은 또 단원고에서 트라우마가 됐든 아니면 다른 여러 가지 문제들이 있었잖아요. 단원고에 어떠한 요구들을 하셨고, 또 다른 생존 학생 부모들은 어떠한 반응을 보이셨고, 또 그때 그 유가족 투쟁 과정에서는 어떻게 이 두 가지를 결합시키고 싶으셨는지 그 과정에 대한 이야기를 좀 들을게요.

애진 아빠 6월 25일 날 제가 학교에 들어가기 전전날, 이틀 전, 아니구나, 날짜를 되게 못 정했었어요. "언제 들어갈 거냐?" 그래서. 왜냐면 분위기도 있기 때문에, 그리고 워낙 이제 또 생존 학생들에 대한 관심도 굉장히 있었고, 심지어 연수원 안에 있을 때 "일부러 관계 당국이 아이들을 가둬놨다" 이런 얘기도 상당히 많이 있어가지고. 근데 다시 얘기하지만 그건 우리들이 선택한 일이고 아이들이 좀 안정을 취할 수 있게끔 들어간 건데. 나올 때도 물론, 그 고대 병원에서 연수원 들어갈 때도 "몇 시에 나가겠다"라고만 알렸지, "어떻게 가겠다"라는 얘기는 안 했어요.

근데 이제 그 연수원 가기 전에 '아이들에 대한 추모 분위기를 좀 만들어야 되겠다' [싶었어요]. 왜냐면은 전에도 말씀드렸지만 아이들이 장례식장을 안 간 애들도 있고, 물론 갔다 온 애들도 있어요. 그럼 당연히 친구들한테 해야 되는 인사는 기본적인 예의가 필요하기 때문에, 그래서 "고대병원에서 나갈 때는 꼭 합동분향소 들러서 간다" 이건 정해놓은 상태였고. 시간 조절, 왜냐면 기자들 때문에. 그래서 어쨌든 알리긴 알려야겠고, 왜냐면 분향소도 준비를 해야 되니까. 그래 가지고 이제 기자들한테 그 전날에 미술관 안에 프레스룸[기자실]에서, 프레스센터에서 얘기를 했죠. "아이들이 분향소를 방문할 계획이고, 과도한 촬영은 금하고, 질문에 대한 문제를, 질문이나 이런 거를 안 해주면 좋겠다. 그리고 근접 촬영을 안 해줬으면 좋겠다", 이런 것들을 기자들한테 얘기를 하고.

고대병원에서 나올 때 정문으로 안 나가고 길가 쪽으로 차를 대서 빨리 얘들을 이동을 시켜서, 여기서 여기 오는데 얼마 안 걸리니까 오고, 이쪽에선 시민·사회단체들이 그 피켓이나 이런 걸로 기자들의 과도한 촬영들을 막고 통로들을 만들어주고. 심지어 버스에서 안 내린 애도 있거든요, "도저히 못 가겠다" 그래서. 다양한 그, 아이들이 많기 때문에 물론 희생 학생들보다는 적지만, 각자들의 이 세월호를 받아들이는 게, 친구들의 죽음을 받아들이는 게 다 틀리기 때문에 그 선택의 폭을 만들어놓은 거죠. "어쨌든 같이 이동하는 거니까 너희들이 굳이 안 들어가도 되고, 굳이 가겠다는 애들은 들어가겠다" 이렇게 해가지고 애들이 추모를 하고 연수원에 들어가고.

연수원에 나올 때도 실제 관심사가 된 거지. 이 살아 온 아이들이 단원고를[로] 등교를 해야 되는데, 그럼 학교가 정상화가 이루어지고 하나의 매듭이 풀리는 형태인데, 솔직히 저는 그때는 제 개인적인 욕심이 있었어요. 뭐였냐면, 물론 애들이 친구들 부모님 보기가 힘들겠지만 그래도 친구들의 부모님들이 '너희들 잘못 아니다. 내 자식의 몫까지 잘 살아줬으면 좋겠다'라는 이 응원의 말을 나는 아이들한테 메시지로 남겨줬으면, 이것이 결국 이 아이들한테는 굉장히 힘이 될 거고 살아가는 데 있어서 많은 생각을 갖고 훌륭한 어른으로 클 것이라는 게 [생각이] 있었는데. 이게 제 욕심이었는데, 그거를 그래서 몇몇 부모님들하고 조심스럽게 얘기를 했고 아이들하고도 조심스럽게 얘기를 좀 해봤어요. 근데 싫어하는 아이들이 있는 반면에, 그거에 있어 가지고 [유가족 부모들을] 뵙고 싶다는 애들도 있었고. 어지간히 애들은 주변의 시선이 너무 힘들었던 거에요.

그래서 그 연수원 안에서 애들하고, 학생 대표가 있으니까, 당시 학생 대표 A는 "다른 거는 몰라도 이 세월호에 관련되어서는 자기가 끝까지 아이들하고 책임지고 진행해 갔으면 좋겠다"라고 본인이 얘기했는데, 결국은 그렇게 되지는 않았지, 애 트라우마나 이런 게 너무 심해져 가지고. 대신에 학교 들어갈 때는 지들끼리 어떤 내용, 국민들에게 전하는 메시지, "우리 심정이 이러니까 이번만큼은 좀 저희 입장을 좀 받아주세요" 해가지고 아이들이 몇 가지를 정리해서 그걸 정문에서 읽었었죠.

근데 이런 거와 그 유가족 부모님들이 아까 제가 말씀드렸듯이 애들한테 좀 그 위로의 말들, 물론 이제 그 말, 그 위로라는 게 좀 그렇긴 하지만 "그런 메시지를 좀 줬으면 좋겠다" 그래서 당시 그 김유신 사무처장이 많은 도움을 줬죠. 그래서 몇몇 부모들하고 얘기를 하면서 "애들이 이만저만해서 등교를 하는데, 부모들이 좀 나와줬으면 좋겠다"[고 말씀드렸어요]. 근데 의외로 많이 나오셨죠. 그래 가지고 한 줄로 서서서 애들을 격려도 해주면서 또 굉장한, 엄청나게 힘들었겠죠, 그 친구들을 본다는 게. 이제 그런 것들은 그렇게 미리 사전에 준비를 해서 첫 등교를 하게 됐고.

그리고 학교 안에서 첫, '아이들의 자존감 회복'이라는 프로그램을 진행을 했는데, 거기서 전문가들이 얘기하는 걸로 하려면 처음에 순간부터 이 마지막까지 그게 교실이니까, 그래서 솔직히 그거는 여러 가지에 대한 평가들이 좀 있어요. 예를 들어서 1반, 2반은 많은 아이들이 있다는 거죠. 거기서 선생님을 생각하고 촛불을 켜서 그리고 아이들을 추모하고 기억하고. 그 1, 2반은 아이들이 굉장히 많은데, 예를 들어 〈나쁜 나라〉 첫 상영 [버전에서], 첫 장면이 □반의 N이 혼자서 그 학교 운동장을 창문, 교실 안 창문에서 학교 운동장을 바라보는 거였거든요. 그니까 □반의 N과 □반의

O는 굉장히 힘들었겠죠. 근데 그때 O는 교실로 안 들어갔던 걸로 알아요, 나중에 얘기 들어보니까. 그리고 나머지는 뭐 두 명 있고.

근데 그거에[회복 프로그램에] 대한 전체적인, 저는 바깥에 있었기 때문에 그거에 부모들이 들어갈 필요는 없어서 부모들은 안 들어갔는데. 어쨌든 N은 자기 교실 들어갔는데 이런 애들은, 글쎄 그게 과연 자존감에 회복이 될까? 인원이 많으면 대중, 뭐 군중심리에 의해서 자기들끼리 이러긴 하겠지만 얘는 혼자 딱 들어갔는데 아무도 없는 거잖아, 자기 혼자밖에 없는. 그래서 이게 좀, 많이 여러 가지 평가들이 좀 엇갈리기는 하더라고요.

어쨌든 그렇게 해서 학교가 수업과 그 스쿨닥터에 대한 부분은 솔직히 우리가 전문 의사 정도를 요구했던 거예요. 그리고 그거에 있어 가지고 나는 솔직히 상담 자체가, 저는 개인적으로도 상담은 되게 싫어해요. 근데 상담이 필요한 애들도 있겠지만 '이게 정신적인 상담이라는 게 과연 그게 맞나?'라는 생각도, 내가 전문가는 아닌데 또 의외로 그게 맞는 애들도 있어요. 근데 굉장히 소수고, 나머지는 표현을 안 하는 거고. 그런 과정도 있는데 어쨌든 간에 부모님들이 요구하는 거였기 때문에 그거를 이제 학교에 요청을 했던 거였고.

경비에 대한 문제 그리고 학교 수업에 대한 문제 그리고 반이 적다 보니까, 인원이 적다 보니까 반을 10반까지 늘릴 수가 없는 거예요, 도저히. 학급, 그 행정상 맞지가 않아서 이걸 최대한 그 10반까지는 맞춰야 하기 때문에 네 개 반으로 하되, 애들이 적으니까 네 개

반으로 하되, 한 반에 두 개 반을 편성을 해요, 학교는. [신규 편성] 1반에 [기존] 1반, 2반. [신규 편성] 2반에 [기존] 3반, 4반. [신규 편성] 3반에 5반, 6반. [신규 편성] 4반에 [기존] 7반, 8반. 이렇게 해서 이게 이 교육행정에, 대학에 문제가 안 되게끔, 행정상에 문제가 안 되게끔. 그게 문제가 안 된다고 그러더라고요, 두 반 정도에 대한 부분은. 그걸 어쨌든 뭐 이 참사에 있어 가지고… 좀 편법을 쓴 거죠. 그렇게 해서 이제 한 반에 또 선생님 두 분이, 하나는 정식 선생님이고 하나는 보조 교사해 가지고 그렇게 이제 수업이 진행이 되죠.

면담자 그러면 기존에 반, 1반부터 10반까지 있었던 게 반이 바뀌는 거겠네요, 그렇게 되면. (애진 아빠 : 그렇죠) 그리고 각 반별로 75명의 학생이 4반으로 나누면 한 20명 정도씩 되는 거네요.

애진 아빠 그렇죠. 왜냐면 또 문과, 이과가 있기 때문에 문과반하고 이과반을 나눠야 돼요. 그런데 인원이 적은데 나눌 수가 없어, 이건 도저히. 이과가 인원이 적은 상태에서 없는 상태이니까 그러니까 이거를 뭐 별도 학습 프로그램, 뭐 이런 형태로 해서 이과에 대한 부분도 이렇게 좀 교육을 했던 걸로 저는 기억이 좀 나구요. 왜냐면 걔네들 교육에 관련해선 그게 뭐, 부모님들이 관여한다고 그래서 제가 좀 반대를 했어요. "학교에 들어왔으면 학교의 교육지침에 따르는 게 맞지. 우리가 이것까지 감 [내]놔라, 콩 [내]놔라할 문제는 아닌 거 같다". 그거는 뭐 부모들도 인정하는 부분이었는데, 인정하지 않는 부모들도 몇 명이 있었죠. "그래서 그건 아닌 거 같다. 학교에 들어왔으면 학교의 교육에 맞게끔 그렇게 하는 게 좋겠다" 이런 게 있었고.

애들이 솔직히 졸업할 때까지 근… 그 기간까지 공부는 거의 못 했어요. 중간에 병원 검사도 맏아야[받아야] 되지, 그리고 뭐 상담도 받아야 되지, 거기다가 이제 친구들에 대한 죽음, 뭐 그 확인되지 않았던 애들이 시신 올라오고 이러면서 애들이 굉장히 극도로 그 스트레스를 받고. 그리고 뭐 여러 가지 부모님들에 대한 또 뭐, 일부는 뭐 평상시 같이 대했겠지만 일부는 너무 적극적인 관심 뭐 이런 것 때문에 부모하고 다툼도 생기고. 또 학교 선생님하고도, 선생님들도 나름 힘든데 이 아이들까지 해야 되고, 여러 가지 뭐 유가족과의 상대나 부모들 간의 이런 문제 때문에 스트레스도 받아 있는 상태에서, 또 애들이 이제 뭐 뺀질뺀질거리고 선생님 말 안 듣고 그러니까 또 선생님과의 다툼도 굉장히 있었고. 이런 것들이 존재하면서 애들이 뭐 공부가 제대로 안 돼요. 학교가 정상적으로 돌아갈 수가 없는 거예요.

면담자　　그 학생들은 어떤 교실을 사용했나요?

애진 아빠　　그쪽에 그 특활 활동하는 공간을 리모델링해 가지고 (면담자 : 4개 반을 만들어서?) 만든 거죠.

면담자　　선생님들은 원래 단원고에 계셨던 선생님들인가요?

애진 아빠　　있었던 선생님들이 있었고, 그리고 일정 정도 피해자 지원이 되다 보니까 선생님들에 대한 휴직들이 나타나기 시작하죠. 그거는 1년 동안의 유급 휴직을 진행을 하는, 뭐 공무원법에 의거해 가지고 그러다 보니까 선생들이 대부분들이 이제 휴직을 내기 시작하죠. 근데 그거는 이제 얘네들이 2학년이 끝나고예요. 3학년 올라가면서 그렇게 되니까 담임들이 바뀌잖아요. 이때 많이들 그만둬요. 그러면서 단원고에 선생님을 모집을 하는데, 안 들어오려고 하는 거지. 부담스러운 거예요. 그러니까 각종 인센티브를 지급을 해가지고 들어오게끔. 물론 그중에 소수인데 인센티브를 받지 않고 자기가 지원해서, 자원해서 들어온 선생도 있고. 물론 이제 전교조 선생님이죠. 그렇게 해가지고 그런 과정들이 좀 있었어요.

그리고 2학년이 지나고 나서 3학년 때는 여러 가지 지원 단체들이나 이런 것들이 많다 보니까 아이들이 개별 자기가 필요한, 뭐 해외 봉사들이든지 이런 것들을 좀 받게 되죠. 왜냐, 벌써 그 2학년 때 그 단원고 특별전형이, 정원 외 입학이 국회에서 발의가 됐고, 거의 뭐 통과되는 거였고. 그것 때문에도 얘들이 굉장히 많이 힘들었죠. 무수한 댓글과 그리고 저한테도 항의를 많이 했고. 그래서 우리는 "우리 부모들이 [먼저] 요구한 적 없고, 아저씨는 그게 바람직하지 않다고 본다. 근데 국회에서 법으로 통과됐다라고 하면 이거는 너희들의 선택의 여지가 없다, 미안하지만" 그렇게 하고 대신에 얘들한테 내가 시청각실에서 그게 발표가 났을 때 무슨 얘기를 했냐면, 제가 그대로 표현을 하자면 "쪽팔리게 대학 가지 말자. 니가 만약에 1등급 대학을 가고 싶은데 니가 3등급이면 2등급까지 내신을 올려라" 그 뒤에 몇 차례 시험이 좀 있어서 그랬더니, 얘들이 뭐 나름 들어하는[수긍하는] 애들은 공부를 진짜 열심히 하고 일부 부모들이 그거 가지고 저한테 많이 문제 제기를 했죠. "애들이 지금 공부할 때냐. 특별전형이 됐는데 왜 그런 얘기를 해가지고 애들이 안정을 취하고 해야 되는데 힘들게 공부를 하게끔 만드냐, 뭐 밤에" 이런 얘기까지 하더라고요.

근데 일부 애들한테는 그게 자기들한테는 되게 위로되는 말이었대요. 자기들도 그 문제 때문에, 정원 외 입학임에도 불구하고 도저히 이 상태로라면 대학[에] 진로[진학]하기 힘든데, 그래서 나름 열심히 하는 애들은 열심히 했고. 그리고 실제 이렇게 보더라도 거의 한 60프로 정도는 그 정도 실력 있는 애들이 대학 간 거구요. 나머지 애들은 말마따나 정원 외 입학을 통한 특별전형으로 가게 된 거고. 한 예로 애진이 같은 경우도 □□보건대가 전문대이긴 하지만 의료, 그 보건 대학에서는 좀 센 편이거든요. 애가 굉장히 불안해했어요. 근데 그중에서도 응급구조학과를 간다고 그러니까 우리는 더 불안해진 거지, 부모들은, 엄마, 집사람하고 저는. 근데 "애의 선택에 우리는 수긍하자, 인정을 해주고" 그래서 갔는데 애진이 맨 처음에는 힘들어했는데 나중에 알고 보니까 응급구조학과가 그렇게 센 데가 아니더라고요, 애 실력으로도 충분히 갈 수 있는.

거기에 이제 좀 친해지고 이러다 보니까 애들에 대한 성적을 보니까 가관이더라고. 물론 이제 나이가 들어서 온 학생들도 있고 그런데 애진이가 그 정도까지 자기가 괜히 겁을 먹었고, 솔직히 애진이하고 내가 얘기해 봤을 때, "니가 겁먹은 게 공부 때문에 겁먹었겠냐? 사람들의 시선 문제 아니었냐?" 그랬더니 그렇다 그러더라고. 근데 의외로 교수진들이나 아이들도, 거기에 있는 아이들도 되게 애진이한테 잘해주면서 그거를 굳이 뭐 표현을 하려고 하지도 않았고. 그런 과정들이 좀 있었죠.

면담자　　특례입학 안건이 논의가 되는 과정에서 지난번 구술에서 말씀하셨던 게 생존 학생 가족들 중에서 그런 것을 좀 염두에 두고 계셨던 분들이 있었다고 하셨잖아요.

애진 아빠　　조금 있었던 게 아니라 많이 있었겠죠, 이 사람들도 많이 알아봤을 것이고.

면담자　　아버님은 그것과 관련된 누구를 접촉하거나 (애진 아빠 : 저는 개의치 않았어요) 다른 부모님 누군가와 접촉하는 등에 대해서는 알지는 못하셨구요?

애진 아빠　　아니요. 국회는, 제가 당시에는 계속 국회를 자주 올라갔어요. 부모들 특별법 농성할 때도 제가 국회에 있었고, 그 단식 과정이나 이런 것도 제가 다 있었고, 그리고 집행부하고 국회의원들하고 만났을 때는 항상 제가 있었어요. 그래서 그런 과정들은 다 아는데, 실제 마찬가지였지만 그 단원고 특별전형에 있어 가지고, 대학 특례에 대한 부분은 저희들이 반대했고, 솔직히 반대했다기보다는 관여하지 않았어요, 우리가 관여할 문제도 아니고. 그리고 우리가 해달라고 하는 부분도 아니기 때문에.

면담자 그거에 관해서는 관여를 하진 않았고….

애진 아빠 안 했죠. 일부 국회의원들이 굉장히 발 빠르게 발의를 하고 김명연, 그 자유한국당[당시 새누리당] 의원이 발의를 했죠. 그러면서 몇몇 의원들이 합세를 했고. 근데 그거를 굳이 내가 다른 가족들도 있는데, "안 됩니다, 반대합니다" 이렇게 할 수 있는 건[하는 건] 도저히 안 되잖아요. 그것도 의원들이 발의한 부분에 있어 가지고. 그래서 이제 불안불안했는데 내용을 보니 정원 외 입학에 대한 부분이 있어서 '이건 뭐 학교가 선택할 문제이지, 우리가 관여할 문제가 아니다' 그래서 대학 특례에 있어 가지고 관여하지 않았어요.

면담자 다른 생존자 가족들의 반응은 부정적이었나요?

애진 아빠 아니, 아니요. 제가 봤을 때는, 이게 맞을지 모르지만 거의 대다수가 그거에 있어 가지고 아마 좋아했을 거라고 생각해요.

면담자 세월호 참사로 인해서, 어쨌든 자녀가 살아왔으니까 다행이라고 생각을 하지만, 이 일로 인해서 아이들이 더 잘될 수 있었는데 피해를 봤다고 느끼는 상황에서 특례입학 안건이 조금은 위안이 되었다는 건가요?

애진 아빠 아니, 그런 거는 아니에요, 그런 거는 아니고. 그니까 학교가 "이 아이들 상태로는, 이 인원과 이 학교의 상태로는 대학을 입학하기는 상당히 힘들다"라는 걸 계속 얘기했어요. 그러면서 "빨리 학교에 들어와서 학교 행정 절차에 맞춰야 된다"[고 했어요]. 이런 얘기는 초반에서부터 계속 있었기 때문에 연수원에서 일부 부모님들이 그런 얘기를 듣고 저한테 항의를 했던 이유가 그런 거였던 거거든요. '도저히 이 아이들은 대학 특별전형이 아니면, 특례입학이 아니면 대학을 갈 수 없다'라는 게 벌써 바닥에 깔려 있는 상태였던 거고, 이거에 대한 해결점은 굳이 가족들이 나서서 할 문제는 아니지 [했고]. 나는 교육청이 해야 될 문제이고 교육부가 해야 될 문제라고 판단했던 거예요.

근데 그거를 일부 부모들은 모르죠, 뭐. 인맥이 어떻게 있는지는 모르지만 뭐 얘기를 했을 수도 있고, 솔직히 김명연 같은 경우는 여기 토박이 출신이고. 〈비공개〉 일부 사람들은 그렇게 접촉했는지 모르겠지만, 근데 솔직히 저희가 공식적으로 그 단원고 학생 특례입학은[을] 얘기한 적은 없죠.

면담자 그 소식을 들었을 때 생존 학생들의 반응은 어땠나요?

애진 아빠 그거는 제가 정확하게는 모르죠, 얘들이 어땠는지는. 내가 얘들을 그거 한 거는, 다 모아둔 거는 이후에 모아둔 거니까. 근데 그 전에 [특례입학 안건에 대해] 그걸 얘들이 적극적으로, "아, 저는 반대합니다", "저는 그렇게 [대학] 안 가요"라고 모인 상태에서 한 얘기는 없었어요. 대신에 얘들이 그때 모였을 때 표정은 되게 불안한 표정이었고, 애진이는 내 자식이니까 얘기를 해보지만, 애진이하고 또 몇몇 얘들이 얘기를 했대. "저희는 굳이 그렇게 해서 대학 가고 싶지는 않다"라고 표현한 애들은 있어요. 근데 그 때 내가 뭐라고 했냐면, "미안하지만 너희들한테 선택권이 없어. 단지 만약에 너희들이 대학 지원을 하는데 '나 안 해요'[라고 한다면] 이건 너희들 판단 문제야" 이렇게는 얘기를 했었죠.

6
생존 학생들의 국회 도보 행진과 구술증언

면담자 단원고에서 생존 학생들을 상담하거나 위급 상황에 대처한다고 스쿨닥터를 설치했을 때, 그분이 옛날에 대구 지하철 때 했었던 □□대에 있는 소아정신과 의사 그 팀이 들어왔다고 알고 있어요. 이건 온마음센터하고는 다른 라인으로 가는 거죠. 온마음센터는 보건복지부 라인으로 가고, 학교 안은 교육청에서 하는 심리 지원으로 이렇게 나뉘게 되잖아요. 그 과정에서 애진 아버님이 보시기에는 생존 학생들을 따로 교육청에서 관리하는 시스템이 더 낫다고 보셨나요?

애진 아빠 아니요, 저는 개입을 전혀 안 했어요. 아이들에 대한, 학교에 들어가서 아이들에 대한 교육행정 전반적인 거는, 일부 뭐 그분들이 나중에 아니라고 어떻게 할지 모르겠지만, 저는 정확하게 말씀드리면 개입을 안 했어요. 근데 일부 부모님들이, 엄마들이 그거에 있어 가지고 교장이랑 면담도 자주하고 이런 것들이 있었던 거는 제가 알아요. 그거에 대한 얘기도 있지만 내가 그거를 전혀 관여하지 않았어요. 나는 솔직히 학교생활에 있어 가지고 관여하고 싶은 생각이 전혀 없었거든요.

그리고 교육청에서 그 스쿨닥터를 [설치한 건] 그건 부모들이 요구한 거니까, 그건 교육청의 잘못이 아니거든요. 그리고 김×× 스쿨닥터는 실제 대구지하철 참사 때 팀은 아닌 걸로 알고 있는데요. 원래 그 팀은 먼저 학교에 왔다가 우리가 들어가기 전에, 우리가 흔히 얘기하는 알맹이만 쏙 빼먹고 가신 분들이에요, 제가 알기로는 그렇게 알고 있어요. (면담자 : 대구 지하철 팀이?) 예. 그분들은 1, 3학년들을 상대로 있다가 나가시고 우리가 들어갈 때는 없었죠. 그런데 김×× 스쿨닥터는 □□대학교 출신은 맞는데 그 팀은 아닌 걸로 아는데요, 저도 정확하게는 모르겠지만. 왜냐면 나이나 이런 걸로 봐서는 그 정도 연륜이 되시는 분은 아닌데. 그래서 그거에 대한 상담을 하든 뭘 하든 저는 거기에 신경을 쓰지 않았고.

학교에 일단 들여놓고 나서 저는 약간은 홀가분해진 거예요. 그래서 유가족들하고 이후에 우리가 흔히 얘기하는 특별법 관련해서 어떻게 싸울 것인지 이런 것들을 막 논의하는 과정들이 있었고, 거기서 결정해서 국회로 올라가고, 세월호 특별법 해서 단식 들어가고. 초창기에 웅기 아빠하고 승현이 아빠가 학교로 오죠, 십자가를 매시고 도보행진을 하시겠다고. 요게 이제 좀 방향이 바뀌는데, 그때 이제 위에서는 [국회에서는] 세월호 특별법 관련해서 단식 준비, 단식 시작은 안 했지, 농성은 시작했었죠. 그래서 생존 학생 부모들도 올라갔었어요.

근데 이제 그때 분위기는 싸했죠, 뭐. 솔직히 유가족분들은 우리 생존 학생 부모들 보기도 싫었던 거고. 근데 우리 부모들이 막 웃고 막 얘기 나누고 이런 거에 굉장히 못마땅한, 그니까 예를 들어서 "니 자식 살아서 왔다고 좋아서 왔냐? 뭐 우리 동정하려고 온 거야?" 이런 표현들이 굉장히 많았어요. 그러면서도 나는 '어쨌든 다른 건 다 감정적인 건 몰라도 모든 피해자들은 같이 싸워야 된다'는 개념이 있어 가지고. 그래서 거기 가서 인사도 드리고 막 이랬지만, 솔직히 이거에 신경을 제가 많이 쓰고 있었던 상태였고, 그래서 학교에 대한 건 전혀 몰라요.

근데 승현이 아빠하고 웅기 아빠가 오셨는데 웅기 아버님이 그때 "애들 잘들 보살펴 달라" 그러고 남자애, 그 웅기하고 승현[아빠]이 들어가는데 남자애들이 와서 그 인사드리고 막 울고 그러니까 "울지 마라" 그러면서 애들이 그 십자가에 이제 노란 리본 묶어주고 아버님 안아주, "그냥 한번 안아드려라" [했더니] 안아드리고. 아버님하고, 두 분 아버님이 엄청나게 우시면서 "너희들은 이 잘못된 사회에 있어서 올바르게 살아가라. 그리고 세월호 참사에 대한 진상 규명은 꼭 이루어져야 된다" 이런 얘기를 하고 가는데, 가는 와중에, 이제 내려가시는데 학생 둘이, 남학생이 엄청 울면서 "우리도, 우리가 공부가 무슨 필요냐, 우리도 가겠다" 이런 얘기를 비춰요.

그래서 저는 그때 솔직히, 그 아까 전체 그 얘기를 하려고 했는데. 얘네들에 대한 안정과 그 심리적인 부분들을 하려는 건 정말,

그건 그런 얘기를 언론사에 많이 했었는데, 이 당시 그 청소년들에 대한 감정이나 이런 건 친구들의 의리 이런 거잖아요. 특히 남자애들 같은 경우, 이런 우정들이 굉장히 컸기 때문에 친구들을 위해서 뭔가 할 수 있는 일을 얘네들이 해야지만 이것이 치유가 되고 아픔을 극복할 수 있다. 영원히 잊지는, 그러면서 우리가 잊지 말아야 된다는 것이 그런 활동 속에서 그래도 새록새록 생각이 나고, '친구들을 위해서 뭘 했다'라는 걸 알려줘야 되기 때문에 그게 저는 굉장히 애들한테는 그게 치유라고 생각을 했거든요. 그런 와중에 이 학생 둘이가 그런 얘기를 하길래 내가 진정을 시켰죠. 순간에 내가 생각이 딱 난 게 있어서 "그럼 너희들이 할 수 있는 기회를 만들 거다. 좀 기다려다오, 아저씨를 믿고" 그래서 이제 마중 보내고.

그때 고민을 했던 게 국회에서 부모들이 있으니까, 세월호 특별법을, 진상 규명을 만들기[하기] 위한 특별법을 요청하는데, 거기에는 어쨌든가 특별법 내에는 지원에 대한 문제도 있기 때문에, 실제 이게 우리 가족, 생존 학생 가족들이 난 크게 반대할 거라고는 생각을 안 했어요. 그 특별법에는 얘네들을 위한 지원법도 있고, 여러 가지 피해자 법안들이 있는 거고, 그리고 무엇보다도 진상 규명에 대한 내용들이 시작이 될 건데 이거를 하기 위해서 물론 유가족들이 거기서 단식[에 들어갔죠]. 그때 내가 그 애하고 얘기하고 다음다음 날에서부터 했거든요, 단식 들어갔대요. 그리고 일부는 광화문으로 갔고, 일부는 [국회에서] 하고. 근데 이제 고립되어 있는 거잖아요, 국민들하고 국회 담벼락에 [있으니까]. '이 애들이 [움직이면] 굉장히 그 뭐랄까 세월호 특별법에 있어서 큰 작용을 할, 특별법 제정[에 대해] 어쨌든 간에 언론에 굉장한 그 충격일 수 있을 거다. 빨리 제정될 수 있을 거고, 도움이 될 거다'라는 판단이 들었어요.

그래 가지고 도보 행진을 결정을 하죠. 애들하고 몇몇 얘기해서, 아이들이 "좋다". 애진이하고도 얘기를 해봤고. "그러면 니들 친구들끼리 얘기를 해봐라" [했더니] 근데 의견들이 상당히 좋다고 했고, 대신에 이제 여러 가지 의견들이 있죠. 나는 가기 싫고, 이런 얘기들이 있길래, 가기 싫은 애들은 어떻게 끌고 가요. 그리고 얘들 거를 먼저 취합을 해서 부모들한테 얘기를 해줬죠. 근데 부모들은 여기서부터 이제 분란이 시작돼요. 일부 부모들은 "애들을 정치적으로 이용한다" 그래서 나는 "이게 왜 정치적이냐, 그렇게 보는 게 정치적이다. 세월호 참사에 있어 가지고 정치화될 수 없고 그리고 세월호에 대한 진상 규명, 애들이 왜 죽었는지는 명확하게 알아야겠고, 그러려면 법안들이 만들어져야 되는데…", 이 법안은 제가 아까도 말씀드렸지만 아이들에 대한 치료 문제나 지원 문제가 상당히 있는데, "이거에 있어 가지고 우리가 뭔가를 해야 되는데 그럼 뭘 할 수 있겠습니까?", "그럼 이 애들이 이런 얘기를 하는데 이거에 있어 가지고 반대하시는 부모들은 하지 마세요" 이렇게 정리를 했어요.

그래 가지고 이거를 준비하려면 근 1박 2일인데, 서울까지 숙식 문제 여러 가지 막 고민이 되는데, 나 혼자 도저히 안 되는 거예요. 그래 가지고 어쨌든 뭐 인맥을 활용할 수밖에 없어서 위성태하고 박진을 불렀죠. 그래서 "이만저만해서 얘들이 이런 걸 선택을 했는데 준비를 좀 해다오" [했죠]. 그리고 전반적으로 시민들하고 접촉하는 문제 그리고 일부 언론은 얘들이 워낙 싫어하니까 우리 쪽 언론만, 어쨌든 알려야 되는 부분이 있어서 오마이뉴스하고 JTBC 그리고 팩트[TV], 고발[뉴스] 이런 정도가 된 거예요, 인터넷 방송 중심으로. 그래서 그거를 준비하는데 출발하는 1시간 전까지만 해도 대강당에서 부모들끼리 막 싸움이 붙었어요, 저하고도. 일부 나를 지지하는 부모들은 별다른 얘기 안 하고, 그냥. 그리고 반대하시는 부모들은 뭐 "개새끼, 씹새끼" 욕 다 나오면서 "저게 아이들을 선동해 가지고 정치적으로 이용한다" 이러면서 난리를 쳤어요. 그래서 나는 "그럼 가자는 애들만 가겠다. 나는, 나도 애진이 아빠다. 내 자식이 하겠다 그러면 나는 내 자식만 데리고라도 가겠다" [그랬죠]. 근데 아이들이 37명이 이제 동참을 하죠, "가겠습니다". 부모들도 아이들이 하겠다니까, 대신에 일부 부모님들은 "나도 가겠다" 그렇게 해가지고 걸어가다가 어쨌든 광명 그 연수원에서는 그날 저녁에까지 결합해서 아침에 출발할 때 47명이 되는 거죠.

면담자 아이들이 따로 와서 결합하기도 했군요.

애진 아빠 와서 결합을 한 거예요. 그래서 이제 47명이 국회까지 들어가죠. 근데 그 반대하는 부모들에서도 일부는 정치적으로 얘기하지만, 그 아이들이 자꾸 정치적으로 얘기를 한다 그래서 나는 솔직히 애네들이랑 같이 국회 안으로 들어가려고 그랬어요. '과연 국회가 막을 수 있겠냐. 굉장한 파장을 불러일으킬 건데'. 근데 나는 그것까지, 들어가서 부모님들한테 '저희도 꼭 친구들 기억하고 함께하겠습니다'라는 목소리를 들려주고 싶었는데 우리 부모들이 반대를 했죠. 그래서 그 앞에까지밖에 안 간 거예요, 결정을. "거기까지 가서 애들은 그냥 차 타고 내려오겠다".

면담자　유가족 부모들이 반대를 했다고요?

애진 아빠　아니요, 우리 가족들. (면담자 : 아, 생존 학생 가족들) 〈비공개〉 그래 가지고 그 반대를 무릅쓰고 갔는데, 이 도보 행진은 물론 [다양한] 평가는 있는데, 제가 봤을 때에는 거의 90프로는 그 아이들한테는 상당히 좋았어요. 애들이 그 여태까지 안 좋은 댓글이나 마타도어에 시달리다가 애들이 행진을 함으로써 안산서부터 출발해서 광명에 도착했을 때 그 수많은 사람들이 새벽에도 길거리에 나와가지고 아이들한테 박수 쳐주고 해주고, 광명수련회에서도 부모들이 아침에 그냥 출근들 [안 하고] 휴가 내고 오고, 뭐 대구에서 올라오신 분들, 이런 사람들이 한 줄로 서가지고 애들 음료수에서부터 다 마련해 주고, 뭐 잠은 몇 시간 못 잤지만. 그리고 광명을 지나쳐서 그 낮에 이제 움직일 때 어마어마한 시민들, 심지어 뭐 장애인학교 아이들이 나와서 언니, 오빠들 격려해 주고, 삼성 AS센터 노조원들 길거리에 나오고, 시의원들, 정말 많은 사람들이 격려해 주고 뒤에 따라오기 시작한 거죠. 그래 가지고 정말 무슨 피리 부는 소년 마냥 애들이 가는데 뒤에서 어마어마한 사람들이….

그래서 국회까지 들어가고, 국회에서 또 그 많은 시민들이 [행진하니] 경찰들은 어쨌든 경찰들이 막을 명분도 없었지만 일정 정도는 되게 제지를 했거든. 얘네들이 이제 국회 들어갈 거 같다는 생각이 [들었겠지]. 근데 이제 국회 들어가면 뭐 솔직히 파장이 있었을 거예요, 제가 봤을 때. 지금도 집사람이랑 생각하지만 들어갔었어야지…. 그래서 거기에 계신 부모님들한테 인사드리고 국회에 이 생존한 아이들이 어쨌든 그때 요청을 했어야 해.

면담자 생존 학생들이 유가족 부모님들을 만나는 것을 생존 학생 부모들이 반대했었던 이유는 뭔가요?

애진 아빠 만나는 거를 반대하는 게 아니라 일부는 뭐 말마따나 그냥 "왜 우리가 죄인이냐", "유가족들이 갑질한다" 이런 사람들이 있는가 반면에, 일부는 "그냥 조용히 있었으면 좋겠다"라는 거지. 그리고 이제 '조용히 있겠다'라는 사람들은 어쨌든 "아이들이 세월호를 기억 안 했으면 좋겠다" 이런 얘기를 하시는 분들이 거의 상당수였어요.

면담자 도보로 가는 거까지는 동의를 하셨던 분들도….

애진 아빠 정치적으로 이용을 한다는 거예요.

면담자 국회 안으로 들어간다는 거 자체가?

애진 아빠 예예, 이거를 "아이들을 정치적으로 이용을 한다"라는 거예요. 아까 내가 말씀드렸듯이 "그건 당신들이 정치적으로 얘기를 한 거다, 아이들의 순수 입장을 가지고 정치적으로 이용한다는 건". 그리고 이 아이들이 거기 가서 농성을 하겠다는 것도 아니고 친구들의 부모님을 뵙고 "저희도 함께하겠습니다"라는 인사를 드리고 나오겠다는 건데, 그거를 반대한 거죠. 국회 자체를 정치적으로 바라보는 거죠.

면담자　　그러니까 국회 앞까지만 가는 것을….

애진 아빠　　그건 제가 제안을 한 거예요. "그럼 알았다. 앞에까지만 가겠다" 그래서 바로 그쪽[유가족 부모들]하고 얘기를 해서 "이만저만해서 반대가 있으니 부모님들이 좀, 일부 부모님들이 나왔으면 좋겠다" 그래서 당시에 전명선 위원장이 나왔고, 일부 부모님들이 바깥에 계셨죠. 그래서 아이들하고 만남이 주선됐고, 그리고 거기에 제가 소리통을 외쳐서 애들한테 그런 얘기를 했고, 애들이 그렇게 해서 "부모님들 힘내세요" 하고 국회 벽에다가 자기들이 요구하는 내용들을 리본을 묶고 바로 버스를 타고 내려온 거예요.

그리고 다음 날서부터는 이제 싸해지죠, 학교가. 일부 부모님들은 자기들끼리, 맞는 사람들끼리는 "저 사람 정치적인 의도가 있었고, 앞으로 그렇게 이용을 할 거다, 애들을" 뭐 이런 게 있으면서 좀 내분이 일어나기 시작해요, 그때부터. 그래서 저는 빨리 애들, '우리 부모들은 바깥으로 좀 가야겠다'고 생각이[을] 그때서부터 먹게 돼요. 학교에서 어떤 얘기가 어떻게 되든 간에 학교에 전달되는 내용들이 달라질 것이고, 우리의 얘기가, 분열이니까 벌써. 그리고 아이들한테도 모양새가 안 좋고. 빨리 좀 나가는 거고, 피해자들이 좀, 논의 구조가 좀 만들어져야 된다는 생각이 있었는데 그래서 그런 과정을 겪으면서 이제 연수원[올림픽기념관]으로 나가게 되죠. 그래서 학교에 대한 거에 있어 가지고는 저는 관여한 게 없어요, 별로.

면담자 생존 학생들 국회 행진이 2014년 7월 15일, 16일이었거든요. 사실 그때부터 유가족들의 특별법 제정 관련된 투쟁에 생존 학생 가족과 학생들이 참여하느냐 마느냐를 가지고 갈라지기 시작하는 시점이라고 할 수 있구요. 아까 한 가지가 빠져서 다시 여쭙는데, 연수원에서 학생들이 있을 때 집단구술을 하는 게 있었잖아요.

애진 아빠 있었어요. HD 행복연구소인가? 아니, 아니야. 하여간 두 개가 그때 했었는데 프로그램 중에 '아름다운 배움'인가, 아배. 아름다운 배움이라는 데가 하나 있구요, 그리고 또 HD 행복연구소인가, 하여간 뭐 이런 데가 있어요. 그 한 분은 교수님이에요. 유명하신 분인데, 그분도. 이 두 개의 단체가 들어왔죠. 그때 아마 집단구술이나 이런 게 거기서 이루어진 걸로 알고 있어요, HD 행복연구소인가 여기서.

면담자 근데 약간 문제가 생겨서 중단이 된 그 구술이 있잖아요. 그리고 그게 약간 부모들하고도 좀 (애진 아빠 : 연수원에서요?) 예예.

애진 아빠 아, 연수원에서는 구술이 프로그램의 일종이었고, 자기가 하고 싶은 얘기, 수업 시간에 이런 거였지. 구술[증언]은 아니었던 걸로 아는데…. 그리고 저거는 있었죠. 구술은 아니고 내가 연수원에 들어가자마자 제일 처음 했던 게 애들을 만나기가 힘들어질 수 있으니 연수원 대강당에 아이들 다 모아놓고 그 ××이하고, 이후에 이제 〈나쁜 나라〉 영화 때문에 ××이가 나올 텐데, ××이하고 지금의 그 〈나쁜 나라〉 영화감독님이 하나 있어요.

면담자 〈나쁜 나라〉 김×× 감독 말씀인가요?

애진 아빠 아, 맞아. 김×× 감독. 그분일 거야, ××이가 그분을 데리고 왔고. 여기는 이제 순수하게 이거에 대해서 내가 믿을 만한 사람이 없으니, ××이는 내가 지역에서도 잘 알고 있던 애고, 안산의 에스제이엠(SJM)[자동차 생산업체] 그 〈야만의 새벽〉이라는, 용역깡패 들어와 가지고 난리 난 것도 ××이가 [영상으로] 담아냈기 때문에 내가 ××이를 불렀죠. "그 영상을 다 기록으로 담아라".

그리고 박주민 지금의 의원하고 어떤 걸 애들한테 물어볼 것인지 이런 것들. 그리고 박주민 의원도 그 당시에 나는 잘 믿지를 못했어요. 왜냐면 난 불안불안한 거야. 연수원에 들어왔는데 그렇지 않아도 고대[병원]에서 와가지고 얘들이 심리적으로 불안한 애들 쫙 있는데, 자꾸 구체적인 걸 얘네들한테 물어본다는 게, 하는데[그런데] 박주민 의원은 구체적으로 달라붙으려고 해요. 일부 뭐 제재하면서, "안 됩니다" 하면서도 어쨌든 변호사가 얘기하는 부분에서 이걸 담아야 되는 부분들이어서 제가 그러면 "내가 사회를 보겠다" 그래서 이제 애들하고 구술기록이라고 그럴까? 하여간 영상, 이런 식으로. 이제 거기서 해요. 그래서 한, 꽤 오래해요, 그걸. 그리고 거기서 1차 끝내고….

면담자 오래하셨다는 게 여러 날에 걸쳐 하셨다는 건가요?

애진 아빠 그렇죠. 그날, 그렇죠. 여러 날에 걸친 거는 집단적으로는 여러 날이 아니라 그날 얘들하고 한 5시간, 모르겠네. 하여간 뭐 정확하게 나도 저걸 봐야 되니까. 근데 하고 [나서], 아… 거기서 우리가 이제 정리가 되고 나서 이렇게 보니까 이러이러한 게 [증언해야 할 구체적인 기억이] 있는 애들, 이런 애들은 또 별도로 [진행하고].

면담자 김×× 국장이 소개했던 그 감독이 박주민 의원과 (애진 아빠 : 저하고) 같이 진행을 하셨던 건가요? (애진 아빠 : 예예, 했죠) 그게 연수원에 오자마자였었나요?

애진 아빠 오자마자 와서, 와서 얼마 안 됐어요.

면담자 그렇죠, 오자마자 했었고. (애진 아빠 : 얼마 안 됐어요) 그러면은 그때 아버님도 처음으로 아이들의 경험에 대해서 듣게 되신 건가요?

애진 아빠 그렇죠. 그때 그 자리가 마련돼서 지금 그게 굉장히 좀, 1기 특조위 때도 좀 많이 영향력이 있었는데. 왜냐면 특조위가 일일이 생존자들 만나기가 쉽지 않았고, 그리고 당시 학생들이 다

수였는데, 그 학생들이 친구들을 봤던 내용들이 있으니까, 어떤 게 조사 내용에서 뭐가 문제가 생긴다 그러면 누구를 찾아가고 뭐 당연히 그래야 되겠지만, 이 영상을 보면 그게 매치되는 내용들이 쫙 있으니까 그걸 중심으로 했고. "이 학생을 만나면 되겠다" 그래서 이 학생을 만나가지고 하고 이런 경우가 좀 있었거든요. 그래서 그때 뭐 그렇게 해가지고 좀 조목조목 확인하게 됐고, 당시 상황을 아이들한테 듣게 됐고. 거기서 또 그 미수습자 은화, 다윤이, 현철이, 영인이, 혁규 그리고 지금 마지막으로 나온 황지현이. 예, 이것까지 내용을 내가 갖고, 그 M 아빠하고 진도를 또 방문하게 돼요.

면담자 그러면 그 자료를 가지고 진도를 가서 거기에 있는 부모님들을 만나 전해드렸겠네요.

애진 아빠 만나서 이만저만해서 이런 얘기들을 좀 전해드리고 그랬더니, 그날 다윤이, 저기 은화 엄마가 "애진 아빠, 바지선에 좀 가면 안 되겠냐, 거기에 현철이 아빠가 계신다"고. 그리고 그때 양승진 선생님 [사모님]도 체육관에 계셨는데 그때 정확하게 저는 말씀을 드리죠. "죄송한 얘기지만 저는 아이들에 대한 진술을 듣고 말씀드립니다". [은화 엄마가] 그 요청을 하셔서 내가 간 거예요. "아이들이 있는 상황을 좀 알려달라" 그래서 은화 엄마랑 계속 통화하면서 그러면 아이들한테 다 물어, 계속 전화가 오시더라고. "어디 있었냐, 누구 어디 있었냐?" 뭐 이런 얘기를 물어보시길래 애들한테 내가 수시로 확인하고 그래서 그때 내려가요. 아, 맞아. 연수원 있을 때도 거기 한 번 내려가네. 그래서 은화 엄마가 "바지선에 가서 잠수부들한테 얘기 좀 해줬으면 좋겠다…" [하셨었어요].

면담자 위치가 어디였고 이런….

애진 아빠 예, 그런 거죠. 그때 양승진 선생님[사모님]한테는, 벌써 양승진 선생님 [사모님]도 알고 계시더라고, 배 안에 안 계신다는 걸. 벌써 튕겨 나가셨으니까, 그런 게 있었고. 그리고 저기 누구야. "황지현이는 어디 있었다…", 화장실인데 어지간히 거기서 나왔거든. 그래서 제가 이제 바지선을 가요. 근데 그때도 한 번 죽을 뻔했거든요. 바지선까지 가는데 안개가 너무 껴가지고 앞에가 하나도 안 보이는 거야, 해경정을 타고 가는데. 그러더니 뭐, 거의 뭐 "100메타[미터]" 그러더라고. 앞에서 소리를 지르고 그러더니 "70메타, 보이냐?" 그러면 "안 보여", "50메타" 이러면 "안 보여" 그러다 보면 "뭐야?" 그러다가 "10메타" 그러면 "안 보여" 뭐 이러더라고. "야, 멈춰, 다 왔어" 그러는데 그때 갑자기 안개가 딱 걷히는데 바로 앞에 바지선이 딱 보이는 거야.

면담자 사고 날 뻔했네요.

애진 아빠 그래서 꽝 부딪쳤어, 솔직히. 근데 그 정도에 대한 충격은 아니었는데 하여간 되게 그, 어떻게 그 10메타, 5메타 앞까지 갔는데 안 보이는데 갑자기 안개가 딱 걷히는데 거기 그냥 바지선이 딱 있더라고. 그래서 올라타서, 그때 엄청 울었죠. 제가 울면서 잠수사들한테 "고생하시는데 애들이 여기, 여기 있어서 이거를 여러분들한테 직접 알리러 왔다"[라면서] 제가 이제 도면을 보여주고, "지현이가 지금 여기 있다. 여기에서 마지막으로 본 애가 있었고, 얘는 여기 있는 게 확실한 거 같다. 여기에 구명조끼까지 벗어준 아이가 있다. 꼭 좀 이 아이들 친구 좀 수습해 달라"고 막 울면서 얘기하고, 그리고 현철이 아빠가 "여기까지 와줘서 고맙다" 그러고 이제 저는 나오죠. 나오고 나서 실제 그때 지현이 있는 데를 뭐 네 번인가 수색을 했대요. 결국 마지막에 지현이가 거기에서 나왔어요. 지현이가 나왔고, 그래서 그러한 내용들은 그때 정리를 해서 바지선까지 들어가서 그런 내용들을 알려드리고 나온 거예요.

면담자 생존 학생들이 연수원에서 그 당시에 배 안에 있었던 상황을 기록하는 작업에 대해서 다른 부모들이 반대를 하지는 않았나요?

애진 아빠 〈비공개〉 연수원에 있었던 부모들은 어쨌든 당시에는 다 내 입장을 따라왔고, 설득이 가능하고 얘기가 충분히 되는 사람들이었어요. 거기서 내가 뭘 하든 크게 뭐 문제 제기하거나 이러지는 않았죠. 학교 들어오면서부터 문제 제기가 많아진 거죠. 아니, 사람들이 학교 들어오니까 싹 바뀌더라고. 이제 그때는 뭐 교장이 왕이고, 거의 뭐 선생님들… 선생님들 의견 따라가고 내가 아무리 얘기해도 뭐, 들어먹지도 않고. 나중에 알고 보니까 추×× 교장이 그랬다는데요. "애진 아빠는 그 유가족들 상대하라 그러고,

여기 있는 사람, 여기 부모님들은 그런 거 상대할 필요 없다. 아이들만 신경 써라" 이렇게 얘기가 전달이 됐더라구요.

면담자 학교에서는 아이들은 특활반이었던 공간에 배정이 되고, 학부모들을 위한 공간도 따로 만들었던 건가요?

애진 아빠 거기가 학부모 운영위원회. 예, 단원고 학부모 운영위원회 사무실을 우리를 내준 거죠.

면담자 생존 학생 부모님들한테 운영위원회 사무실을 내주고, 그곳에 직장을 다니시지 않는 어머님들 위주로 거의 매일 출근하면서 아이들을 돌보시거나….

애진 아빠 매일 같이 출근해, 애들하고 같이 나오는 거지 뭐.

면담자 그리고 같이 퇴근하시고 이렇게?

애진 아빠 근데 뭐 애들이 같이 퇴근을 해요? 애들이 놀러 가지. 그리고 친구들하고 가려고 하지 부모님들이랑 가려고 그러겠어요?

7
생존 학생 학부모 대표로서의 활동과 가족협의회 활동

면담자 주제를 바꿔서, 애진 아버님이 생존자 부모로서 초기부터 가협 활동을 어렵게 같이 하셨었어요. 저번에 말씀하실 때 "참 처음 말을 꺼내는 것도 한참 동안 힘들었다"고 하셨는데, 예를 들어서 그런 심리적인 부분들과 가협의 총회 분위기, 생존자 부모나 일반인들이 가협에서 활동하면서 변화되는 모습 등에 대해서 이야기해 주세요. 또 본인이 어떤 업무를 하셨고 유가족과 신뢰를 쌓아가는 과정 등에 대해서도 이야기해 주시죠.

애진 아빠 일단 총회를 같이 한 건 이후였고, 그 미술관에 와서, [그]것도 한 2년 기간이 있었죠. 그리고 총회를 언제 했냐면, 같이 하게 된 거는 연수원이, 아… 연수원이래, 올림픽기념관 [사무실]이 정리가 되고 그다음에 사무실을 내줘야 하는 상황이 됐고, 그러면은 우리 가족협의회 사무실이 있어야 되는데 굳이 뭐 분과들이 그렇게까지 있을 필요가 없고. 미술관으로 이전을 하는데 "그쪽에 생존 학생 운영위 책상을 마련해 주겠다. 이쪽에 같이 통합 사무실을 이용을 하자" 이렇게 좀 제안이 됐던 거였어요.

면담자 잠깐만요, 아버님. 그러면 맨 처음에 우리가 팽목항에서 청와대까지 행진하다가 진도대교에서 막히고 이러한….

애진 아빠 예. 그때 다영이 아빠가 거기 있는지 처음 알았던 데지[곳이지].

면담자 그때 아버님은 거기 안 계셨겠지만, 초기에 피해자 가족대책위가 만들어졌을 때는 일반인들하고도 다 같이 여러 사람들이 있었잖아요.

애진 아빠 이름이 같았죠. 이름만 같이 있었지, 총회 장소에는

(면담자 : 다 따로따로 했었나요?) 따로따로. 생존 학생들은 그런 총회를 했지만, 자체적으로. 일반인은 그런 게 없었어요.

면담자 　　그러면 오지도 않았었고, 그때는 이름만 그렇게 있었을 뿐 실제로는….

애진 아빠 　　생존자라는 거는 당시에 연수원에 있으면서 내가 연락처가 확인된 사람만 여기저기 통화를 하고 있었던 거고, 생존자라는 걸 명확하게 본다고[엄밀히 따진다고] 한다면 물론 [일반인] 생존자들이 포함이 되어야 되겠지만, 생존 학생들이 있었기 때문에 생존자라는 표현이 가능했던 거예요. 일반인들은 그 당시에는 결합한 사람이 없어요.

면담자 　　생존자 모임이 있을 수 있었던 거는 학생들이 있었기 때문에 가능했었던 거고, 그러면 학생과 생존한 일반인들을 같이해서 조직을 꾸린 건가요, 아니면 일반인은 빠지고 생존 학생 가족들만 활동을 한 건가요?

애진 아빠 　　그래서 그 고대병원에 있을 때 L, 걔는 지금도 같이 활동을 하고 있지만, 그리고 안양에 사시는 분이 있어요. 성함을 정확히 모르겠는데 몇몇 분들하고 계속 연락을 했어요, 제가. (면담자 : 일반인 생존자?) 예. "이러이러한 게 있으니까 좀 오셔라" 그랬는데 안 오시겠다는 분들이 있는 반면에 어떤 분들이 계셨냐면, 그렇지, 그 사람들도 일반인 생존자겠네, 진짜. 우리는 지금 굳이 "화물기사"라고 표현을 하는데, 화물기사분들은 초기에 유가족 총회에는 거의 안 오셨구요. 미술관에 [사무실을] 하면서 [학생] 생존자 부모들이 그 당시에 좀 오시고, 그리고 어쨌든 가족협의회 회의가 미술관에서 있으니까 그때 가끔 오시는…. 그리고 어쨌든 회원 등록을 하신 거죠, 가족협의회. 그래서 화물기사로 별도로 있으신 거죠. 당시에는 미술관에 화물기사분, 총회 참석했었네. 진짜, 그렇네. 예, 미술관에서는 [화물기사도 총회에] 참석을 했어요. 와스타디움 있을 땐 안 계셨구요. 미술관에 오면서 생존학생운영위가 구성되고, 그니까 그러면은 마찬가지예요, 저기 뭐야, 그… 올림픽기념관에서 나온 이후예요. 한참 후죠.

면담자 일반인 생존자들은 미술관으로 이전하기 전에도 가족대책위와 교류가 있었나요?

애진 아빠 교류는 있었어요. 제가 계속 찾아가고, 연락해서 만나서 한번은 화물기사 집단들, 그분들하고 만났죠. 월피동에서 호프집에서 만났어요, 저녁에. 그러더니[그랬더니] 하나, 둘, 셋, 넷 그분들도 만나기 상당히 힘든데 아홉 명 정도 왔더라구요. 근데 한 분이 막 그, 물론 그 사람 심정에서는 그렇겠지만 너무 눈에 보이는 요구들을 하시더라고. 근데 그걸 할 수 없는 조건인데, 그니까 옆에 있는 화물기사들이 자꾸 말리는 거야. "어떻게 사람으로서 그런 얘기를 하냐?" 자기들끼리 다툼이 좀 있고. 그래서 거기서 [화물기사들이] "그럼 알았다. 우리가 논의해서 어떻게 결합할 건지를 결정을 하겠다" [그러더라고요]. 그래서 그 이후에 아마 결합한 걸로 알아요. 그러다가 이 분들도 벌어먹어야 하니까 지금은 회원 등록만 되어 있고, 회비 납부 정도만 하고, 회의에는 거의 참석하기가 힘들죠. 또 제주도를 왔다 갔다 하니까.

면담자 아버님께서는 생존 학생 부모의 대표로 활동하면서 가협에서는 초기부터 어떤 업무를 맡고, 어떤 역할을 하시게 됐나요?

애진 아빠 미술관을 들어오면서 본격적으로 시작한 건데, 그때는 미술관에 그 당시에 생존학생운영위원회, 화물기사소위원회, 대협분과, 무슨 분과 이렇게 다 있었거든요. 지금도 그런, 여기 이렇게 있지만. 지금은 이제 소위원회는 없죠. 왜냐면 거의 사무실 안 쓰니까. 그래서 그때는 어쨌든 내가 사무실에 있는 거고, 그리고 생존 학생 누나, P 누나가 어쨌든 학교를 그만둔 상태에서 그 실무 업무를 봤어야 했기 때문에, 학교에서부터 실무 업무를 보기 시작했어요. 올림픽기념관, 그다음에 [가족협의회에] 들어오기까지 데리고 들어왔죠, 제가. 그리고 어쨌든 애도 급여를 지급해야 되다 보니 가족협의회에서 급여를 지급하는 걸로 해서 데리고 들어왔어요. 근데 들어올 때는 생존 학생 부모들은 쫙 나누어져요, 들어오기 전에.

면담자 가족협의회에 들어오기 전에 이미 나누어져요?

애진 아빠 예, 나누어져요. 왜냐면 그때 핵심은 돈 문제였어요. 몇 번 총회를 우리가 열면서 그 배·보상심의위원회가 구성이 되죠. [2015년] 8월이죠, 8월. 9월까지이니까. 그래서 9월 중순쯤에 완전히 나누어지는데 왜 그랬냐면 해수부가, 배·보상심의위원회가 "생존자들에 대한 배·보상을 끝내야 된다, 9월 말까지"[라고 통보했어요]. 그래서 저는 "그러면 배·보상심의위원회의 구체적인 내용 안을 좀 가지고 와라", 위자료가 얼마고, 병원에 대한 치료비 문제도 아직 해결이 안 되어 있었고, 간병인에 대한 문제 뭐 이런 것들, 밥값 문제, 그런 게 좀 깔려 있었어요. "이런 것들은 어떻게 정리할 건지 안을 좀 가지고 와라" 그랬더니 그 안은 안 가지고 오고, 일단 그런 자리를 마련해 달라는 거야, 자기들이 설명하겠대요. "아니, 안을 먼저 다오. 그러고 나서 우리가, 우리끼리 검토를 하고 그다음에 내가 자리를 마련하겠다"라는데 계속 안 주더라고. 그래서 제가 계속 거부했어요.

그러면 어쨌든 9월 말까지 가봤자 나는 당연히 이 애들도 피해를 입었기 때문에 거기에 대한 정당한 배상을 받아야죠. 근데 국가가 얘기하는 정당한 배상은 배상이 아니라고 저는 판단을 한 거였고. 각기 뭐 소송이라는 거는 각 가정이 가는 거지, 내가 가는 게 아니거든요. 그래서 이제 [배·보상안] 그거를 가지고 와서 부모들한테 얘기하고 [소송을] 갈 사람 가고, 안 갈 사람 안 가면 되는 거니까. 근데 계속 그걸 안 갖고 오더라구요.

근데 어느 날 갑자기 내분이 확 일어났는데, 왜 일어났냐. 난 9월 말까지 가면은 정말 이 사람들이 배·보상심의위원회가 안달이 날 거라고 봐. 그 사람들도 정리를 해야 되거든요, [기한이] 거기까지니까. 근데 이거는 뭐 얘기를 해도 모이지도 않지, 뭐 또 장동원 대표가 꽉 잡고 있고 해서 "안만 내라" 그러지, 안은 못 내겠지. 갖고는 있었어요, 자기들이 안이[을] 벌써…. 근데 그걸 미리 사전에 줬다가는 이 날짜에 맞춰가지고 내부에서 틀어지면 배·보상심의위원회는 종료가 되어버리니까 또 이제 엄청난 문제가 생기니까 그 안을 가지고 있으면서 안 준 거죠.

그러다가 어느 날 갑자기 몇몇 [생존 학생] 부모들이 저한테 갑자기 와요. "해수부에서 이런 게 있었다는데 왜 애진 아빠가 반대했냐?", "반대한 게 아니다. 안을 몇 차례 달라고 했고, 그걸 여러분들한테 먼저", 아까 제가 말씀드렸던 "그런 내용으로 설명을 하려고 하고, 여기에 의견들이 있다고 하면 그때 가서 하려고 했는데 이 사람들이 안을 안 준다더라" 그랬더니, 그러니까 이분들이 얘기하는 게 제가 정확하게 기억이 나요, 그거는. "안이 있다는데, 애진이 아빠가 안 받는다" [그랬다는 거야]. 나는 "그걸 정확하게 페이퍼[문서]로 달라"[고 한 거고], "그 안을 그렇게 설명하지 말고. 그리고 안을 설명하면 아세요?"

그때서부터 말다툼이 벌어진 거야. 그러더니 엄마들끼리, 자기들끼리 뭐 톡을 나누고 어쩌고저쩌고하더니 "애진이 아빠가 일부러 소송으로만 가려고 그러고 우리 입장은 전혀 고려하지 않고, 유가족 입장만 고려한다" 이런 것들이 막 퍼지기 시작한 거예요. 근데 그 당시에 어떤 문제가 또 있었냐면 "부모들이, 아빠들이 직장을 안 다니고 활동하시는 분들이 있으니 월 얼마씩 걷어서 주자". 솔직히 저는 그걸 결사반대했어요. 이 돈이 한번 개입되기 시작하면 운신의 폭이 없거든. 근데 부모들이 자꾸들 얘기를 하고 그러고.

면담자 누가 모아서 누구한테 주자는 거예요?

애진 아빠 부모들끼리 돈을 모아서, 7만 원씩만 내면 490만 원 되잖아, 한 칠십 가정만 돼도. 7만 원씩 그때 얘기를, (면담자 : 그래서 누구를 주자구요?) 그 활동하는 부모들, 아빠들. (면담자 : 조금 수당을 지원해 주자) 예, 활동비로. 우리도 회비를 걷었으니까. 근데 나는 솔직히 그게, 그래서 반대를 했는데 몇몇 부모님들이 활동비 안 받고 한 부모가 결사적으로 얘기하는 거예요. 자기는 활동비 안 받고 못 하겠다고. (면담자 : 그동안 활동하시던 분이?) 예. 그래 가지고 지금 그 당시에는 필요하니까 "알았다, 받아" 그래서 받았어요.

근데 저는 그때 활동비를, 그 돈을 가지고 광주재판 있잖아요. 이거는 우리 유가족들은 버스 대절해서 타고 가지만, 우리는 못 타거든. 그러니까 우리 [생존 학생] 부모들 가는 교통비 다 주고 저 거짓말 안 치고 그 돈 다 썼어요, 부모들한테. 밥값도 그 돈으로 냈고, 부모들이 안 내니까 우리가 그 밥값 내고, 저녁에 갔다 오면 또 뒤풀이 비용 그것도 다 내고. 실제 그때 제가 일부 지원금 받은 것들은 거의 다 썼어요, 그렇게. 내가 그래서 자랑스럽게 얘기할 수 있는 부분이 그것 때문인데, 이제 그러는 와중에 아까 제가 말했던, "애진 아빠는 자꾸 유가족들만 상대하고 우리 애들 실무적인 거는 책임을 안 진다" 이런 경우가 드러나 얘기를 하더라고요.

근데 그 와중에 뭐가 있었냐면 어떤 부모, 어느 부모는 그 아이들 의료 지원이나 심리 쪽을 맡고 있으니 이 부모에 대한 신뢰가 쌓이기 시작하는 거예요. 근데 이 부모가 뭐라고 했냐면, 돈 문제에 있어 가지고, 이제 돈 가지고 문제가 생기잖아요. 뭐 얼마를 받느니 어쨌느니 그래서 "돈을 받지 말자" 그랬더니, 그 부모는… 그때 "[활동비] 금액이 적다, 더 달라"라는 요청이 있었어요. 그래 가지고 "그건 말도 안 되는 소리다. 직장 들어가라, 그럴 거면. 자꾸 돈 얘기를 할 거면 직장 들어가라" 그랬더니 직장은 안 들어가고 계속 요구만 하니까, 그래서 당연히 "그만둬라, 그럴 거면" 그래서 없애 버렸어요, [활동비] 받는 거를.

근데 일부 부모님들이 저기 뭐야 "저 아빠는 애들을 위해서 하는 거니까, 그리고 의료 지원 문제나 이런 것들이 있어서 해수부 관계 속에서 그거를 계속적으로 일을 할 사람이 필요하니 그 사람이 요구하는 비용을 주자" 이렇게 된 거예요. 그러니까 이게 뭐야. 어쨌든 대표라고 정해놓은 사람들이, 물론 좀 나눠진 건데 부모들끼리. [아무튼] 그래 가지고 그 배·보상심의위원회가 9월에 정리가 되고, 이 사람들이 그 사람들 중심으로, 아까 그 돈을 요구했던 급여를 요구했던 분이, 뭐 그 사람도 나름대로 먹고살기 힘드니까 그럴 수 있겠지. 근데 그때도 직장을 들어갔어야 됐는데, 이 사람이.

어쨌든 이 사람을 주축으로 해수부가 그 사람들 연락을 한 거죠. 그래서 몇몇 부모들이 난리를 쳤던 거고. 그래서 갑자기 중소기업연수원에 자리가 마련이 되어버려요. 저는 그걸 나중에 연락받고 박주민 의원이랑 부랴부랴 달려가죠. 거기서 그 해수부 직원이 얘기를 하면서 그 아빠의 이름과 몇몇 사람의 부모 이름을 거론하면서 "이러이러한 의견을 토론, 논의한 결과 이분들이 이러이러한 걸 설명을 해달라 그래서 자기들은 왔다" 그래 가지고 이제 설명을 하기 시작해요.

면담자 갔더니 다 모여 있었나요?

애진 아빠 예, 거의 다 모여 있죠.

면담자 애진 아빠 말고 따로 연락을 돌리신 거예요?

애진 아빠 돌린 거죠. 해수부가 나서서 돌리지는 않았겠죠, 공무원들이 절대 그런 짓은 안 하거든.

면담자 그 자리에서 그 배·보상안에 대한 이야기를….

애진 아빠 구체적인 얘기들을 하기 시작하죠. 그러면서 또 "얘들은 특수한 경우이기 때문에 위자료에 대한 부분들을 조금 더 높게 보겠다" 그러면서 거기는 이제 분위기가 그렇게 가요. 그러다 박주민 의원하고 나하고 있다가 "갑시다" 그래서 박 의원님이 "가는 게 낫다" 그래서 그냥 우리는 나오죠, 저하고 박주민 의원하고. 그리고 이후에 그거를 [배·보상을] 받는 사람들하고, 받지 않고 나를 믿고 소송을 가겠다는 사람이 있는데, 나를 믿는다는 것도 좀 그래. 나는 누누이 말씀드렸지만 "소송은 본인 가정에서 결정할 문제지 내가 결정할 문제는 아니다. 대신에 소송을 가게 되면 누가 대표성을 띠어야 되기 때문에 그건 내가 할 수 있겠다. 근데 그거는 뭐 알아서 하셔라". 그래서 이제 배·보상을 받으신 분들이 계시고.

면담자　　몇 가정이나 되나요?

애진 아빠　　열여섯 가정 빼고 나머지는 다. (면담자 : 그냥 거기서 종결하시는 걸로) 예예. 다 종결을 하죠. 그리고 위자료에 대한 부분도 천차만별이에요. 정부가 약속한 금액에서도. 그럼 어떤 경우가 되냐면, 내가, 참 이 사람들도….

면담자　　그게 다르게 나가나요?

애진 아빠　　향후 치료비 추정서 때문에 그래요. 어떤 애는 그 당시, 지금은 우리가 싸워서 2024년까지 소송을 가는 가족들은 무조건 병원비는 국가가 책임을 져주는데, 그 당시까지는 5년이었거든요. 맨 처음에 3년이라는 걸 전명선 위원장도 알겠지만, 제가 국회 가서 쪽팔리게 한국당 앞에서도 무릎 꿇어가면서 "애들 의료 지원 좀 해달라" 그랬더니 전문가들은 뭐 3년이면 이 트라우마가 일정 정도 치유가 된다는 거예요. "말도 안 되는 소리하지 마라" 그래 가지고 싸우다 싸우다 5년이 된 거예요. 그래서 5년이 통과가 됐어. 그랬는데 이걸 갖고 어떤 애는 "뭐 얘는 상담도 해보고 검사도 해보고 하니까 3년 동안만 치료받으면 돼" 아니면 "어떤 애는 4년이야", "어떤 애는 5년이야" 이렇게 나누어지거든요. 근데 이거를 치료 지원을 받아야 되는데 이걸 돈으로 받는 거지. 5년 동안에 대한 걸, 얘는 5년 정도 치료 기간이 필요하니 이거를 감안해서 향후 치료비 추정서를 떼어요, 병원에서.

면담자 부모들이 그거를 받으신 거예요?

애진 아빠 받아요. 요구를 해요, 부모들이. 근데 내가 지금도 이해가 [안 되는데], 이건 부모들이 향후 치료비 추정서라는 걸 알아요? 그리고 한시 장애 진단서라는 게 있어요. 알고 봤더니, 그 저기 해수부 배·보상심의위원회에서 뭐라고 얘기했냐면 "소송을 가봤자 이것보다 더 못 받게 된다. 이런 경우가 없다" 이런 걸 변호사들이 얘기를 하지, 국가 변호사들이. 그러면서 만약에 이거를 비용, 그니까 그중에 몇몇 부모들은 그러죠. "아니, 우리 애는…". "이제 다 힘들다"라고 얘기하니까, 그러니까 "치료비 추정서를 뗄 수 있다" 이런 얘기를 누군가가 조언을 하죠. 변호사들이 조언을 한 거 같아요. 그래서 이거를 의사한테 물어본 거야. 그러니까 의사가 "아, 그럴 수 있다"[고].

면담자 이 친구들이 몇 년 동안 치료를 받아야 된다는 소견서는 어떤 의사가 떼어주는 건가요?

애진 아빠 고대병원 주치의가. 고대병원이 국가가 지정해 준 병원이기 때문에 거기에 의사가, 담당 의사가 검사를, 조직 검사나 이런 걸 다 통해서, 뇌파 검사까지 해서 그래서 최고 5년까지 받는 거죠. 5년의 의료 지원이 됐기 때문에 그래서 5년에 대한 걸 향후 치료비 추정서를 진단을 내려서 "얘 치료 비용은 이 정도가 필요합니다"[라고 써주는 거지]. 거기다가 1년이 됐든 2년이 됐든 3년이 됐든 4년이 됐든 5년이 됐든 한시 장애가 있을 수 있거든. 이것도 비용으로 결산을 한 거죠. 그래서 향후 치료비와 한시 장애를 끊어서 그것까지 다 배상으로 받아가죠. 그게 나는 정말 선택을 잘못했던 게, 그건 따로 분류해야 돼. 안 그러다 보니까 마치 이게 국가 위자료가 있고, 이 치료비는 치료비에 대한 걸로 별도로 봐야지, 그래야지 협상이 가능한 건데, 이게 뭉뚱그려져 버리니까, 돈이. 근데 그거는 진짜 조삼모사지.

그래 가지고 그렇게 해가지고 배·보상이 정리가 되고, 일부는 어쨌든 뭐 그분들도 알아봤겠죠. 소송을 가시는 분들은 뭐 "맞지 않다. 소송 가겠다" [하고]. 아이들에 대한, 아이들 때문에 가는 부모님들이 있는가 하면, 뭐 솔직히 돈에 대한 생각이 있어서 오시는 부모님들도 있겠고. 그건 어차피 각기 삶이 틀리듯이[다르듯이]. 그래서 열여섯 가정은 소송으로 오게 되죠.

면담자 그때 그걸 받으신 거는 물론 해수부 측에서 약간 빨리 정리하고 싶은 마음에 설득하고 이런 것도 있었겠지만, 배·보상을 받으신 분들은 정리를 하고 싶었던 마음이 있었던 건가요?

애진 아빠 뭐, 두 가지겠죠. 그냥 빨리 정리하고 싶은 거, 그리고 당장 돈이 있으니까. 이걸 판단을 했겠죠.

면담자 지금 말씀하신 거는 생존 학생 가족 총회를 따로 하셨다는 거고, 그러면 이제 가족협의회 총회 모임에는 애진 아버님이 그분들과 같이 안 가셨나요?

애진 아빠 아니요, 같이 가요. 그니까 [경기도]미술관에 제가 그니까, 그 얘기를 해드린 게 어쨌든 그렇게 [생존 학생 가족들이 배·보상 문제로] 갈라지면서 미술관으로 들어오게 되고 미술관은 실질적으로 소송 가는 가족들만 모이게 된 거예요. 그러면서 이제 여기에 가족 총회가 매주 잡히잖아요? 여기에는 우리 생존자 가족, 소송 가는 가족들도 나오고, 화물기사들도 나오고 회원 가족들은 다 회의를 통로로 하죠. 물론 거기에는 실질적인 세월호 참사에 대한 진상 규명, 이거에 대한 활동 범위들, 각 분과에 대한 활동 뭐 이런 것들이 소개가 되는데, 여기서도 생존자 가족들은, 거의 다수는 뭐, 우리 내용이 별로 없으니까 자기들에 대한 직접적인 내용이 없으니까, 어떤 날은 참석하고 어떤 날은 참석 안 하고 이런 현상이 좀 벌어져요. 그건 어쩔 수 없지 뭐.

그래서 또 아니면, 그게 좀 부족하다 싶으면 나는 별도로 또 모아서 가족들의 의견도 좀 들어보고 그런 얘기들도 해주고. 그래서 가족협의회에 들어와서, 미술관에 들어와서도 일단 사무실이 같이 있다 보니까 일단 1주기 때도, 1주기 때도 사무처장이 그 1주기를 해야 되잖아요. 근데 잘 모르니까, 이런 음향이나 무대나 이런 거는 제가 아는 쪽이 워낙 많아서 그쪽으로 소개를 시켜주죠. 내가 "이러이러한 애들이 있으니까 잘할 것이다" 그래서, 지금의 4주기까지 오는 그 업체가 담당을 하는데, 이제 그런 가족협의회 내에서 잘 모르는 내용들이나 그리고 뭐….

면담자 제가 어디 기사에서 본 것 같은데, 진상규명분과 관련해서도 활동하시지 않으셨어요?

애진 아빠 　제가 진상규명분과 팀장 맡았죠.

면담자 　그건 언제인가요?

애진 아빠 　미술관에 왔을 때는 제가 생존 학생 학부모 대표이기도 하지만, 소송 가는 대표이지만, 진상규명분과 팀장을 맡았었죠.

면담자 　생존 학생 부모 대표를 맡으시면서 가협 안에서는 진상규명분과팀장을 하고 계셨던 거죠.

애진 아빠 　그래서 훈이, 그니까 그 과정에서도 특히 7반 부모님들하고 좀 친했고, 그리고 장훈 진상규명분과장하고 좀 친했죠. 그 진상규명분과장은 그 사이에, 그렇다고 뭐 제가 진도를 아예 안 내려간 건 아니고, 팽목을 몇 차례 왔다 갔다 했어요. 그래서 거기 상황도 좀, 그리고 애진이랑 나랑도 명절에 진도에 내려가고.

면담자 　진상분과팀장을 맡으시게 됐었던 거는 애진이가 "아빠, 진상 규명할 거지?"라고 했기 때문에?

애진 아빠 　일단은 그거였기 때문에. 그 자리가 훈이도 일단 자기 혼자 벅차니까. 원래 장훈이가 진상규명분과를 가려고 했던 게 아니에요. 그 진도에서 얘기를 하다가, 팽목항에서. 그때 훈이가 거기 있었거든. 준형이는 올라왔지만 계속 거기 있었어요. 그래 가지고 내려갔는데 이제 훈이는 그거였지 뭐. "아니, 얘들이 무슨 죄냐"고. 내가 말도 못 하고 주변만 배회하니까 "일로 와라" 그래서 같이 술도 한잔하고, 팽목에서 방도 내주고 그래서 같이 친하게 지내다가 얘도 올라와야 될 시점이 되길래 자기가 뭐… 그 당시에는 진도에만 있었고, 인양분과장이 진도, 그 진도 쪽 담당이었고.

면담자　그때 인양분과장이 누구였죠?

애진 아빠　정성욱이요. 그 전까지만 해도 저기 동혁이 아버지, 저기 동엽이 아니, 동영이 아버지 김재만 씨가 진도분과 위원장이었죠. 그러고 나서 성욱이가 맡았고, 이제 훈이가 성욱이하고 같이 거기서 보조를 맞춰서 관리를 하고 막 이랬었는데, 집행부 부장을 하면서 그 수현이 아빠가 이제 진상규명분과장을 그만두고, 공백이 남고. 집행부 부장이 되면서 얘기하기가 그래서 우리가 꼬셨지. 성욱이하고 나하고, "야, 너 진상 규명해라". 그리고 지는 우리가 얘기해서, 우리가 자꾸 얘기해 가지고 자기가 진상규명분과장이 됐다고 얘기하는데, 먼저 지가 얘기를 했어요. "내가 이거 하면 어떨 거 같냐?", "그럼 해라". 그러더니 "아, 뭐…" 이러더라구. "그럼 내가 팀장 해줄게" [그랬죠].

면담자　수현이 아버지가 그만두시고 그다음에 장훈 씨가 진상규명분과장을 하신 거죠? (애진 아빠 : 예) 그때가 언제쯤인 거죠?

애진 아빠　2기 집행부 들어설 때예요. 2기 집행부 때도 잠깐 하셨다가 수현이 아빠가 그만두시고.

면담자　그리고 그때 동수 아빠도 비슷한 시기에 인양분과장으로 결합을 한 거죠?

애진 아빠　　예. 그래 가지고 그때 이제 팀장을 맡았는데 한동안 계속 같이 다니다가 아, 중간에 그니까 나는 꼭 진상 규명만, 그분과에만 있는 것이 아니고, 가족들 전체가 활동 범위가 명확해야지만 진상 규명이 이루어질 수 있는 거지 몇몇 사람이 한다고 되는 부분이 아니거든요. 인양분과가 됐든 대협분과가 됐든 추모분과가 됐든 각기 공방이 됐든 이분들이 다 지금 진상 규명을 위해서 노력하고 활동하시는 분이지, 어느 그것만 한다고 해서 되는 부분이 아니라는 거예요.

이제 나는 그렇게 생각을 하고 있었던 거고, 그런 와중에 어쨌든 진상규명분과팀이 있었는데, 이게 1기 특조위를 맞이하고 쭉쭉 하면서 솔직히 [나는] 존재감이 없어. [내가] 생존 학생 부모라는 걸로 인해서 어느 누구를, 특히 1기 특조위가 됐든, 단지 뭐 관계 공무원들을 만나도 거의 뭐 존재감이 없는 거예요. 얘기해도 잘 들어먹지도 않고, 근데 유가족이 얘기하는 건 다르거든. 그래서 물론 여러 가지 실무적인 건 내가, 훈이가 얘기 못 하는 것들은 내가 옆에 같이 참석한 자리에서 얘기하고 그걸 만들어가고 그런 과정은 있었는데, 이제 일정 정도 훈이도 분위기를 알다 보니까 막 치고 나가는 거지. 그러면서 걔네들에 대한 문제점을, 〈비공개〉 이제 그런 것들을 막 조목조목 조직, 조건까지도 만들어가요. 이런 와중에 이게 뭐 얘가 같이 논의하는 성격이 아니거든. 혼자 그냥 쫙 밀고 가는 스타일이어서 내가 개입할 수 있는 그게 안 되더라고.

이제 그런 와중에, 분과장들이 다음 총회를 준비하는 와중에 “내가 힘들어서 못해먹겠다” 이러면서 어떤 문제가 생겨요. 그리고 이 사람한테[사람들이] 얘기한 건 “애진 아빠가 사무처에 좀 갔으면 좋겠다. 그래서 분과를 좀 받쳐다오” 그래 가지고, 위원장님도 “사무처에 실무적인 업무가 좀 필요하다”고, 저기 [가족협의회를] 사단법인[으로] 등록하는 문제 등…. 근데 솔직히 제가 가족들한테 신뢰를 쌓은 거는 이런, 물론 꾸준히 옆에 있어주는 그런 것도 있겠지만 사단법인에 대한 게 좀 커요. 그게 계속 계류가 됐다니까 내가 도저히 이해가 안 가더라고. ‘왜 사단법인을 저렇게 못 만들지?’ 그래서 절차나 이런 것들을 아는 사람들 통해가지고 법무사들하고 논의하고 서류들을 만들기 시작하고, 서울시 등록 과정들이나 이런 걸 막 오르락내리락하면서 하다가 결국 사단법인이 서울시에 등록돼서 만들어지죠. 거기에 대한 실무 업무를 제가 했거든요.

그래서 그거를 등기까지 다 마치고 나서 가족들이 이제 얘기를 하기 시작하는 거지. “사단법인 관련해서 생존 학생 애진이 아빠가 쭉 해왔다. 그런 실무적인 업무를 다 했던 사람이다” 이러면서 기존에 긴가민가했던 사람들도 저에 대한 신뢰를 쌓기 시작하는 거고, 일부 부모님들은 “어쨌든 생존 학생 부모로서 사람이 올바르다” 이런 얘기를 저한테 직접적으로 해주신 분도 계시지만, 그런 과정들이 좀 있었죠. 이제 그때서부터 그런 것들이 되면서 실제 일들이 많아지기 시작하죠.

면담자　　사무처 일을 맡게 되신 거는 언제부터인가요?

애진 아빠　　공식적으로는 작년 총회에요. 공식적으로는 작년 총회 때 우리 집행부가 새로 저거 된 거니까, 그렇네요.

면담자　　가족협의회 1기 집행부가 문제가 있었잖아요. (애진 아빠 : 대리기사 폭행 사건) 그 전에도 어쨌든 1기 집행부를 보고는 계셨었잖아요?

애진 아빠　　그렇죠, 그때는 제가 없었죠.

면담자　　그 자리에는 안 계셨지만 그 사람들은 아시는 거잖아요. 그때 그 상황을 내부에서는 어떻게 이해하고 계시는 건가요?

애진 아빠　　저는 개인적으로 봤을 때는 그거 말린 거라고 생각해요.

면담자　　처음부터 약간 좀 기획이 됐었던….

애진 아빠　　예, 그런 생각이 좀 들어요. 근데 구체적인 정황이나 이런 것들이 발견되지는 않지만, 솔직히 여러 가지, 그 관계 기관들 문건들 보면 그런 게 조금씩 나오기 시작하거든. 그런 게 있다고 좀 보는 거고.

면담자　　그 당시 시점에서 1기 집행부의 그런 모습이 같이 참여하는 다른 유가족들에게도 충격을 줬었잖아요. 어떤 면에서는 유가족들을 지지하고 있었던 일반 시민들에게도 굉장히 파장이 있었죠. (애진 아빠 : 있었죠) 거기에 대해서는 내부적으로는 어떠한 판단을 하셨었나요?

애진 아빠　　내부적으로 문제가 됐으니까, 너무, 저기 뭐야 타격이 컸으니까 집행부를 갈아치운 거겠죠.

면담자　　내부에서도 어쨌든 우리가 더 해명을 한다든지, 아니면 조작이라고 밝힌다는 식의 대응보다는….

애진 아빠　　그때는 대응을 할 수가 없었어요. 왜냐면 사람 관계이다 보니까 벌써 불신이 쌓여 있는 부모들이 있었고, 대리운전 폭행사건 전에 자꾸 내부에서 "집행부 사퇴해라" 이런 게 상당히 많았어요. 그래서 총회 때 막 싸우고 난리 났었어요.

면담자　　왜 그랬어요, 그때 무슨 사건이 있었나요?

애진 아빠　　특별법 제정에 관련해 가지고 그 구체적인 여야 합의안들 이런 거에 '집행부가 많이 휘둘렸다'라는 게 굉장히 강했죠. 이런 것들을 내가 솔직히 과도기라고 보는 거거든요. 설득하기도 명분도 없었고, 그런 거가 있죠.

면담자　　그때 사실 박영선이 합의를 갑자기 하고 그랬잖아요. 그리고 그 이후에 시행령이 나왔을 때도 결국은 가족들이 이것을 다시 받아들일 수 없고, 설득하는 걸로 그렇게 정해서 어쨌든 나갔었던 거잖아요.

애진 아빠　　그렇죠, 그 시행령 전에 집행부가 바뀐 거잖아요. 그래서 그 과정들을 받아들이는 과정들이 엎치락뒤치락하는 와중에 집행부에 불신이 있었던 거죠. 그러다가 그게 빵 터진 거지. 그 시행령 전에 터진 거 아니에요. 그래서 거기에서 [집행부가] 교체가 되면서 그 시행령 싸움이 시작된 거고, 거기에는[그때부터] 이제 전투모드[상태]로 이제 바뀌어진 거지.

8
단원고 교실 존치를 둘러싼 입장 차이

면담자 다음으로 교육청과 단원고 교실 존치 문제인데요. 좀 전의 말씀으로는 교육청 대응에 대해서 사실 교육청이 조금 더 직접적으로 이 문제를 관여하고 해결해 주기를 바랐지만 교육청은 미온적으로 반응하며 단원고에 책임을 전가하는 태도를 보였다고 하셨어요.

애진 아빠 단원고 책임, 책임이라기보다는… 어쨌든 뭐 단원고가 주체적으로 움직이게끔 교육청이 그랬죠. 책임을 전가한다라는 건 솔직히 맞지 않은…, 누구든 간에 다 책임이 있는 문제이기 때문에 대신에 이 사람들은 뒤에서, 그냥 솔직히 얘기하면 뒤에서 있던 거고, 앞에서 실질적으로 움직인 거는 단원고가 움직인 거죠.

면담자 단원고 특별위원을 하시면서 특별히 기억나시는 게 있을까요?

애진 아빠 나는 특별위원이어도 성과가 뭔 성과가 없어요. 그거는 실제 이거를 해결하, 그니까 해결책, 해결이 될 것도 아니지만, 그건 누구든 알았을 거야. 그거 구성이 된다고 해서 단지 여러 사람들의 세월호에 대한 관여, 뭐 그 다양한 사람들, 단체들 이런 사람들이 모여서 공감하는 자리. 그것도 그러니까 뭔가 주제와 역할들이 명확하지 않은…, 단지 단원고 정상화를 위한 그거였거든요. 근데 거기서 아이들의 교육을 어떻게 해야 되고, 교실에 대한 문제들 이런 것들을 이야기하는데, 저 그때 그 말씀은 드렸나? 실제 [유경근] 집행위원장은 거의 참석 안 했어요. 그 무슨 의미가… (면담자 : 거기에 누가 참석을 했나요?) 명단을 봐야죠. 뭐 안산에 계시는 아는 분들도 좀 계시구요. 신뢰하는 분들 있고 그리고 학교 운영위원장, 실제 이 학교 운영으로 봤을 때는 나름 그냥 학교에 관여된 사람들, 뭐 교수도 있었고….

면담자　　단원고 정상화를 위한 특별위원회 같은 걸 만들었지만, 실제로 거기서 한 건 별로 없다?

애진 아빠　　없다, 별로 효과를 못 느낀다. 나는 뭐 거기서 대단한 게 이루어질 줄 알았는데, 뭐 별로….

면담자　　생존 학생에 대한 것도 전혀 안 하고, (애진 아빠 : 그런 것도 없어요) 단원고 교실 존치 진행 속에서 생존 학생 부모로서 어떤 입장이셨나요?

애진 아빠　　그 이해당사자들이 그걸 좀 논의하는 과정이 있었는데, 나는 어쨌든 그거는 생존 학생이고 재학생들이 있었고, 유가족들이 있었고, 학교, 교육청, 관계 기관들이 있는 거죠. 근데 솔직히 저 같은 경우는 유가족들 같은 교섭단, 교섭단, 논의단에 들어가 있었고, 거기다가 학교가 있고 그 학부모, 재학생 학부모 위원회 거기에 생존 학생 부모가 또 논의 구조에 위원으로 들어와 있고 이런 과정이 좀 있어요.

면담자 양쪽에 속하게 되신 거네요.

애진 아빠 저요? 그렇죠. 그렇게 보면 그럴 수 있잖아요, 재학생 부모니까. 근데 어쨌든 그 가족협의회에 대한 입장으로 나는 참석을 하고, 가족협의회 생존 학생 운영위원으로 들어와 있던 것이기 때문에 그거는 뭐 크게 문제될 거는 아닌 거고, 근데 그 속에서 논의되는 과정들이, 재학생 학부모들이, [물론] 학교 측에서는 그럴 수 있죠. "[교실을] 언제 내줄 거냐?" 이런 게 계속 이제 그쪽도 요구하는 거였고, 우리는 내주는 문제가 아니라 전문위원들도 마찬가지였지만 "내주는 문제가 아니라 이걸 어떻게 기억하고 보존할 거냐, 그리고 재학생들한테 피해가 안 입히는 과정들을 좀 논의를 하자" 이게 계속 안 됐던 거예요. 일단은 여기는[단원고와 재학생 부모 측은 교실을] 치워야 됐던 거고, 벌써 거기서부터 논의 구조는 아닌 거고. 그래서 결국은 실력 행사까지 간 건데, 그런 과정들이 있었던 거고.

면담자 애진 아버님은 자기의 아이가 있지만, 그래도 유가족분들이 얘기하시는 것처럼 보존, 존치하고 그래야 된다는 것에 대해서 공감하셨었던 거죠?

애진 아빠 예, 저는 지지했구요. 그리고 대신에 재학생 부모들도 그 사람들도 나름 권리주장을 한다고 그러면은 인정을 하겠다는 거야. 대신에 이거를, 그 테이블은 '논의를 하자는 테이블'이지 '서로의 주장을 관철시키자'라는 데가 아니에요. 그래서 우리가 나중에 유인물도 만들었지만, 그 유인물 솔직히 집행위원장하고 저하고 직접적으로 관여가 [돼] 있는데, 그럴려면 "우리 주장만을 내세워서는 이게 [해결]될 문제가 아니니까 다양한 안을 내자" 그래서 전문가들하고 논의해 가지고. [방안 중] 하나는 [기억교실 통로를] "바깥으로 [마련]해가지고 재학생 수업 분위기에[를] 해치지 않는 걸로 하고, 절대 학교에 수업적으로는 일반인이 들어가지 않게 한다"는 등. 그리고 그러는 대신에 "새로운 공간을 만들어서 재학생들한테 깨끗한 시설을 준다" 이런 안으로 좀, 그래도 좀 받을 만한 안으로 했는데 결국 그것도 안 됐죠.

면담자 그게 왜 안 됐었나요?

애진 아빠 학부모들은 "이렇게 하든 저렇게 하든 그 시설이 있는 순간 아이들한테는 혐오 시설로 비춰진다. 아이들이 수업을 할 수 없다. 그리고 단원고에 대한 이미지에 심각한 영향을 미친다. 어느 부모들이 학교에, 단원고에 입학하려고 하겠냐?" 이 사람들 주장이 그런 거였어요. 근데 결론은 어떻게 됐냐? 우리가 주장한 대로 됐잖아요, 교실만 없어졌을 뿐이지. 그 돈 들여가지고 우리가 똑같이 "운동장 이쪽을 밀어서 위에다, 산에다 건물 짓고 이러면 이거를 아이들이 그 시설을 이용하면 되지 않겠냐?" 이런 내용이 [우리 방안에] 좀 있었어요. 결국 지금 그렇게 됐는데, 아이들[교실]은 나가게 되고.

중간에 내가 한 번 안을 냈지. 어떤 안을 냈냐면, 그 아이들 1반부터 10반 교실 위에 대강당이 있어요. "여기에 교실을 재현하자. 어쨌든 학교 안에 있는 거 아니냐, 단원고 안에 여기를 리모델링해 가지고" [하고] 얘기하니까 "그렇게 하자" 그래서 그거를 어쨌든 받아들였어요. 대신에 좀 더 보완을 해보자. 근데 그거 누구누구 얘기 나왔냐면 저하고 추×× 교장하고 전명선 위원장하고. 논의를 한 게 아니고 제가 전명선 위원장한테 보고를 했더니 전명선 위원장이 "그러면 구체적인 안을 하나 만들어가지고 와라" 그래서 학교한테[에] 내가 얘기를 했고, 학교가 "만들어보겠다" 그래서 1차 때 그 안을 가지고 왔는데 부모들이 "무슨 소리냐"[고] 반대를 했어요. 그러면 2차 때, 다음 설명회 때 좀 더 구체적이고[인] 안이 만들어지고 이랬어야 됐는데 벌써 학교에서는 난리가 난 거지, 교실에 대한 존치 문제 때문에. 그래서 이 안이 쓸모가 없어져 버렸어요. 그때는 벌써, 너무 시기를 늦게 잡아버린 거지.

그때는 그랬는데, 일부 유가족들은 "그때 애진 아빠 그 안을 받아들였어야 된다. 어쨌든 학교 안에 있었던 거지 않냐" 그러고. 아니, 강당이 만들어지고 만약에 이 상태였더라면 다시 교실을 쓰고 재학생 애들을 그 지금 신축 건물로 이동시켜도 문제되지 않는 거였는데, 내가 봤을 때는 누가 개입이 되어 있는 거 같아요, 저거 학교는요.

면담자 물론 재학생 부모들이 반대할 수 있는 건이지만 어쨌든 재학생들도 졸업을 할 것이고, 그리고 그것이 어떻게 만들어지냐에 따라서 사실은 그다음에 들어오는 학생들 반응이 다를 수가 있잖아요.

애진 아빠 저는 왜 그 생각을 하냐면 단원고 교실에 대한 문제로 민민 간[시민들 사이의] 갈등이 굉장히 커졌거든요. 그때는 실제 굉장히 많은 시민들의 지지 속에서도 상당수의 시민들이 "아니, 교실은 인정한다. 진상 규명하는 건 좋은데 저 교실은 내려야[없애야] 되는 거 아니냐? 너무 욕심 피우는 거 아니냐? 굳이 그 학교에만 있어야 되냐?" 이런 게 상당히 많았거든요. 그거는 가족들이 행동했을 때 같이 움직여 주는 사람들을 보면 알 수 있었거든, 당시 안산시에 자원봉사자 이런 사람들도. 그래서 이거에 대한 여론 조작들이나 그럼으로 인해서 유가족들이 되게 소외당하죠.

면담자 그렇죠, 나중에는 안산 4·16연대도 유가족의 편을 안 들게 되잖아요.

애진 아빠 안산시민연대. 4·16안산시민연대에 일부 부모들이 그런 게 굉장히 있었죠. 한 예를 들어서, 김××를 얘기하자면 ××가 그때 안산 시민들 회의가 있는데 "지금의 교실 상황을 얘기를 좀 해달라" 그래서 제가 가게 되죠. 가서 얘기를 하는 와중에 그 ××가 "그들이 저거를, 교실을 존치를 안 하는 걸로 주장을 한다"

이러니까 갑자기 어떤 사람이 하는 얘기가, "그들이라는 게 누구냐?" 그러니까 "일부 학교와 선생님들, 그리고 일부 학부모들이다" 이런 얘기를 했더니 "그 사람들도 시민들인데 왜 그들이라고 표현을 하냐. 그리고 학교가 [학생을] 위해[한] 시설로[이라고] 얘기하는 건 그 사람들 정당한 권리인데 그걸 왜 이 자리에서 보고해?" 이렇게 얘기가 나오는 거예요. 내가 딱 보고 나서 '이거 뭐야? 이 사람들 안산시민연대 맞아?' [싶었어요]. 근데 나는 그 사람들[을] 몰라요.

면담자 그 사람이 누군지 모르시는 분이에요?

애진 아빠 아니, ××는 알아요. 저는 잘 몰라요. 그니까 제가 왜 '모른다'는 표현을 쓰냐면, 웬만하면 제가 지역에서 활동을 오래 했기 때문에 시민·사회단체 사람들 다 아는데, 저 사람은 모르는 사람이야. 몇몇 사람들 있어요, 모르는 사람들이. 〈비공개〉

면담자 갑자기 새롭게 끼어든 단체들이 생긴 거죠?

애진 아빠 있죠, 많이 있죠. 실제 그렇게 보면서, 박근혜 퇴진 운동을 하는 와중에도 이건 뭐 다른 예인데, 그 조직을 어떻게 보면 되냐면, 가족들이 박근혜 퇴진 운동을 하잖아요. 촛불집회를 하고 하는데 안산은 안 해요. 안산시민연대 이름은 절대 그 주관 주체에 안 넣어요. 그리고 그걸 정말 실질적으로 행동으로 옮기는 데는 안산민주노총과 안산일다[안산 새사회연대 일다], YMCA, 환경련[환경운동연합], 이런 몇몇 군데 빼고는 그 많은 52개 단체 중에 모이는 인원을 보면 인원이 항상 우리하고 같이 활동했던 단체 빼고는 없어요. 52개 단체면 한 사람씩만 나오면[나와도] 52명이에요. [하지만] 없는 거고.

면담자 이거는 위성태 위원장에게 직접 여쭤봐야 하는 문제이기도 한데, 위성태 위원장도 아시죠? (애진 아빠 : 알죠) 너무 잘 아실 거 같은데, 그런데도 이 사안에 대해 제가 봤을 때는 결국은 안산시민연대가 참여를 못 하는 것으로 그즈음부터는 하셨어요.

애진 아빠 그렇죠, 참여를 못 하죠.

면담자 그거는 기존에 계속 안산에서 활동했었던 사람들이 소위 말해서 이렇게 일에 함께하는 것이 어려운 구조가 돼버린 건가요, 이미?

애진 아빠 그러니까 이런 거예요. 당시에 [유]가족들은 "[유]가족들이 안산을 보지 못했다" 그러는데, "그러기 때문에 그런 현상이 일어난다" 그러는데 우리 입장에서는 뭐라 그러냐면 "아니, 특별법 하느라 맨날 서울 올라가 가지고 국회에서 농성하고 뭐 하고 있는데, 그리고 여기 시민·사회단체도 다 올라왔다" 이거예요. "당시 안 올라온 조직이 어디 있냐"고. 그 참사에 있어 가지고 전국에서 다 올라와서, 당연히 그 사람들도 했겠지. 근데 나중에는 뭐 "소외되고 피로도가 쌓였다" 그리고 "가족들이 [안산의 시민단체를] 뒤돌아보지 않았다" 이거는 무리한 요구를 하는 거지. "아니, 그럼 우리가 뒤돌아봐 가지고 그 사람들을 챙겨줘야 되냐, 가족들이". 그건 아니잖아요. 그 정도에 대한 양심적인, 시민운동 활동하고 이런 사람들이라면 기다려줘야지. 기다려주고, 이 사람들이[유가족들이] "그렇다"라면 우리가 "지역에서 뭘 할 것인지"를 그런 걸 논의하는 데가 시민사회연대가 만들어진[시민사회연대를 구성하는] 그 조직들인데, 그거에 있어 가지고는 자기들 조직에 대한 이익만을 따지는, 돈에 대한 이익이 아니라 여건에 대한 이익만 따지는 사람들이 그런 얘기한다는 게 나는 도통 이해가 안 가. 어쨌든 위성태도 그런 얘기를 해요.

면담자 저는 사실 그 부분이 궁금했었어요, 왜 그렇게 되었는지.

애진 아빠 그러다 보니까 원래 팔이 안으로 굽는다고, 안쪽에서는 이 사람들은, 한 예를 들어서 250명의 아이들이 거기 일가친척들, 그러면 그 친척들의 친구들, 주민들, 쭉쭉 퍼져나가면 별의별 얘기와 소문들이 들리겠죠. 일부 가족들의 못된, 잘못된 행동 때문에 전체적인 피해자들, 그 유가족들이 피해를 입는데 솔직히 그런 구조가 딱이야, 여기에요. 아주 현실적으로 드러나는 구조거든. 그러면 들어보면, 결국은 술 한잔 먹고 얘기하다 보면 "어떤 가족이 이러이런 걸 했는데 이 사람이 얘기를 하더라" [하면서] 결국 돌고 돌아가지고 그 얘기 하려고 "그것 때문에 유가족들이 욕을 먹는다" 그래서 사람들이 "가족들이 갑질한다" 이런 거 아니냐는 게 결국은 핵심이야. 그런데 시민·사회단체에서도 그런 얘기를 해요.

면담자 시민·사회단체는 도대체 뭘 바라는 건가요?

애진 아빠 글쎄요. 제가 아까 얘기했다시피 나는 거기 있는 조직들, 솔직히 냉정하게 봐서 지역에서 제가 비판도 많이 하는데, 나는 이 사람, 도대체 초창기에 "맨 처음에 같이 회의했다", 인정해. 전 국민이 다 했어, 당신들만 한 게 아니야. 그리고 끝까지 기다려 주고 함께해 줄 수 있는 자세가 있어야 되는데 그 이후에 정말 심각하고 싸워야 될 구체적인 사업 진행 때는 당신들은 외면했어. 근데 그거를 갖고 피로도와 가족들에 대한 문제점, 이걸로만 바라본다면 그럼 단체하지 말아야지. 전 그렇게 얘기하고 싶어요. 그런 거예요.

면담자 4·16연대에 대해서는 어떻게 생각하시나요?

애진 아빠 중앙 4·16연대요? 연대는 이제 초창기에 제가 얘기했다시피 어쨌든 이 세월호 참사는 대한민국의 굉장히 역대적인 대형 참사인 거고, 물론 대형 참사 많이 일어났지만 아이들이 워낙 많이 죽었고, 온 국민이 직접적으로 바라본 참사이기 때문에, 그 아픔이…. 근데 한국 사회에서 이런 국가의 안전 문제는 많이들 다양한 데서 나타나잖아요. 현장에서도 노동자들도 많이 죽고, 일반적으로 안전에 대한 불감증 이런 얘기도 많이 하는데, 이거는 뭐라 그럴까, 누구든 운동성으로 바라보진 않았던 거죠. 그리고 어떠한 조직이 있는 것도 아니고. 그러려면 나름 양심이 있고, 이런 지식이 있는 사람들이 세월호에 대한 아픔과 이거에 대한 올바른 진상규명을 위해서 해야지. 대한민국에 이런 참사가 없다는 걸 안 사람들이 모인 집단체예요. 물론 거기도 다양한 사람들이 있겠죠.

근데 4·16연대는 논의 구조가 굉장히 크잖아요. 그리고 우선적으로 피해자 중심이야. 이걸 명확하게 갖고 있는 거고, 그러려면 이 가족들과 함께 싸워줄 수 있는 시민들이 필요한데 그 시민들을 조직하고 같이 행동할 수 있는 조직들을 꾸민 거죠. 거기에는 물론 피해 당사자도 들어가 있고, 전국 각지에 세월호를 기억하는 사람들에 그 사람들이 활동을 하겠다는 이런 입장 표명을 하나로 묶은, 중앙 조직이라고 봐야 되는 거죠. 그리고 가족들이 가장 신뢰하는 조직인 거고. 만약에 4·16연대가 없었으면 가족들 가기 쉽지 않아요. 그리고 어찌 됐든 간에 지금 회원 수야 오르락내리락하기는 하지만 그래도 4·16연대는 전국 조직이고 전국에 세월호를 기억하는 기구 중에는 최고 의결 기구니까. 그래서 연대는 초창기에는 많이 힘들었을지는 모르지만 지금도 좀 부족하긴 부족해요, 제가 보더라도.

근데 그거에 대한 가족들과의 긴밀한 관계 속에서 많은 사업과 정책도 개발해야 될 거 같아. 근데 지금 아직 그게 좀 미비하지 않나…. 그니까 가족들을 계속 후원하고 지원해 주는 거 물론 그것도 중요하지만 가족들과 함께 이 세월호 참사에 대한 실질적인 진상규명이야 당연히 하는 거지만, 다시는 이런 참사가 일어나지 않게 하기 위해서 한국 사회에서 뭔가 우리가 얘기하는 안전사회 건설에 대한 뭔가 정책을 만들어내는 기구가 되어야 한다고 나는 봐요. 그건 가족들이 만들고 고민하고 내올 수는 쉽지 않을 거 같고, 그런 것들을 같이 고민해서 그런 것들이 뭐가 있을지 발견해 내고 그거를 계획하고 사업을 집행하는 그런 것들을 앞으로 바라봐야 되는 게 아닌가라는 생각이 좀 있어요. 그거는 제가 봤을 때 다른 어떤 단체가 지금은 할 수 없을 거 같아. 지난의 4년 과정에 대한 모든 것들을 다 알고 있는 조직이기 때문에, 그리고 다양한 의견 그룹이 있잖아요.

면담자 4·16연대가 활동하는 방향을 보면 소위 말하는 진보운동의 맥락에서 같이 연대해 가는 방향으로 움직이잖아요. 그 방향이 맞다고 보시나요? 아니면 4·16 운동은 지금 한국 사회에 진보운동권이 참여하고 있는 사안들과는 좀 독립적인 성격으로 가야 한다고 보시나요? 오히려 4·16 문제에 좀 더 집중을 해야 된다라는 의견들도 있는 것 같은데요, 제가 볼 때는.

애진 아빠 저는 그거에 있어 가지고는 뭐라고 얘기는 못 하겠어요, 구조, 조직에 있어서. 근데 4·16연대는 한국 사회에 진보적인 사람들이 모인 상태라고 하면 다양한 이념 노선들을 가지고 있는 사람들이 있거든요. 거기에 우리가 흔히 얘기하는 뭐 요새는 그런 말 안 쓰기는 하지만, PD[민중민주]도 있고 NL[민족해방]도 있고 여러 가지 인권[운동] 등 여러 가지가 존재해요. 그래서 그 조직이 의견 그룹이 다양하다고 보는 건데, 나는 이 세월호에 대한 부분, 물론 그게 중심일 수 있고 목적일 수 있겠죠.

근데 명확하게 가족협의회를 본다면 세월호 참사 진상 규명 및 안전사회 건설을 위한 피해자 가족협의회라는 말이죠. 안전사회 건설이라는 건 "이런 참사가 다시는 일어나지 말자"라는 의견 그런 건데, 피해자 단체인데, 4·16연대는 그 일을 해야 되는 건 맞아요. 세월호의 진상, 우리의 풀네임 마냥. 근데 우리가 지난 4년 동안 겪어봤지만 법안이 제대로 만들어지지 않으면 어떠한 내용도 진행을 할 수가 없는 조건들. 그니까 정치적인 문제나 모든 것들에 있어가지고 나는 4·16연대가 그것도 해야 된다라고 봐요.

면담자　어쨌든 사안을 조금 벗어나거나 다른 더 커다란 문제를 포섭하는 방향으로 간다고 하더라도, 그게 필요할 수도 있다고 보신다는 거죠?

애진 아빠　그렇죠. 그 대신에 제가 아까 말씀드렸지만 다양한 의견 그룹이 있기 때문에 거기에 어떤 향후 정책 방향에 대한 토론도 해야 되고, 어떤 정말 획기적인 사업이 있다면 그건 열어놓고 토론 속에서 결정하는 과정들이 필요하다는 거죠. 그거를 뭐 어느 일부가 사업 [제안을] 냈고, 그걸 통과시켜서 가는 이런 구조가 아니라. 왜냐면 충분하게 우리 피해자들도 그 속에 우리 임원진들로 구성이 되어 있기 때문에 그 속에서 여러 가지 의견을 나눌 수 있을 거 같아요. 솔직히 이런 얘기도 하잖아요. 부모님들 중에 "가족협의회는 꼭 이후에 청소년 문화 사업들, 이런 것들을 꼭 좀 하자". 뭐 당연하죠, 왜냐면 애들인데. 그런 사업을 했을 때 부모님들이 여러 가지 심리적인 안정도 될 수 있고, 치유도 될 수 있고 그리고 내 자식에 대한 명예와 이런 것들이 만들어질 수 있는 사업들이기 때문에 충분히 다양하다고 봐요.

9
생존 학생 부모들 사이의 갈등

면담자 오늘 구술의 마지막 질문을 드릴게요. 2015년 12월 3일 〈나쁜 나라〉가 상영되는데 영화에 생존 학생[들이] 등장하는 문제로 인해 일들이 있었잖아요. 그때 상황하고 그때 결국 애진 아버님이 [생존자 가족] 대표 자격이 박탈된 상황에 대해 이야기해 주세요.

애진 아빠 저는 그거는 솔직히 가족협의회보다도 그 영상을 준비했던 사람들, 〈나쁜 나라〉 영화 측이 아니라, 애시당초에 그 영상을 준비했던 사람들이 잘못된 게 있어요. 왜냐면요, 분명히 내가 연수원에서 그 아이들 그 장면도 있거든요. "이 영상은 어디든 내보내면 안 된다"고 [했어요].

면담자 생존 학생들이 집단 구술하는 장면도 거기 들어가 있었나요?

애진 아빠 예, 그리고 나는 몰랐어요. 얘들이 학교 등교하는 버스 안에서 있던 내용들까지도 영상 작업을 하고 있었는지는. 저는 그 〈나쁜 나라〉를 통해서 알았는데, 일단은 그게 그 당사자들한테 확실하게 전달이 좀 안 됐다는 부분이, 아니 당사자들의 의견을 안 물어봤다는 거죠. 그건 뭐냐면은, 그 두 사람, 그 영상을 직접 취재한 사람들[이 잘못한 거죠].

근데 가족들은요, 그건 좀 다툼이 좀 있는 게 분명히 "가족협의회에서 시사회를 할 테니까 이걸 보시고 의견을 좀 달라" [했어요]. 그럼 그 자리에 오셨어야 되는 거예요, 생존자 부모들도. 근데 당시에 유가족들하고 멀어져 있으니까 오지 않은 거죠. 그 밴드[SNS]에는 다 들어와 있어요, 그 사람들이. 우리가 밴드가 총 세 가지, 아니 두 개가 있는데 하나는 사단법인 회원 거가 있구요, 전체 피해자 거가 있어요. 그래서 이거는 누구에 대한 문제가 될 거 같으면 전체 피해자들한테 공지를 하거든요. 그럼 그때 왔어야 되는 겁니다, 근데 안 왔어요. 나도 그걸 보고 그때 안 거야. 근데 그때 알았을 때 내가 무슨 생각이 들었냐면 '이 자식 봐라, 이런 게 나갈 거라고 나한테 귀띔을 좀 해줬으면…' 그리고 "이거는 분명히 나가면 안 된다"라고 내가 얘기를 했고, "어떤 문제가 생기면 나한테 먼저 얘기를 해달라" 그랬던 거예요. 이거는 내가 생존 학생 부모들하고 약속한 문제예요, 그거는. 어디에 내보내겠다는 얘기를 안 했어요.

면담자 그러면 그거는 김×× 감독의 문제였던 건가요?

애진 아빠 김××이 문제였던 거죠. ××이가 나중에 사과를 했는데, 사과할 문제가 아니에요, 그게. 그래 가지고 내가 영상을 보면서 [생각하기에] 진짜 잘 만들어졌어요. 앞부분 날아가고, 생존 학생 날아가고. 근데 학교도, 진짜 선생님들이 나쁜 사람들이야. 아이들한테 내가 얘기 들어보니까, 아이들한테도 자기들[선생님들] 얼굴이 있어요. 나가면 안 되니까, "너희들도 너희들 얼굴 나가면 안 된다"고 이거를 미리 선생들이 애들한테 숙지를 시켜놓은 상태였구요.

그리고 어쨌든 간에 그날 가상영하는 날에 [생존 학생] 부모들이 오지 않았던 거구요. 그때 내가 그 문제에 있어 가지고, 거기서 그 유가족들 다 있는 데서 문제 제기 할 수 없는 거예요. 그래 가지고 일부 부모, 그쪽 가족들한테, 〈나쁜 나라〉 영화감독이 "이거 문제 될 거니까 따로 만나서서 얘기를 해라" 그래서 그거를 그쪽 부모들하고 얘기해서 학교에서 튼 거야, 부모들이. 일부 부모들은 벌써 봤고, 그거를 난리쳐 가지고. 그래서 보고 나서 "아이들한테 판단하자"[고 했는데] 근데 아이들한테 판단하기 전에 그날, 그니까 가족협의회 전체 상영 끝나고 다음다음 날에 학교에서 수업 중에 일부를 보여줬어요, 앞에 부분만.

면담자 왜요, 아이들의 의견을 묻기 위한 목적으로?

애진 아빠 제가 봤을 때는 그걸 보는 순간 어느 누구든 간에 애들이 판단 못 해요. 당연히 "내 얼굴 나오니까 지워라"라고 얘기를 하죠. 전체적인 걸 보여주고 애들이 판단하게끔 했어야 됐는데, 어떤 내용을 알리고자 한 건지. 근데 애들 나오는 부분만 딱 나와버리니까 애들이 싫어버린 거고, 그날 저녁에 부모들이 다 모여가지고 얘기하니까 얘들은 벌써 앞부분만 보고 "아, 우리 싫어요" 이래버린 거고. 거기에 아빠 하나가 애진이가 바로 앞에 있는데, 거기다 대놓고 "장동원이가 아이들 영화사에다가 돈 주고 팔아먹었다"

이런 얘기를 한 거예요. 근데 물론 이 부모들도 잘…, 난 그 부모도 잘못됐고, 학교도 잘못됐어.

근데 이걸 제공하기까지는 ××이가 그 역할을 많이 했다는 거예요. ××이는 애시당초 그 영상을 나한테 먼저 얘기를 해줬어야죠. "이러이러한 장면과 이러이러한 것들이 〈나쁜 나라〉에 삽입되니…", 근데 얘기를 안 해줬어요, 저한테요. 저도 그날 알았어요, 그걸. 그래서 제가 ××이한테 뭐라 그랬죠. 〈비공개〉

면담자　　동의 과정이 전혀 없었다는 거는 문제이긴 하네요.

애진 아빠　　동의 과정이 없었어요.

면담자　　그리고 그 당시에 상영관에서였나, 두 명인가 생존 학생이 일어나서 약간 비판적인 발언을 했죠.

애진 아빠　　상영을?

면담자　　네, 상영하던 상영관에서.

애진 아빠　　아닌데요. 그거 학교에서 그런 거예요. 학교 시청각실에서 그 영화를 보여주는 과정에서 학생이 그런 얘기를 했죠.

면담자　　일어나서, 그때 그 자리에.

애진 아빠　　거기서 다양한 아이들이 얘기를 했죠.

면담자　　생존 학생들한테는 그 영상 자체가 더 상처가 되는 계기가 됐었나요?

애진 아빠 그럴 수 있겠죠.

면담자 나중에 해결하려 하거나 그런 과정도 없었던 거죠?

애진 아빠 해결 안 되고, 아이들이 거부했다고 그래서, 아이들이 나오는 장면은 다 삭제했죠. 근데 그것도 "저는 괜찮아요"라고 하는 애들이 있어요, Q 같은 애들은. 근데 거기 있는 부모들이 전체적으로 단합해 가지고 아예 그것까지 없애버린 거죠. 근데 지금도 마찬가지, 그럴 수 있어, 난 그럴 수 있다고 봐. 그런데 그러려면 공평해야 된다는 거예요. 일단 감독들이나 이 영상을, 영화를 만든 사람을 비판하기 이전에 전체적으로 이걸 다 봐야지. 다 보고 판단을 해야죠. 일부 부모들은 다 보기 전에 USB에다가 담아가지고 달라 그래 가지고 자기들이 보면서 심지어 그 문자를 받았는데, ××이가 그 문자를 가지고 있었지. 일부 부모가 "이거 나가면, 영화 나가면 그 수입 관련해 가지고 일부 줄 수 있냐?" 이런 얘기까지도 있어요. 그걸 나한테 문자를 보여주더라고. [생존 학생 부모들과] 나눴던 내용이라는 거야.

아니, 그럼 그 인간이 그 아빠한테 그런 얘기를 들어야지. 전혀 관여하지도 않은 나한테, 우리 자식 앞에서 그 얘기["장동원이가 아이들 영화사에다가 돈 주고 팔아먹었다"]를 해가지고 애진이가 그날 그 아저씨를 만나려고, 애들을 다 내보내고 부모들끼리는 거기서 시청각실에서 감독들하고 난리가 났었고. 감독들을 우리가 흔히 얘기하는 다구리 친 거죠[몰매를 때린 거죠]. 우리가 앉혀놓고 그냥 갖다 맹공격한 거고, 그때 감독들이 굉장히 충격받고 막 울고 그랬었다는데, 거기서 애들은 밖에 있었고. 애진이는 그 부모한테 그 말을 사과하라고 바깥에서 계속 기다렸는데 너무 늦도록 안 나와서 친구하고 배회하다가 전화가 왔더라고요, 나한테 울면서. "아빠는 아니지?" 가만히 있었죠. 아빠 아닌 거 아는데 자기가 너무 억울하다는 거야, 울면서. "아빠가 절대 그럴 사람 아니라는 거 아는데…", 근데 "나는 그 아저씨한테 사과를 받고 싶어서 기다리는데 안 온다"는 거야. "애진아, 사과받으려고도 하지 말고 니가 그 사람이 나쁘다고 그러면 니가 상대하지를 마. 어른하고 괜히 얘기할 필요도 없고, 괜히 친구들끼리 싸울 필요도 없고. 그리고 집에 와, 아빠가 얘기를 해줄게" 이랬는데, 그날 친구네 집에서 자고 다음 날에 왔는데.

어쨌든 간에 그게… 그런 전체적인 영화의 의도나 이런 것들이 제대로 전달이 되지 않은 부분들이 커요. 그리고 일부 학부모들이 자기들한테는 이러이러한 게 있다고 얘기를, 그 〈나쁜 나라〉 영화[관계자]가 얘기를 안 했다 그랬지만 제가 아까 말씀드렸지만 분명히 밴드에는 공지를 했고, "이러이러한 영화가 상영될 테니 부모님들은 오셔서 보시고 거기에 대한 의견을 개진해 주십시오" 그랬어요. 안 온 부분이 명확하게 있는 거고. 그거는 어쨌든 분위기상, 안 와서 자기들이 뭐 "유가족들 그거 하는데 꼴 보기 싫어서 안 왔다", "뭐, 그 자리에 어떻게 가냐" 이럴 수는 있겠지만 그렇게 권리할[주장할] 사람들이라면 와야 된다는 거구요. 학교에서조차도, 학교도 그렇게 하면 안 된다라는 거지. 그리고 모든 작품들은 다 전체적으로 보고 올바르게 이성적으로 판단하고, 거기에서 무엇이 중요한지를 명확하게 알아야 되는데…, 그러지 않아요.

면담자 학교에서도 융통성이 있는 상황이 아니었던 거죠.

애진 아빠 그렇죠. 제가 볼 때는 가능해요. 일부러 학교 수업 시간에 말이야 틀어주고, 앞부분만 딱 보여주고. 당연히 아이들에 대한 반감을 나타내게끔 만들고[아이들이 반감을 느끼게끔 만들고].

면담자 가협 내에서 생존자 가족 대표 자리를 못 하게 되신 건가요, 그 이후로?

애진 아빠 전체 대표니까 나는 가협으로 들어왔구요, 소송을 가기 때문에. 그래서 "앞으로 생존자 가족, 그 생존 학생 학부모 대표가 아니다" 그래서 "그래, 아니야" 나는 가협으로 들어오면서 애시당초 "생존 학생 대표를 나는 못 하겠다"라고 얘기를 했고, 그때 총회 때 다 얘기를 했어요. "앞으로 생존 학생 대표를 하지 않겠다". 그리고 나는 진상규명팀장을 한 거죠. 그렇게 해가지고 그때 이제 딱 나눠진 거예요. 그래서 그것도 그 사람, 그쪽 사람들이 요구한 거예요. "저 사람은 앞으로 생존 학생 학부모 대표가 아니다" 그래 가지고 지금의 B 아빠가 자기가 대표를, 자기들끼리 선출해서 맡은 거예요. 그리고 활동비 지급받으면서 이렇게 된 거예요.

면담자 그때부터 지금까지 대표를 B 아빠가 하고 계시나요?

애진 아빠 지금요? 지금은 거의 안 하죠.

면담자 지금 아무것도 안 하세요?

애진 아빠 직장 들어갔고. 자기네들끼리 그냥 동아리 모임 형태로 한 번씩 모이나 봐요. 그래서 저는 "알았다". 근데 이후에 진상규명분과팀장을 맡았지만 가족협의회에서는 내가 생존 학생 학부모 대표를 맡은 거죠. 왜냐면 여기는 회원 중심이다 보니까 회원에 가입된 사람들 중에 소위원회가 생존 학생[소위원회]이기 때문에 거기에서는 난 학부모 대표를 맡은 거고, 그리고 그걸 맡아오다가 근래 그만뒀어요.

면담자 〈나쁜 나라〉하고는 상관이 없는 거네요.

애진 아빠 요 근래 생존 학생 학부모 대표를 그만둔 이유는 제가 2년 6개월, 9개월까지 했잖아요. 가협의 사무처를 보다 보니까, 사무처 일도 해야 되니까 너무 벅차. 그리고 "이제는 다른 분이 좀 맡아서 좀 해주는 게 좀 바람직하다" 그래서 소희 아빠를. 소희 아빠도 뭔가 역할이나 이런 게 없으니까 자꾸 뱅뱅 도는 거 같고. 그래서 지금 소희 아빠가 가족협의회 생존 학생 학부모 대표를 맡고 있는 거죠. 그러다 보니까 이제는 뭐 여러 가지 활동들이 정리가 좀 되고 그런 거예요.

면담자 지금 가협 내에서 생존 학생 부모는 몇 분이 계시나요?

애진 아빠 회원이냐구요? 회원은 열일곱 가정, 소송은 열여섯 가정.

면담자 한 가정은 어떻게 된 건가요?

애진 아빠 한 가정은 제가 말씀드렸잖아요.

면담자 배·보상을 받았는데 회원이 되신 분인가요?

애진 아빠 아니, 그거는. 나는 그 얘기를 누누이 했어요. "소송을 가든 안 가든 그건 문제가 아니다. 소송은 본인들 가정사에 대한 문제이기 때문에 너무 힘들어서 소송 못 갈 수도 있고, 여러 가지 형편이 있는 거니까 그건 알아서 하셔라. 대신에 가족협의회는 항상 같이 가자, 피해자 단체는". 그분은 항상 "그렇게 하시겠다"고 하신 분이고, 배·보상은 말마따나 받으셨고, 그리고 가족협의회 꼬박꼬박 회비 내시고. 같이 뭐 일 [있을 때 같이 하시고], 근데 이분도 솔직히 한편으로 보면 소외감이 있을 거야. 왜냐면 저쪽 부모들이랑도 못 어울리고, 여기 지금 생존 학생 학부모들이랑도 못 어울리는 이유가 여기는 소송[을 건] 부모들이고 거기는 배상을 받았고 그러니까, 저하고만 아버님이 자꾸 연락을 하고 어쩌다 가족협의회 내용도 전달하고, 이런 과정인 거예요.

면담자 유가족 부모님들도 소송 여부에 따라서 좀 갈리시는 듯해요.

애진 아빠 그런 게 있고. 배상을 받았고 가족협의회 활동하시는 분이 있는가 하면 배상을 안 받고 가족협의회 활동을 하시는 분이 계셔요. 그거는 어느 피해자이든 간에 존재하는 문제인데, 이 부분에서 저는, 이런 부분들이 물론 여러 가지 기록으로 남겨야 되겠지만 되게 비참한 거예요. 자식을 잃고 자기 가정의 삶이 황폐화된 상태이고, 아이가 생존은 했지만 또 이제 그런 아픔들을 나름 가지고 있는 가정들인데, 이런 것들이 '왜 이렇게 서로가 서로를 내부에서 [분열]할 수밖에 없냐?'라는 부분이 명확하게, 공평하지가 못한 거야, 피해자들에 대한 문제가. 물론 돈에 대한 공평한 게[돈이 공평하고 그런 문제가] 아니라 이 사람들에 대한 여러 가지 지원들이나 이런 시스템들이 제대로 정리가 안 되다 보니까 서로가 서로에 대한 그런 것들에 미움들이 상당히 커요.

예를 들어서, 그니까 그 사람만이, 아까 제가 말씀드렸지만 저는 그렇게 생각을 해요. 근데 다른 부모들은 "저 돈을 받고 직장도 안 가고, 여기 가협 활동도 안 하면서 여러 가지 회원 혜택이나 뭐 이런 것들은 받으려고 해"[라고 해요]. 근데 '저 사람은 나름대로 자기 가정사가 있으니까 그렇게 인정해 주고 좀 이렇게 활동할 수 있게끔 조건들을 좀 만들어보자' 이렇게 생각하면 좋을 텐데 그게 안 되는 게, 말마따나 우리가 흔히 얘기하는, "사람인지라…". 그리고 국가에 대한, 지금까지 과정 속에서 숨기고 탄압하고 이런 굴곡들이 워낙 많으니까 이게 몸에 배어버린 거예요, 이게. 그렇게 생각하면 안 된다는 판단이 든 거고, 그러면 이거를 뭔가 어울릴 수 있게끔 같이할 수 있는 건데, 그건 어지간히 피해자 몫이 될 수밖에 없는 거고.

면담자 그렇죠. 국가가 워낙 돈을 가지고 사람들을 이상하게 만들어버리고, 그러다 보니까 가족분들이 더 그런 데 민감하신 거고요.

애진 아빠 그리고 일부는 욕심이 있을 수도 있겠죠. 근데 그거는 다 내 마음 같겠어, 우리가 흔히 얘기하다시피. 아까 제가 말씀드렸지만 각기 그 자기 살아오는 과정에 여러 가지가 있는데, 그걸 가지고 강요할 수는 없는 거고. 그래서 저는 그렇게 넓게 품에 안아줬으면 좋겠는데, 그래서 그런 고민이 들어요. 앞으로 가족협의회는 회원 관리부를 좀 둬서 지금 활동하지 않는 분들, 이런 분들이라도 한 달에 몇 번씩이라도 회원의 날로 만들어서 미안하지만, 그래도 여태까지 활동했던 사람들에 대한 격려도 해주고. 또 이 사람들이 '이제 우리도 그래도 이렇게 같이해 주는 게 좋겠구나'라는 마음먹을 수 있도록 다양한 교육이나 모임이나 이런 걸 통해서 회원들을 관리하고 보듬어가는 과정들이 좀 필요하다고 생각을 해서 그런 것도 고민 중이에요, 지금.

면담자 그럼 이제 열일곱 가정 분들을 아무래도 좀 더 만나시고, 저쪽에 계신 오륙십 가정 가까이 되는 분들은 같이 만나실 일은 거의 없겠네요?

애진 아빠 없죠. 거기도 이제, 그쪽도 벌써 두 갈래가 되어버렸어요. 그래 가지고 이번에 소송 관련해 가지고 생애 전 주기 치료지원을 점차 요구했는데, 이번에 2024년까지 치료 지원이 됐잖아요.

그게 정권이 바뀌고 나서 국무조정실 쪽하고 저하고 만나가지고, 유경근 집행위원장이 다리를 놔줘서 그 세월호 후속대책위[후속대책추진단] 단장하고 얘기를 해서 아이들 치료 지원에 대한 문제를 논의를 했고, 그게 국회, 그 대통령령으로 2024년까지 됐잖아요.

그거 의료는 됐는데 배상을 받은 아이들은 안 돼요, 해당이. 왜냐면 5년 치에 대한 의료 지원은 벌써 돈으로 받아가서 그 이후에 24년을 만들어놓은 거기 때문에. 그래서 몇몇 아이들이 심각한 부모들이 저한테 요청을 해온 거예요, 온마음센터를 통해서. 그래서 "애진이 아빠하고 좀 미팅 자리를 만들어보자" [해서] 만들었는데 그 부모들이 이제 와서 "우리는 애시당초 애진 아빠하고 같이 가려고 했는데 조건이 어떻고…" 이런 얘기를 해요.

그래서 내가 "그런 얘기 이제 와서 할 필요도 없고, 지금 당장 시급한 게 어쨌든 아이들의 의료 지원이 필요한데 병원비가 워낙 많이 드니 이거에 대한 치료 지원을 한번 알아보겠다" 그래 가지고 고민 고민 끝에 그런 얘기를, 목포에서 만났고, 국조실하고 연결을 해서, 그래서 "그러면 우리가 이의 제기를 하겠다" 그랬더니 해수부에서 "자기들이 알아보겠다" [하더라고요]. 세월호 2기 특별조사준비위원회에서 국무조정실 기획단이 있거든요. 그래서 확인해 보니까 거기서 이제 법무부, 아니 해수부 배·보상심의위원회하고 법무부하고 얘기를 해서 우리 가족들의 의견을 냈더니…. 솔직히 제 심정은 의료지원비 돈으로 받은 거 다 뱉어내고 아까 말씀드린 것처럼 분리를 시키자는 거예요. 앞으로 대형 참사가 나면 무조건 의료는 국가가 책임지는 거. 돈이 아닌 의료로 책임져 주고, 의료 지원은 의료 지원으로 가는 거, 저는 이거를 바라는 건데. 거기에 이제 생애 전 주기에 대한 [의료 지원], 국가적인 재난과 참사에 있어서는.

근데 아니 이게 솔직히 그렇지가 않은 거 같아. 벌써 돈 다 쓴 사람도 있을 것이고, 일부는 "내 자식은 괜찮은데 내가 왜 그 돈 내?", "나 의료 지원 필요 없어. 얘는 괜찮을 거야. 난 갈게 그냥" 이런 사람도 있을 거란 말이에요. 그러면 다 형평성에 대한 문제가 있어서 진짜 짜증이 났는데 어쩔 수 없어요. 그래 가지고 이렇게 결정을 우리가 받아들였죠. 그 5년의 치료 비용을, 예를 들어서 얘가 향후 치료비 추정서가 800만 원이 나왔어. 그러다가 병원에 가게 되고 그래서 800만 원을 썼어. 초과되는 금액, 이거는 2024년까지 국가가 대주겠다는 거예요.

면담자 5년 산정 금액이 어느 정도인가요?

애진 아빠 다 틀려요[달라요]. 5년도 있고 2년도 있고 3년도 있고 그래요. 5년짜리도 있고 2년짜리도 있고 그러거든요.

면담자 한 5년 정도면 어느 정도의 금액이 지원되나요?

애진 아빠 의료 지원비가 얼마 안 돼요. 800만 원인가 900만 원인가 그 정도 되는 거 같던데. 근데 지금 한번 병원에, 지난번에 아이가 폐쇄병동에 입원했을 때 자해해 가지고, 250만 원인가 나오더라고요, 보름 입원했는데.

면담자 5년에 800만 원은, 그 금액이 정확한지는 모르겠지만 턱없는 금액이고, 그리고 사실은 아이가 아픈 건데, 물론 법적으로 부모가 보호자이지만, 부모가 이거를 아이의 치료에 반드시 쓴다는 보장이 없기 때문에 그렇게 지원을 하는 방식이 아이를 위한 방식이라고 보기는 사실 힘들거든요.

애진 아빠 진짜 웃긴게요. 18, 19, 20…, 나는 부모들이 판단하더라도 2년까지만 판단하라는 거예요. 성인이 됐을 때는, 왜 성인에 대한 나머지 잔여기간까지 부모들이 그걸 결정을 해. 그건 아니라고 보는 거거든요. 그리고 애시당초 의료 지원을 돈으로 배상하라는 건 난 문제가 있다고 보는 거예요. 의료 지원은 의료 지원으로 가면 되는 거고 그리고 위자료하고 배상에 대한 문제는 그거는 따져보면 되는 거고. 근데 지금 그런 부분에 있어 가지고 어쨌든 임시방편으로, 이게 어차피 관례로 남는 건데 또 지금 그렇게 해놓은 상태예요. 그리고 솔직히 목적은 생애 전 주기 의료 지원을 국가가 책임져 달라는 거예요, 국가적 재난과 참사에 있어서는.

면담자 그렇죠, 그게 학생들이었기 때문에….

애진 아빠 근데 지금에 와서는 솔직히 부모들만 권리주장을 할 수가 없는 게 생애 전 주기 의료 지원은 보편상 다들 그렇게 요구하지만, 이제 실제로 당사자들은 지금 다 미성년자가 아니잖아요, 성인이에요. 여기서는 또 부모들이 할 수 있는, 특히 유가족 부모님들이야 가능하지만 생존 학생 부모들은 더 이상, 여기에 있어 가지고는 진짜 완전히 밀려난 거거든요. 그렇게 바라봐야 되는 거예요. 근데 아직도 이 문제에 있어 가지고 부모들이 막 나서고 이런 문제는….

면담자 생존 학생들도 지금 부모들이 약간 갈리잖아요. 그에 따라서 학생들도 모이는 방식이 이렇게 좀 나뉘나요?

애진 아빠 그렇죠, 어쩔 수 없어요. 그리고 친한 애들은 친하고, 또 이런 거기 때문에.

면담자 이 학생들이 지금은 대학 간 친구들도 있고, 군대 간 친구들도 있고, 쉬고 있는 친구들도 있고 그런가요?

애진 아빠 다양한…, 전체적으로 좀 9명이 심각성이 있어요, 심각한 애 지금은. 옛날에는 중간이라는 게 있었는데 지금은 없어요, 아예 괜찮든지 아예 안 좋든지.

면담자 그 9명이라고 하는 건 75명 다 합쳐서인가요, 아니면 17명 학생 중에?

애진 아빠 아니요. 지금 온마음센터를 이용하는 애들 중에. 아이들이 75명이 다 이용을 안 하거든요. 한 2, 30명 정도 이용을 하는 거 같은데… 그중에.

10
생존 학생의 병역 문제 및 대학 장학금에 대한 비판

면담자 생존 학생의 군대 문제는 어떻게 되었나요?

애진 아빠 저희가 요청한 게 있어요. 군대 얘기가 나오니까 지금 생각이 나는데 뭘 요청했냐면, "국방의 의무니까 당연히 군대 간다. 단, 이 참사로 인해서, 당시 아이들이 죽을 때도 부모들이 한 번에 갈 수가 없었다, 진도까지 바다까지. 생존 학생 애들은 어쨌든 상처를 입은 아이들이기 때문에 군대를 보낼 때 [거주지에서 가까운] 권역으로 좀 보내다오, 경기권역에. 언제든지 무슨 일이 생겼을 때 부모들이 갈 수 있게끔". 아직도 부모들도[은] 자식에 대한 그런 트라우마가 있어서 불안불안한 거예요, 무슨 일이 생기면. 그건 뭐 충분히 [이해되죠].

그런데 이것도 정부가 그놈의 관계 기관들이, 그놈의 매뉴얼이 뭔지, 병무청은 신검에 대한 부분만 책임지고, 자대 배치는 국방부가 하는 거잖아요. 그러니까 병무청에서는 신검[신체검사]에 단원고 학생들이라는 거를 신원을 전원[남학생 전원의 신원을] 달라는 거예요, 자기들한테. 뭐냐면 그것도 모르고 병무청에서 [이미] 신검을 끝내놓고 다 군대 보내가지고, 거기에 신검받으니까 단원고라는 걸 모르고 그냥 뭐 해가지고 신검 끝냈다 이거야. 그럼 자대 배치 받아서 거기서 사건 사고가 터졌다, 그럼 국방부는 "아, 얘가 단원고였어? 병무청 너희들 몰랐어?" 책임을 물어야 되기 때문에 그걸 우리한테 요청을 한 거예요. 그래 가지고 이거는 또 내가 결정할 수 있는 것도 아니고, 뭐 알아서 본인들이 결정을 하라고.

면담자 근데 생존 학생 부모님들 가운데 아들을 둔 부모님들은 초기부터 오히려 군대 문제에 대해 면제까지는 아니더라도 경기 권역에 배치되길 원했던 거네요.

애진 아빠 경기권역을 얘기했던 거는 소송 가는 부모들, 가족협의회 차원에서 가족협의회 생존 학생들에 대해 우리가 직접적으로 우리가 공유를 하고, 그 면담 자리에서 얘기를 했던 거예요. 그렇게 좀 해달라고. 근데….

면담자 그게 받아들여지지 않은 건가요?

애진 아빠 안 받아들여졌죠. 그건 뭐 누구 권한인데, 국방부 권한이거든요. 근데 국방부도 싫은 거야. 솔직히 [생존 학생들을] 안 받고 싶은 거야, 얘네들을. 뭔가 문제가 생기면 이게 뭐 완전히 대대장까지 난리가 나니까. 근데 요새 어떤 문제가 생겼냐면 그렇게 요청했음에도 불구하고 생존 학생이 어쨌든 군대 갔다가 돌아온 애들이 있어요. (면담자 : 중간에요?) 예. 내무반 생활을 도저히 못 해가지고 몇몇 있는 걸로 알아요, 한 세 명, 네 명 정도. 그 와중에도 한 아이는 또 윤일병 사건 난 데 있죠[28사단, 연천], 거기가 어디야? 난 군대를 안 갔다 와가지고. GDP인지, GMP[GOP: 철책선 경계를 보는 초소]인지… 하여간 그 사건 많은 부대에 자대 배치를 받았어요. (면담자 : 터무니없네요) 내 자식이 아니다 보니 잘 있다 오는 거밖에 없지, 그런 거구요.

면담자　　그런 게 좀 모순적이거든요. 의료 지원에 대한 요청과 군대에 대해서는 해결이 안 되고, 반면에 특례입학은 오히려 국회의원이 나서서 진행하고. 이게 왜 이렇게 진행이 되는 건지….

애진 아빠　　모르죠. 그러니까 구체적인 그런 매뉴얼들이 사실 정리가 안 됐고. 그게 2기 특별조사위원회에서 지원소위 같은 경우는 그런 것들에 대한 조사를 철저하게 해서 어떠어떠한 게 문제가 생겼고, 이런 문제가 향후 어떤 문제들을 초래했는지 이런 것들을 잘 정리를 해서 보고서를 내야 될 거 같구요. 그리고 한 예로 생존 학생들 같은 경우는, 뭐 많잖아요. 특례입학, 군대서부터 뭐 장학금 얘기 쭉쭉 나오는데, 생존 학생들이지만 당사자들이 받은 게 없어요. (면담자 : 그러니까요, 부모들이 받았지) 돈이야 뭐, 어차피 미성년자니까 부모들이 사인해서 그랬는지, 그건 배상에 대한 문제니까 제쳐두더라도… 자, 장학금도요… 생존 학생들은 못 받고, 생존 학생 형제자매가 받은 거예요. 한 예를 들어서 어떤 문제가 있었냐면, 애진이가 장학금을 받아야 되잖아요. 대학 들어가면 학자금을 받아야 되는데 당시 고등학생이었는데, 이 대학 학자금을 언니가 받은 거예요, 언니가.

면담자　　왜 그렇게 되는 건가요?

애진 아빠　　왜 그런지 몰랐어. 박주민 의원도 신기하다는 거야. 당사자가, 예를 들어서 대학 들어가서 한 학기, 그니까 그렇죠. 두 번의 장학금을 받은 거죠. 한 학기죠. 그런데 그럼 얘가 대학교 1학년을 들어가서 1학기를 [장학금을] 받으면 돼요, 뭐 [등록금 납부를] 좀 미뤄놨다가. 근데 그때 당시 지원을 하겠다고 정부가 장학금 지원을 한 거예요. 근데 애진이는 당사자, 고등학생이니까 못 받고, 대학생인 언니가 받았는데 이 언니는 과 톱[일등]이야. 과 톱이라서 학교에서 받는 게 자기한테는 스펙도 쌓고, 더욱 알려지는 거거든요. 근데 이놈의 세월호 학자금 때문에 언니는 학교 학자금을 못 받고, 장학금을 못 받고, 이거 세월호 학자금 지원을 받은 거예요.

면담자　　형제자매가 없는 사람도 있을 것이고요.

애진 아빠　　그렇죠, 그런 애들은 못 받구요.

면담자　　굉장히 독특하게 진행됐네요.

애진 아빠　　예. 그래서 ○○이는 학교에서 그 과에서 애들한테 손가락질을 많이 받았대. 학교 거도 받고 세월호 거도 받은 줄 아는 거예요. 근데 친한 애들은 "아, 그래서 ○○이가 이걸 받을 수밖에 없었구나" 아는데, 모르는 애들은 그렇게 본다는 거예요. 그래서 결국에 ○○이는 학교 거 못 받고 두 번에 걸쳐가지고 국가장학금을 받은 거죠. 그리고 애진이는….

면담자　　학교 장학금보다 국가장학금이 더 낫나요?

애진 아빠　　똑같아요. 근데 애진이는 전혀 못 받은 거고. 그리고 한동안 생존 학생들은 경기도청에서 장학금 지급을 했다 그랬는데, 일부 부모들이 가가지고 그걸 요청했거든요. 내가 나중에 김현삼 도의원 통해서 확인을 했는데, 난 그것도 창피하지만, 결국은 애들한테 화살이 되어서 왔잖아요, 난리가 났잖아요. 전 학년 다 장학금 받는 줄 알고, 애들 대학 들어갈 때. 전 학년 다 장학금 받는 줄 알았는데 알고 보니 한 학기 장학금 지급을 하는데, 그것도 국가장학금 신청하고 나머지를 지급하는 거예요, 경기도가. 벌써 신문기사에 학자금 다 지급하는 걸로 나갔는데 나중에 경기도가 보도 자료에다가 "그건 오해다, 한 학기 장학금 중에 국가장학금 제외한 나머지를 준다"[고 한 거예요]. 이걸 나중에 보도 자료를 수정[해] 냈는데 벌써 뭐 다 알려지고, 애들한테 화살 돌아오고, 상처 다 받았는데 이제 와가지고 "그거 오보다" 그러고 있으니….

면담자 국가장학금을 당사자인 생존 학생이 받는 게 아니라 왜 형제자매가 받게 되는 건가요?

애진 아빠 국가장학금이 아니라 까놓고 이야기하면 세월호 지원 장학금이죠. 세월호 피해로 인해서, 참사 피해로 인해서 학생 당사자가 안 받고 형제자매가 받는 거죠. 대학 학자금이다 보니까 애네들은 대학생이 아니잖아요.

면담자 대학 간 다음에 그때 주겠다는 게 아니고 고등학생일 때 그걸 준다는 건가요?

애진 아빠 고등학교 때 줬으니까 애네들은 당사자, 그 혜택 받을 수 있는 조건이 아니잖아요. 고등학생이 무슨 대학 장학금을 받아요, 형제자매가 받았다니까. 아니, 형제자매가 그걸 왜 받냐고, 당사자도 아닌데.

면담자 그러니까요. 오히려 군대에서 훈련받고 이런 거는 조금 힘들 수 있는 학생들도 있었을 거 같은데 이런 거는 또 안 되고, 전체적으로 불균등할 뿐만 아니라 주먹구구식으로 진행이 된 면이 있네요.

애진 아빠 그렇죠, 그렇게 된 거죠.

면담자 오늘 2차 구술을 진행했는데요, 여기까지 할게요.

3회차

2018년 8월 2일

1 시작 인사말

2 4·16 세월호 참사 이전의 일상과 두 딸 이야기

3 2014년 4·16 세월호 참사 관련 투쟁

4 2015년 4·16 세월호 참사 관련 투쟁

5 2016년 4·16 세월호 참사 관련 투쟁

6 1기 특조위 평가 및 2기 특조위 활동 관련 계획

7 4·16 세월호 참사 피해지원에 관한 입장

8 투쟁의 원동력이 되는 가족

9 4·16 세월호 참사 이후 타인에 대한 인식 변화

10 앞으로 삶의 계획 및 활동 방안

11 마무리 인사

1
시작 인사말

면담자 본 구술증언은 4·16 사건에 대한 참여자들의 경험과 기억을 기록으로 남김으로써 이후 진상 규명 및 역사 기술에 기여하고자 합니다. 지금부터 장동원 씨의 증언을 시작하겠습니다. 오늘은 2018년 8월 2일이며, 장소는 안산시 단원구 4·16기억저장소 사무실입니다. 면담자는 이현정이며, 촬영자는 강재성입니다.

2
4·16 세월호 참사 이전의 일상과 두 딸 이야기

면담자 아버님, 1차와 2차 구술 장시간 동안 해주셔서 감사드리구요. 오늘은 애진이와 관련된 이야기를 해보려고 해요. 4·16 이전에 특히 가족과 같이 보냈던 하루의 일상에 대해 이야기해 주세요.

애진 아빠 애진이 때요?

면담자 네, 4·16 이전에.

애진 아빠 예, 4·16 이전에…, 뭐라 그럴까. 일단 4·16 이전에는 몇 년 동안은 큰애는 지방에 학교가 있다 보니까 그쪽에서 자취생활을 하니까 거의 아이는 없고.

면담자 큰아이는, ○○이는 몇 년생이에요?

애진 아빠 단원고 5기 졸업생인데요. 지금 스물일곱인가. 그 ◇◇, 유가족 중에 박성호 누나죠, 그 ◇◇하고 같은 동기예요. (면담자 : 그렇구나) 같은 나이고. 그래서 ○○이, 그 친구들이 단원고 졸업생들이 많다 보니까 또 이제 그 아픔도 있어요. 그리고 ○○이도 뭐 어쨌든, 참사 날 때도 ○○이가 이제 애진이는… 저기 "실업계로 보내지 마라, 인문계로 보내라. 공부를 애가 많이 못해도 인문계를 가면 공부를 할 수밖에 없다" 그리고 "단원고를 가라"고 적극적으로 추천한 애이기도 하고. 애진이 그래서 어쨌든 언니는 지방에 있으니까 거의 평일 날 보지를 못하는 거고. 말은 뭐 일주일에 한 번씩 오겠다고 그러는데, 오게 돼요? 그게 안 되지(웃음), 우리가 내려가지 않는 한. 그래서 애진이랑 거의 있는데 아침에 내가 출근할 때 되면은, 집 앞으로 애진이가 내려가면, 거기가 단원고 가는 길목이죠, □단지, 화랑초등학교 바로 횡단보도. 애들이 보면 2층에서 1층 내려가면 경비실에 미리 와 있는 애들이 있고, 모여가지고 그 화랑초등학교 지나가면 거기에서 또 모이는 애들이 있고 해서, 대충 한 일고여덟 명이 맨날 같이 다니는 걸로 제가 알고 있고.

면담자 그때도 집이 지금 주소 적어주신 그곳이에요?

애진 아빠 아니에요, 이사 온 거구요.

면담자 네. 그때는 집은 어디셨어요?

애진 아빠 바로 합동분향소 길 건너편 쪽에 고층 아파트, 거기 □단지라고, 거기에 지금 있어요. 애진이 낳고 18년을 살았죠, 거기. 애진이가 거기서 태어났으니까. 그러고 평균적으로 보면, 그렇게 해서 애 보내고 나면 회사가 얼마 안 머니까 차로 가봤자 10분, 10분도 안 걸려요, 바로 언덕 너머니까. 아침에 출근하면 뭐… 애진이, 그렇죠, 고등학교 들어가서는 한 2년 동안은 [제가] 상근을 했으니까, 조합 상근하고. 그러고 애진이가 2, 아니구나, 2년 상근하고 애진이 고2 때는 현장에 있었어요. 현장에 있어도 조합생활을 계속하는 거니까. 끝나면은 집에, 별일이 없으면 집에 가고, 안 그러면 이제 또 민주노총 그 지부 사무실로 가거나. 그래 가지고 지역에 있는 사업장들, 힘들어하는 사업장들 연대투쟁 가고.

저는 항상 아침에 나가면은 작업복으로 나가서 퇴근할 때도 작업복으로 들어오죠. 그거는 당연히 현장에 있는 조합원들이 작업복을 입고 다니기 때문에, 상근 간부라고 해서 노동조합 활동한다고 해서 사복 입고 다니고 이러지 않으니까. 민주노총 조합원들 대부분 보면 다 그렇게 작업복, 금속은 조끼 입고 다니고 그래요. 세희 아빠도 똑같이 입고 다니니까(웃음) 그렇게 생활을 했고.

뭐 집에 오는 날에는 보면은 항상 우리 집에 오는 애들이 있어요. 2학년 2반에 민지 같은 경우가 있고 민정이가 어쩌다 오고. 민정이는 내가 오면 집에 가고 민지는 집에 안 가죠. 내가 농담 삼아 "너, 집에 안 가냐? 이씨" 하고선 장난도 놀고 하면은 "에이, 아버님 왜 그래요" 이러면서 그러기도 하고. 다영이 같은 애들이 좀 오고 은영이도 몇 번 왔던 걸로 알고 있고. 하여간 애들 이름은 일일이 다 기억을 못 하는데, 집에 들어가면 바글바글해요. 집사람이 매번 우리가 일주일에 한 번씩 장을 보면, 라면하고 이런 것들은 맨날 한 박스씩 사요. 애들, 그건 언니 때부터 그랬어. 애들이 딴 데 가서 노느니, 차라리 우리 집에 와서 애들이 같이 노는 게 좋을 것 같아 가지고 그거 갖고 뭐라고 한 적도 없고, 대신 이제 내가 애들한테 그러지. "웬만하면 니들 이제 용돈 받으니까, 라면 한 봉지씩 사 갖고 들어와라" 그렇게 있으면은 내가 안방에 있어도 지들은 작은 방에 들어가서 노니까. 그렇게 난 개의치는 않더라고, 잘 놀고.

면담자 애진 어머님도 나중에는 취업을 하시고 어떤 면에서는 두 분 다 일을 하시니까 가족들이 같이 모이는 시간은….

애진 아빠 없어요, 없어.

면담자 식사도 다 따로따로 하시고.

애진 아빠 예. 집사람이 제일 힘들었던 게 뭐냐면, 애진이 교복 입는 걸 못 봤어요. 아침에 일찍 나가요.

면담자 어머님이 일찍 나가시는 거예요?

애진 아빠 예. 거긴 또 8시 출근이다 보니까 일찍 나가고, 저녁에 또 잔업 끝나고 오다 보니까 늦게 들어와요. 그럼 애진이는 엄마 없을 때, 엄마 출근하고 나서 교복 입고 학교 가고 엄마 퇴근할 때는 교복을 벗죠. 그래서 교복을 입은 모습을 못 봤을 거예요, 아

마. 그래서 집사람이 그, 만약에 애진이가 그랬으면 어떤 엄마들도 그 애기를 했다 그러더라고. 그래서 자기가 그게 굉장히 "힘들었다"라고 이야기를 하더라구요. 애 교복 입은 모습을 못 봐가지고. 그래서 연수원에 들어갔을 때 애 교복 입은 모습 사진 좀 찍어서 보내달라고 그랬어요. 그때 보내줬었지.

면담자 그럼 어머님이 먼저 나가시고 그다음에 아버님이랑 애진이랑 같이 나가거나.

애진 아빠 예예, 거의 같이 나가요.

면담자 차로 데려다주고 가시고 이런 건 아니고 나갈 때 같이 나가고.

애진 아빠 저는 애들 뭐 어디 데려다주고 이러질 않아요. 지금도 그거 갖고 불만이라는데, (면담자 : 그래요?) 딴 아빠들은 뭐 여기 어디 데려다주고 막 이런데. 지는 생존 학생 친구들 같은 경우 막 그런다는데, 난 솔직히. 아니 뭐 애들이 못 걸어 다닐 것도 아니고, 뭐 물론 이제 애들 걱정한다고 하지만 나는 "니가 걸어가라" [해요].

면담자 애진이도 그렇고 ○○이도 친구들을 데리고 오는 거 보면 사회성이 좋고 친구들이랑 잘 어울리는.

애진 아빠 많이 그랬어요. 한번은 내 진짜 그 생각을 하니까…. 애 초등학교 때인가, 걔도 아마 단원고생일 거예요. 걔가 누군지는 모르는데, 아마 생존 학생은 아닌 거 같은데. 누군지 그때 이름을,

아빠가 무슨 목공소를 한다 그랬나, 뭘 한다라고 하신 분인데. 이 아이들이 우리 집에서 놀다가 장롱 안에 숨었지, 장롱이 뽀개진 거예요. 그랬는데 애진이가 나한테 전화를 했더라구요. 그래서 내가 "안 다쳤냐?" 그랬더니 다치진 않았대. "알았다. 그럼 놔둬라" 그랬는데, 이 아이가 그걸 고쳤어요. 나 깜짝 놀랐어. 집에 딱 도착을 했는데 "어, 멀쩡하네?" 그래서 보니까 중간 판이 틀린 거예요. '어. 이상하다' 이렇게 보니까, 그 애가 나가서, 어디 가서 그 판을 주워다가 지가 톱으로 잘라서, 자기 집에서 뭐 이거를 갖고 왔대, 줄자를. 그래서 그걸 갖고 와가지고 바깥에서 안쪽으로 이걸 다 박은 거예요.

면담자　　대단하네요.

애진 아빠　　그래서 이제 "그 애 누구냐?" 이러니까 누구라고 해서 "전화 좀 해봐라" 그래서 전화를 했죠, 걔한테. 그래 가지고 "너 너무 고맙다, 아저씨 야단칠래는 게 아니라, 너 진짜. 굳이 이런 거까지 다 해놨냐, 너 대단하다" 이러고 말았는데. 하여간 어렸을 때부터 우리 집에 맨날 애들은 바글바글댔어. 왜냐면 집에 부모가 없으니까 아이들끼리 우리 집에서 놀고 그랬죠.

면담자　　4·16 이전에 주말은 대체로 어떻게 보내셨나요?

애진 아빠　　주말엔 전 수련회를 많이 가요. 그리고 집회 이런 데를 많이 가요. 봄, 여름, 뭐 가을, 겨울 뭐. 사업장들이 안 힘든 사업장이 없으니까, 맨날 뭐. 거기다 간부들은 무조건 가야 되니까,

수련회, 집회 이런 델 많이 가요.

면담자　그럼 주말에 어떤 가족들하고 같이 모여서….

애진 아빠　거의 없어요. 어디 여행 가본 적도 별로 없어요.

면담자　어디 휴가를 같이 보내신다거나 이런 경험도 많지 않으신 거죠. 그런 거에 대해서 애진 어머님이나 아니면은 ○○이나 애진이가 불만을 갖거나….

애진 아빠　불만이야 있겠죠, 당연히 있죠. 근데 뭐 조건이 그러니까 그냥 그거에 있어 가지고….

면담자　그걸 가지고 크게 이야기하진 않고?

애진 아빠　예.

면담자　특별히 아이들을 양육하면서 중요하게 생각했던 것, '내 아이는 다른 건 몰라도 이런 것은 중요하게 여겨서 키우겠다' 이런 건 어떤 거였어요?

애진 아빠　저는 애들한테 어렸을 때부터 한 얘기는 그거예요. "어른들 공경해라" 그리고 난 "항상 사람이 소중하다"라고. 애진이가 그 말을 나한테 한 적이 있어요, 살아 [돌아]와서 한 얘기가. "아빠가 사람이 소중하다 그랬는데 나한테는 그런 사람이 없다" 이 얘기를 한 적이 있었어요. 그때 이제… 뭐라 그럴까, 애진이한테 뭐라고 하지를 못했지. 그게 이제 무슨 얘기인지 아니까[소중한 사람들이 다 희생되었다는 이야기라는 걸 아니까]. 그래서 나는 여전히 애들한테도 "어른들 공경할 줄 알고, 그러면 사람 됨됨이가 된 거고, 주위에 있는 사람 소중하게 생각해라" 그런 얘기를 많이 했죠.

그리고 공부하란 얘기도 안 했고 나는. 그리고 공부라는 게 항상 그렇지, 본인이 하고 싶어야 공부하는 건데, 하기 싫은 거 어거지로 잡아다가 "공부하라, 공부하라" 할 수 있는 것도 아니고. 그리고 오늘 아침에도 ○○이하고 가면서 얘가 너무 늦어가지고 중앙역에 데려다주고 왔는데. (면담자 : 안 데려다주신다고 하시더니) 큰애, (면담자 : 오늘은 데려다주셨네) 예. 왜냐면 내가 아침에 사무실에 일찍 나와야 돼, 어제 전기가 나가 가지고. 그래서 나가는데 애가 마침 고 시간이니까.

그래서 하는 얘기가, 내가 그런 얘기를 했었는데 서로 간에, ○○이가 사람에 대한 관계 속에서 많이 힘들어하길래, "아빠는 니가 하는 거 있어서 뭘 하든 간에, 내가 한 번이라도 너희들 반대한 적도 없고 대신", 아, 결혼 얘기 관련해 가지고 얘기하다가 그랬구나. "결혼을 하게 되면 본인들의 의도와는 상관없이 어른들끼리 하는 이런 결혼들, 그러니깐 어지간히 부모들이 관여할 문제가 아니고 어차피 너희 삶은 너희들이 살아야 되는데 옛날에도 그랬지만 니가 하고자 하는 부분에서 아빠는 반대하는 거 없고, 너희들이 이렇게 하겠다라면 나는 무조건 나는 따르겠다, 그건 아빠의 생각이다". 계속 그래 왔던 거 같아요. 애들한테도 뭐, 한 번도.

면담자 ○○이가 ◇◇랑 같은 학년이어서 그런 것도 그렇고, 어떻게 보면은 자기 동생은 살아 [돌아]왔잖아요. (애진 아빠 : 그렇죠) 이런 것으로 인해서 힘들어하고 이런 적이 없었나요?

애진 아빠 많이 힘들어하죠.

면담자 그런가요? 근데 또 동생이 살아 [돌아]오지 않았었던 거에 비하면 어떤 면에서는 덜 힘들 수도 있는 거잖아요. 그러니까 두 가지 측면이 다….

애진 아빠 나는 뭐 상상이 될 거 같아요. ◇◇가 ○○이를 알죠. 서로 친한 친구는 아닌데, 어쨌든 같은 단원고를 졸업했기 때문에 알고, ○○이 친구가 ◇◇하고 아는 사이이다 보니까, 아는데. ◇◇ 입장에서는, 물론 이게 유가족하고 생존자 문제, 부모도 마찬가지고 애들도 형제자매도 마찬가지인데. ○○이는 이제 ◇◇를 못 보는 거고. 한번은 분향소에서 ◇◇하고 마주칠 일이 있었는데, 그 ○○이가 굳이 피하려고 한 것도 아니지만, 얘 몸 스스로가 이제 피하는 상황이 된 거고, ◇◇ 또한 그런 거고. 그러고 ◇◇ 입장에서는 '내 동생은 죽었는데 재 동생은 살았으니 얼마나 기쁘겠나' 이런 생각 안 하겠습니까? 유가족하고 생존자 부모들도 마찬가지지. 지난번에도 말씀, 예은이 아빠도 저한테 한 얘기가, "부러움과 시기감이 존재한다"라고 얘기하는 게, 딱 그 표현이 맞다고 봐요.

○○이도 그, 학교에서도 그때 □□대[○○이가 다니던 대학]에서도… 굉장히 그것 때문에, 몇 시간 아빠하고 통화를 하지 못하는 요 몇 시간이 자기한텐 죽을 지경이었다라고 얘기를 하더라고. 학교에서 난리 났고, 세월호가 침몰했다는데 동생은 갔고, 연락도 안

되고 그리고 애진이가 몇 번 연락을 했는데 애진이, ○○이는 그 연락을 못 받았대요, 수업 중이어 가지고. 그리고 아빠는, ○○이는 또 아빠하고 통화하려고 하니까 아빠하고 또 통화도 안 되고. 뭐 그런 상황이다 보니까, 애는 그 몇 시간이 엄청 힘들었겠지. 그리고 나중에 안 얘기지만 그 많은 아이들, 희생당하고 그러면서 ○○이가 "그 몇 달 동안 학교에서 너무 힘들었다"고 그러더라고. "안산에 오기가 싫었다"라고 얘길 하더라구요.

면담자 ○○이와 애진이는 어떻게 좀 달랐나요, 어렸을 때부터 아니면 기대하시는 게?

애진 아빠 달라요.

면담자 어떻게 다른가요?

애진 아빠 ○○이는 어렸을 때, 그니까 나는 ○○이를 이뻐하는 이유가 너무 고생을 많이 했어요. 우리가 어린 나이에 애를 낳아서, 이제 그 당시 활동하는 분들이 대부분 그랬지만, 여기에는… 뭐라 그럴까, 그 유치원이나 이런 영유아 시설이 없어 가지고 당시에 지역에 계신 선배님들 형수들이 영유아를 보는 거를 그 주택에 옥탑, 옥탑 방에다 만들었거든요. 한 예로 여기 명성교회 '쉼과 힘'에 저기 그 센터장 이름이 뭐더라, 갑자기 까먹었네, 남희 누나, 임남희. 남희 누나나 그리고 우리 최현수 씨라고, 지금 안산에 저기 그… 사회적기업 협동조합 그 센터 하시는 그분이나 그 형수들이 거길 만들었는데. 그러면 봄, 여름, 가을, 겨울 애를 그 갓난, 돌 지나자마자 된 애를 가운데다가, 오토바이 가운데 실어서 내가 운전하고 집사람이 뒤에 있고, 비가 오면 그냥 우비 해가지고 오토바이 끌고 거기까지 가서 맽겨놓고, 또 겨울 되면 그 눈보라 날리는데 또 거기다가 애 실어다 주고, 막 이런 경우가 있어 가지고.

그리고 이제 저녁 때 되면은 찾아가야 되는데, 서로 만약에 엇갈릴 때는 8시나 9시 찾으러 가면 형수들 난리 치고, 퇴근도 못 해 가지고. 그 열악한 시설에서 어쨌든 애 맡기고 다니고 이래 가지고, 잠자는 애 강제로 깨워가지고, 물론 지금도 그런 게 많지만, 그땐 진짜 힘들었죠. 그래 가지고 애한테 뭐 잘해준 것도 없고, 많이 아팠어, ○○이는. 아, ○○이는 그나마 좀 덜 아팠구나. 얘는 그나마 좀 크게 잔병치레 안 하고 잘했는데, 너무 애를 많이 혼자 방치해 두고 이러다 보니까. 그리고 애진이 낳고도 ○○이랑 4살 터울인데, ○○이가 이제 초등학교 때 학교 가기 위해서(웃음), 화랑초등학교니까 애진이를, 그땐 이제 유치원을 애진이를 데려다줘야 되니까, 애진이 손잡고 유치원 데려다주고, 초등학생 1학년이. 다시 이제 자기 학교 가고 그리고 저녁에 와가지고 애 찾아갖고 오고.

면담자 ○○이가요?

애진 아빠 예. 그래서 밥 먹이고 그랬었죠. ○○이가 굉장히 고생 많이 했어요. 애진이는 또 이제 그거에 또 나름 있지. 우리가 큰애를 한번 키워보니까 얘는 이제 거의 방치해 두는 거죠. 지 놀고 싶은 대로 놀고, 그러다 보니까 상처도 많고 다치는 것도 많고 잔병치레도 많고.

애진이는 어렸을 때 아토피가 너무 심해 가지고 자고 일어나면 눈을 못 뜨는 거예요, 이게 붙어가지고. 지금도 이제 흉터나 뭐 이런 게 있긴 한데, 지금 많이 그런 건 없어지긴 했는데 어쨌든 애진이는 거의 뭐 제가 많이 신경을 안 썼어요. 커가면서도 ○○이를 많이 신경을 썼지. 애진이는 크게 신경 쓴 건 없었어.

그리고 뭐 애들이 둘 다 말썽 피운 것도 없었고, 그러다 보니까 성격이 확연하게 차이 나. ○○이는 조금 배려심이 있어, 근데 애진이는 배려심은 별로 없어요. 이게 은근히 그런 게 보이더라구요. 그리고 이제 뭐, 자기 욕심이 애진이는 좀 강해, ○○이는 또 그런 것도 없고. 근데 하는 행동을 봤을 때는 애진이는 좀 겁이 없어요. 근데 ○○이는 의외로 겁이 많아. 그리고 애진이, ○○이는 많이 재. 이것저것 고민을 많이 하고 준비를 많이 하는데, 애진이는 그런 게 없어요(웃음).

면담자 겁이 많은 사람들이 원래 준비를 좀 많이 하죠.

애진 아빠 예예, 그래서 애진이는 그런 게 또 없고, 그래서 딱 보면 물론 여자, 여자이긴 하지만 굳이 비교하자면 애진이는 남자고, ○○이는 여자 같은 이런 거죠.

면담자 애진이는 응급 무슨 (애진 아빠 : 응급구조학과) 예예, 구조학과에 가서 하겠다고 했고, ○○이는 지금 어떤 거를.

애진 아빠 지금 □□대학교 실내디자인과를 나와가지고, 지금도 좀 미안하긴 한 건데, 아… 그, 그 세월호 참사가 나서 그런 것들이 상당히 많은 거야, 부모들이 미안한 부분들이… 나 또한도. ○○이가 고등학교 2학년 때 자기가 미술을 배우고 싶다고 그랬는데… 아, 솔직히 돈이 없어서 안 보냈어요, 알아보니까. 아, 내가 그걸 못 해줬구나, 진짜 ○○이한테. 뭐든 다 했는데… 알아보니까 돈이 너무 들더라고요. 학원 보내고 뭐 하고… 그래서 솔직히 애기를 했지. "이만저만해서 도저히 이거 못 보내겠다" 그랬더니 ○○이가 "알았다"고 하더라고요. 근데 문과가, □□대를 들어갔는데 맨 처음에 식품공학과를 들어갔어요. 근데 식품공학과가 이과잖아요. 근데 애가 1학년을 다니더니 도저히 적응을 못 하더라구요. 물리 수업이나 이런 것들 때문에 그런 거 같은데.

면담자 　학교에서 그렇게 지원서를 써준 건가요, 어떻게 식품공학과를 들어가게 됐나요?

애진 아빠 　지가 □□대 식품공학과 원서를 냈는데 합격을 했어요.

면담자 　그럼 ○○이 스스로의 결정이었어요?

애진 아빠 　예예.

면담자 　이과인지는 알고 있었을 거 아니에요.

애진 아빠 　그러니까요. 갔는데 도저히 자기가 적응을 못 하더라고. 그러더니 갑자기 어느 날 아빠하고 얘기 좀 하자 그래서, 중앙동에서 소주를 이제 마시면서(웃음). 많이 마셨죠, 둘이서 아주.

그랬더니 자기가 학교를….

면담자 대학교 들어가고 난 다음에요?

애진 아빠 예. 휴학을 하겠다는 거예요. 그래서 내가 "휴학하지 마라…. 아빠가 그거에 있어 굉장히 한이 되는 게 있는데, 휴학하지 말고 전과를 할 생각을 한번 해봐라" 그랬더니 전과 생각은 안 했던 거 같더라구요. "학교에 가서 니가 과를 한번 선택을 해보고 교수님하고 상의를 해봐라" 그랬더니, 어느 날 갑자기 교수님하고 얘기했는데 자기가 원하던 과를 전과를 해주겠다고 했대요. 뭐냐 그랬더니 실내디자인과래. 그림 그리는 걸 얘가 좋아해 가지고. 그래 실내디자인과 들어갈 때부터 졸업할 때까지 과 탑[일등] 해가지고 졸업을 해서 그 서울에 서래마을인가, 그쪽에 인테리어 회사가 모여 있는데 나름 괜찮은 회사를 들어갔어요. 한 1년이 좀 안 됐을 때, 어느 분이 나가셔서 그걸 차린 거예요, 새로.

면담자 단독으로 차렸나요?

애진 아빠 예, 그분이 차려서 ○○이를 부른 거지. "이만저만 해서 내가 열심히 해보려고 하는데, 니가 좀 와서 같이 일해주면 안 되겠냐" [하셨고]. ○○이도 의외로 마음에 들었는지 거길 간 거죠. 그래서 지금 둘이서 일을 하다가, 요번에 새로 신입사원 모집해서(웃음) 지금은 이제 세 명이 됐고, 몇 차례 공사를 받으면서 현장에도 나가고 이러다 보니까. 실제, 실내 인테리어 회사에서 도안만 치다가 직접 나가서 현장도 하고 막 이러다 보니까 의외로 뭐 밤늦게까지 일하고 못 들어오는 날도 있고 그래도 자긴 "즐겁다"라고 얘기를 하더라고. 그래 가지고 "그럼 됐다" 그래서 지금 그런 일을 하고 있죠, 계속.

면담자 본인이 하고 싶은 걸 잘 찾은 거 같네요.

애진 아빠 예. 일이라는 게 본인이 하고 싶어야지 즐거움이 있는 거지, 하기 싫으면 되겠어요?

면담자 보통 아무래도 아버님들보다 어머님들이 조금 더 관심 있으셨던 거 같긴 한데, 아이들을 키우면서 정보라든지 아니면은 이 친구는, '내 자식, 이 아이는 나중에 뭐가 됐으면 좋겠다'라는 그런 교육 정보라든지 이런 거에 대해서 알아보신 적 있나요?

애진 아빠 그거는 집사람도 없어요, 저도 없고요. 그냥 우리는, 아까도 말씀드렸지만 '사람 생각하고 살아갔으면 좋겠다'라는 것도, 애 건강하고 잘 살아갔으면 좋은 거죠. 돈이라는 게 있으면 좋겠지만, 없으면 없는 만큼 쓰면 되는 거고. 거길[그걸] 떠나가지고 양심적으로 잘 생활하면 되는 거지 뭐. 굳이 뭐 애를 뭐, '뭐가 됐으면 좋겠다' [이런 건 없어요]. 아, 그 얘기는 했었다. 내가 솔직히 한번은 ○○이, 애진이, 집사람 있는데 "그래도 너희 둘 중에 하나는 시민사회활동이나 뭐 이런 걸 좀 해봐야 되지 않겠냐?" 그랬더니 큰애가 "아빠, 아빠가 하는 거 나쁜 거 아니야. 다 알아. 다 좋고, 다 좋은데, 가족이 힘들어"(웃음). 이 얘기를 하더라구요. 그래서 내가 아무 얘기 안 했어.

면담자 그러면 가족들끼리 예를 들어서 어떤 큰 정치적 사건이 있거나 그러면 그거에 대한 이야기를 하거나 "투표는 해야지" 이런 이야기는 (애진 아빠 : 하죠) 그런 건 하는가요?

애진 아빠 그건 제일 많이 하죠. (면담자 : 그런 건(웃음)) 심지어 천안함 사건 때도 정말 짧은 지식이지만 우리가 토론했던 내용이나 지역에 있던 얘기들, 당시의 상황들 이런 거에 있어 가지고 애들이 물어봐요, 또. 그거에 대해서 집에 칠판에다가 이제….

면담자 집에 칠판도 있군요.

애진 아빠 예, 있었죠, 그때. 조그마한 건데 "당시 여기가 엔엘엘(NLL) 지역이고, 여기서 어떤 뭐가 있었네" 이런 얘기들 했죠. 그리고 투표에 대한 부분은 어렸을 때부터 그 얘기는 했어요, 항상 "우리는 투표하자" 항상. 그래서 네 표가 됐죠, 우리 집이.

면담자 그러면 약간 공개적으로 "우리가 누구를 하자" 이렇게?

애진 아빠 아이, 그렇진 않아요.

면담자 그렇진 않아요?

애진 아빠 예. 그거에 있어 가지고 저도 솔직히 내 심정이야 아빠 찍는 걸 찍어줬으면 좋겠지. 근데 그건 너희들 할 일이고 대신에 저 얘긴 해요. 요번에 같은 경우도 "비례대표 같은 경우는 어디어디 당을 찍어줬으면 좋겠다" 이런 얘길 했고. 또 집사람은 이번에 또 민중당 가입했잖아요. 갑자기 뜬금없이 민중당을 가입하길래 "왜 그래?" 그랬더니 정세경 씨가 워낙 사람에 대한 친화력도 있고, 자기가 봤을 땐 굉장히 괜찮은 분이었나 보지. 선거운동도 처음부터 끝까지, 3반에 예진 엄마하고 같이 끝까지 하고 이러면서 자연스럽게 민중당에 가입을 한 거 같더라고요. 그래서 아무 얘기 안 했어요. 본인이 선택한 일인데요, 뭐. 그런 얘기들 이렇게 하죠. 애들하고 투표하면은.

면담자 혹시 아버님은 당원이신가요?

애진 아빠 아니에요.

면담자 아니시군요. 수학여행 이야기로 갈게요. 수학여행 준비를 할 때, 애진이랑 같이 수학여행 준비물을 사러 가셨다든지, 가서 뭐 이런 거를 놀아라, 수학여행엔 이런 거가….

애진 아빠 아무것도 없어요.

면담자 그런 이야기 하신 적 없구요? 그냥 간다고 하고, 배를 타고 간다고 하니까 '뭐 그런가 보다' 그리고 끝?

애진 아빠 아, 그 얘기는 했었어요. 애들이 배로 간다 그랬을 때, 나는 그게 '1박 2일' 효과라고 생각을 하거든요. 예전에 '1박 2일'에서, 애진이가 중학교 땐가 그럴 거야, 아마. 선상에서 막 폭죽 터뜨리고 그 상근인지 강아지 데리고 타고, 그때 그게 세월혼데, 그걸 보면서 아마, 애진이가 내 기억으로는 "맞아" 그러더라고. 애들 그다음에 참사 나고 나서 본 사람이 이렇게 얘기를 해보면, 그게 애들한테 컸던 거 같아요. 그래서 어, 애진이 수학여행 간다고 해서 뭐를 그런 얘기를 한 적도 없었고, 자기네 그렇게 간다고 그러면 "어, 그래 잘 갔다 와라"[라고 했죠]. 그냥 일반적인 부모들 똑같죠.

근데 수학여행 간다고 그랬을 때 좋았던 이유가 아, 그건 있네, 얘네들이, 97년생들이 어디 여행을 못 갔어요. 사스(SARS) 뭐뭐 해가지고 굉장히 그 재난들이 좀 많이, 병치레라 그러나, 하여간 그런 것도 있어 가지고 매번 못 갔죠. 그래서 이번에 간다 그러기에, 왜 고등학교 때 수학여행은 진짜 굉장히 꿈인데, 꿈이기도 하고 그 어쨌든 제일 기억에 남는 추억이잖아요. 나도 지금 생각해 보면 고등학교 수학여행만 기억이 있는데. 그것까지만 얘기를 하고, 그다음엔 지가 뭐 바다니까 지퍼 백을 한 상자를 들고 가서, "그걸 그렇게 많이 갖고 가면 뭐 하냐?" [그랬더니] "혹시나 애들 안 갖고 온 애가 있을 거래" 그거 나눠준다고 지퍼 백 고런 거 좀 챙기고. 하여간 물을, 그니까 어쨌든 제주도 가도 바다니까, 뭔가 이제 물에 대한 거에 있어 가지고 뭐 좀 준비를 한 거 같아요, 그냥. 지들 소지품 안 젖을라고 그런 것들, 물속에서 노는 생각만 한 거죠. 부모… 저하고 집사람, 뭐 사주고 [한 거 없고요], 지가 다 알아서 준비해 가지고 간 거죠.

면담자 네, 알겠습니다.

3
2014년 4·16 세월호 참사 관련 투쟁

면담자 2014년 5월 8일, 이때는 아마 아버님께서는 생존 학생 관련해서 좀 바쁘셨을 때였을 거 같아요. 근데 5월 8일, 9일 KBS 항의방문 때는 아마 참여를 못 했을 것 같고요. 5월 27일, 29일에 국회에서 2박 3일 농성을 하게 되고, 6월부터 특별법 제정 1000만 서명운동을 거리에서 하고 버스투어를 하게 되는데 언제부터 어떻게 참여를 하시게 됐나요?

애진 아빠 국회 농성 2박 3일은 제가 참여를 했었고요.

면담자 그때 가셨었어요?

애진 아빠 예, 거기 있었죠. 제가 그때 우리 생존 학생 부모들을 데리고 올라갔으니까.

면담자 그때 생존 학생 부모님이 아버님 말고도 다른 부모님들이 같이 있었네요.

애진 아빠 거의 다 갔죠.

면담자 그때 다 갔었나요?

애진 아빠 예. (면담자 : 그렇구나) 거의 다 갔었죠. 그래서 그 처마 밑에서 우린 요쪽에 있었고, 부모들은 반별 티 입으면서 이쪽에 쫙 있었고. 거의 냉랭했죠, 말도 못 하고 서로. 말마따나 그때 많은 얘기도 들었는데 "쟤들 왜 왔냐?"서부터 해서 많죠, 뭐. 그렇게 대면하는 게, 솔직히 지금 생각해 보면 나는 그냥 '함께해야 된다'라는 이런 거… 있었지만, 또 한편으로 유가족들한테 보면 이게 또 '너무 힘든 관계가 아닌가…'. 그 생각은 솔직히 하지도 못했어요. 근데 아마 그렇게 생각하신 분들 상당수였을 거예요. 그래서 지금 생각해 보면 '그때 안 갔을걸'이라는 생각도 있는데. 또 한편으로 보면은 그래도 그게…… 낫지도 않을 거라는[낫지 않을까라는]. 근데 우리 [생존 학생] 가족들은, 거기서 자신[주무신] 분은 없어요. 중간중간에 다 거의 내려갔죠.

면담자 그리고 1000만 서명운동을 곳곳에서 하셨죠.

애진 아빠 예.

면담자 그때도 생존 학생들은?

애진 아빠 저는 실제 제가 같이 움직이질 못했어요. 왜냐면 여기 상황도 있고 그러니까. 그때가 몇 월이라고요?

면담자 6월부터 거의 7월, 국회 농성 들어가기 전까지죠.

애진 아빠 그럼, 애들이 학교 들어간 지 얼마 안 될 때예요. 6월 25일 날 애들이 학교 들어갔기 때문에. 그때 우리 생존 학생 부모가 네 분이, 아마 10반을 따라갔을 거예요. 제가 "그쪽으로 좀 가라"[고 했어요]. 왜냐면 경주 엄마가 있었기 때문에. 경주 엄마가 좀 많이 챙겨줄 수 있는 조건이어서 그쪽으로 좀 갔고. 저 같은 경우는, 그때 현대자동차에 몇 반이 갔는지 모르겠는데 현대자동차에 간다, 거기 이제 워낙 인원이 많으니까, 거기 노조 집행부하고 통화를 해서 잘 아는 사이니까 "좀 많이 좀 챙겨줬으면 좋겠다" 그래서 현대자동차 내부에서 어쨌든 대의원들까지 동원을 해서 가족들과 서명을 받는 작업들을 도와주는, 여기저기 연결을 좀 해주는 걸 많이 했죠.

면담자 가족들이 서명을 받으러 갈 단위체에 요청을 하고 도움을 주는 그런 역할을 하셨군요.

애진 아빠 예. 제가 나설 수가 없으니까. 그래서 대구 같은 경우도, 대구는 3반하고 자매결연을 맺었는데. 대구 같은 경우도 거기 선우나 그 저기, 아 갑자기 이름 까먹었는데, 하여간 그쪽 대구에 후배들이 좀 있어요, 그 상신브레이크에 있는 애들하고. 그래서 김선우 같은 경우는 지금 대구 4·16시민대책위 집행위원장을 맡고 있구요. 그리고 전교조 선생님 한 분도 계시고 그래서 그쪽에도 좀 "같이 연대를 좀 해달라"라고 얘기를, 요청을 했었죠.

면담자 그럼 그쪽에서 다 수락을 하셨나요?

애진 아빠 그렇죠. 그래서 그런 일들을 전 주로 했고, 이쪽 위에서 당시 김유신 사무처장이어서, 그쪽 사무처 일을 제가 좀 필요한 것들 많이 도와주고 그랬었죠.

면담자 그럼 그쪽 단위체에서 서명을 받아가지고 이쪽으로 보내고 이러한 방식이었던 거네요?

애진 아빠　　보내기도 하고 또 직접 갖고 오기도. 부모들이 대부분 갖고 왔죠. 왜냐면 버스를 다 돌렸으니까.

면담자　　그렇죠, 버스를. 그리고 7월 12일부터 119일간 가족분들이 국회 농성을 (애진 아빠 : 시작하죠) 네. (애진 아빠 : 특별법 제정 때문에) 그렇죠. 거기는 생존, 그니까 생존자 학생 부모님들은 가시진 않고 나중에 학생들이 가는.

애진 아빠　　제가 있었죠. (면담자 : 거기 아버님은 계속 계셨구요) 예. 그래서 당시 유경근 집행위원장, 전명선, 1기 집행부들 있었을 때 그때 법안 만들 때 그 논의 구조에도 제가 있었어요. 근데 의외로 법안을 그 유경근 집행위원장이 굉장히 꼼꼼히 파악을 하고 전명선 위원장이 최종 저걸 잘하고 있더라구요. 근데 와중에 몇몇 내용들 중에 저도 '이건 아니다'라는 내용이 상당히 있었거든요. 의외로 그런 것들을 꼼꼼히 캐치해 가면서 정리를 하길래 '세월호 진상규명에 있어 가지고 굉장히 의지가 있구나'라는, 그분들 몇몇 분들 있어서 굉장히 확고한 신념이 좀 들었지.

왜냐면 제가 어떻게 보면 나설 수도 있는 조건이긴 한데 문제는, 계속 있었던 이유가 왜냐면 고때 나서질 못하면 이게 자칫 잘못하면 방향도 틀어질 수 있는[있다고] 생각이 있는데[생각했는데], 왜 그랬냐면… 예를 들어서 그런 거지. 그냥 농담 삼아 얘기지만 이게 줄을 잘못 서면 이게 어떻게 될지 모르는 상황에서, 그리고 진상 규명에 대한 의지와 이거에 있어 가지고 명확히 싸움을 해야 되는 부분이 있는데, '어떤 분들에 의해서 잘못되어 버리는 순간, 이게 굉장히 한순간에 수포로 돌아가겠구나' 이런 생각들이, 그때 굉장히 불안 불안했었어요. 근데 그런 내용들을 잘 캐치하고 잘 협상을 하더라구요. 근데 그 협상이 잘 안 되는 거지. 이… 국회라는 게 호락호락 넘어가나. 여야 대표들이 하면서, 몇 번의 수정을 거치고 뭐 이런 경우가 있었는데요. 그때 다 있었어요. 문건 계속 그 자리에서 정리하고, 우리가 프린트기까지 갖고 올라갔으니까. 그래서 거기서, 고런 때는 다 있었어요.

〈비공개〉

면담자 국회 농성 때 애진이 아버지도 쭉 계셨었군요. (애진 아빠 : 예, 계속 있었죠)

애진 아빠 저는 차에서 잤고요. 왜냐면 어디에 낄 수가 없으니까. (면담자 : 그렇죠. 거기에 반별로 이렇게) 예. (면담자 : 되어 있었으니까) 예. (면담자 : 티도 맞춰 입고) 예, 그렇죠. (면담자 : 그랬었잖아요) 그랬죠. 그래서 전 차에서 계속 잠을 잤었죠.

면담자 그리고 집행부랑 논의할 때 같이 논의하시고.

애진 아빠 예.

면담자 그 당시에 배 변호사[배의철]와 황 변호사[황필규]가 초기에 가족들 도우러 옆에 계셨죠?

애진 아빠 있지요. 맨 처음에 와스타디움에 [유가족대책위원회가] 있을 때, 그때 배 변호사하고 황 변이 왔었죠.

면담자 네. 근데 나중에 배 변호사님이 빠지시거나 이러지 않나요?

애진 아빠 배 변호사가 저기 진도로 내려가죠, 팽목으로. 아, 진도체육관으로 내려가죠. 거기서 나머지 계시는 미수습자 가족들하고, 당시에는 실종자 가족이라고 했죠. 거기서 어쨌든 그쪽에 대변인을 좀 하면서 아이들 당시의 그 유류품들 올라오는 거를 배 변이 먼저…. 맨 처음에 확인을 안 하다가 제가 화가 나가지고 전화를 한 게 있었어요. 그때 화가 나서 전화, 화가 난 것도 있지만 그렇다고 야단치는 게 아니라….

애진이가 애진이 소지품들이 올라왔거든요. 다른 애들은 다들 캐리어에다 비닐봉지에다가 아니면 우체국 박스 이런 데 나왔는데, 애진이만 해양과학경찰서 박스에 온 거예요. 그랬는데 거기에 있을 건 다 있는데 카메라만 없어. 나중에 얘기했는데 "애진이 뭘 찍었냐?" 했더니, 얘가 찍는 걸 너무 좋아해 가지고, 그때 삼촌 카메라, 저하고 굉장히 친한 형님이 계시는데, 그 형님 애진이도 몇 달간 계속 근래까지도 맨, 그니까 내가 벌지는 못하니까, 그분이 용돈을 준 거였는데, 그 형님이 사준 카메라를 갖고 애진이가 굉장히 많이 찍었대요. 애들 호실도 다 찍고 뭐 여기저기 굉장히 찍는 걸 좋아해 가지고. 근데 그 카메라가 없다 이거예요.

그래 가지고 보니까 돈도 다 있고. 또 희한한 건 가방 안에 우소영이 학생증하고 명찰이 있었던 거예요. 근데 나중에 안 거지만 우소영이 아빠가 종희 형이라는 걸 난 알게 됐던 거고, 우종, 우종희 형인지, 그 예전에 동아공업에 다녔던 형이었는데. 근데 소영이하고 애진이하고는 안 친한 사이예요. 서로 모르는 사이예요. 근데 어떻게 애 학생증하고 명찰이 애 가방에 들어가 있는지는 진짜 미스터리지. 그랬는데 어쨌든 카메라는 없고, 그런데 박스는 그런 데 왔고, 애진이만 거기[해양과학경찰서]로 왔어요. 다른 애들은 그렇게 온 애들이 없어요, 한 명도.

그래 가지고 내가 배 변호사한테 전화를 했죠. "아니, 지금 아이들 유류품 들어오는 걸, 소지품 그 확인을 하고 있냐?", "근데 왜 그러냐?" 그래서 "아니, 애가 가방이 올라왔는데 카메라만 없다. 이러이러한 박스에 왔다".

〈비공개〉

면담자 특별법 제정을 위해 전국 각지 서명운동부터 시작해서 단식, 도보에 이르기까지 가족들의 힘겨운 투쟁을 이제 옆에서 지켜보셨을 텐데요.

애진 아빠 원래 특별법 제정도 가족협의회가 공식적으로 한 건 아니었어요. 처음에 몇몇 부모님들이 분향소, 그니까 그 정부합동 분향소가 만들어진 지 얼마 안 돼서 마스크를 쓰고 세월호에 그때 특별법이라 그랬나… 아니야, 특별법이란 표현을 안 했어요. 다른 표현으로 해서 뭘 "해야 된다" 그러면서 그분들이 서명을 시작했어요. 근데 그 서명에 대한 양식이나 이런 것들이 너무 구체화되지 못해서, 그거를 공식적으로 가족협의회에서 다뤄서 하게 된 거였죠. 그 당시에 마스크 쓰고 피켓을 들고 있던, 그 분향소 앞에서, 동혁이 엄마 그리고 박종대 씨, 수현이 아빠, 창현이네. 지금 기억나는 사람들 그런 사람들이 좀 있었어요.

면담자 처음에는 진상 규명 비슷하게 (애진 아빠 : 예, 맞아요) "진실을 찾아주세요" (애진 아빠 : 예, 맞아요. 그걸로) 그랬던 것으로 기억해요. 그러다가 굉장히 빠른 시일 안에 이게 특별법으로.

애진 아빠 진실 규명. 아니, 진상 규명 서명운동이었을 거예요.

면담자 그러다가 가족분들이 "특별법이 아니면은 이게 안 된다고 하더라". 변호사분들이 말씀해 주신 건지…. 그래서 특별법 제정 운동으로 갑자기 바뀌면서 전국적인 이….

애진 아빠 변호사들도 그러긴 했는데, 그때 유경근 집행위원장이 (면담자 : 아, 생각을 하셨군요) 많이 했죠. 그쪽에 이제 발도 넓으시고 그런 게 있었을 거예요, 아마. 제가 얼핏 그렇게 기억을 해요. 그리고 변호사들은 "이렇게 하세요, 저렇게 하세요" 하지는 않아요. 자문을 해주고 도와주는 형태였지. 우리나라 변호사들이 "자, 이렇게 하세요" 이게 얘기 안 되잖아요. 아마 변호사법이나 이런 게 걸릴 거예요.

면담자 이 특별법 제정 운동으로 가는 과정에서도 거의 가족들이 자체적으로 안을 내시고 '이걸 해야겠다' 이렇게 생각을 하신 거군요.

애진 아빠 예, 예. [변호사들은] 거기에 대한 문구나 이런 것들은 법리적으로 어떻게 되는지, 이걸 자문을 받고 그걸 도움을 많이 주신 거죠.

면담자 네. 8월 15일 범국민대회 기억하시나요? 그리고 그때 프란치스코 교황이 오고….

애진 아빠 알죠. 그때도 있었죠. 그때도 그 전날에 가가지고… 안에 못 들어가니까. 어, 그때 조직을 어떻게 했더라……. 그래 가지고 일부 생존자 부모는 성당 쪽 다니시는 분, 그분은 그 펜스 안에 들어갔었고. 어떻게 들어갔는지, 교회 쪽으로 해서 들어갔을 거예요. 가족들은 당시 세종문화회관 지하 그쪽에 각 반별로 모여 있었고. 저는 거기 어디 뭐 낄 데가 있나 그래서 한쪽 구석에서 그냥 있었죠. 그리고 다음 날에 나는 펜스 안으로 들어가진 않았어요. 가족들이 피켓 들고 있었지만 저는 바깥쪽에 있다가 올라왔죠. 그때는 필요한 것들이나 이런 것들 좀 이렇게… 도와드리고 이런 정도. 그때도 말을 할 수 있는 조건이 못 되니까, 지켜볼 수밖에 없는…. 근데 '뭔가라도 해야 된다' 이런 것만 있어서.

면담자 그리고 8월 20일부터 청운동 주민센터에서 농성이 76일간 진행이 되는데, 그때는 아버님하고 다른 생존 학생 부모님들은 어떤?

애진 아빠 제가…, 영정 들고 갔을 때는 제가 올라갔죠. 지금 이런 얘기를 해도 되는지 모르겠지만, 그때 진짜 내 차에다가 휘발유를 갖고 갔어요. 그 얘기를 듣고 도저히 못 참겠더라고, 너무 이제 [화가 나서] '어떻게 자식 잃은 부모들이 아이 영정을 들고 거길 가나' [하는 생각에] 솔직히 굉장히 너무 화가 났고 정말 죽고 싶은 생각이었어요. 그때 뭐 휘발유를 일부러 어디 가서 받아온 건 아니구요. 그때 사무실에 있었던 휘발유를 내가 갖고 온 건데 순간에 그런 심정이었어요. 그래 가지고 골목길에 세워놓고 [있는데]… 근데 이제 고민이 되더라고. 집사람한테도 연락이 오는데, "엉뚱한 생각하지 마라" 뭐 이런 얘기도 있었고. 곰곰이 생각해 보니까 솔직히 죽을 자신이 없는 거지. 그러기도 하지만, '내가 여기서 혹시라도 잘못되면 저 사람들이 또 어마어마한 욕을, 그 마타도어에 시달리겠구나. 이건 아니지' 하는 그런 교차하는 생각들이 굉장히 있었어요.

면담자 영정 사진을 들고 행진하는 상황이 어떤 면에서, 물론 많은 사람들이 지금까지도 그 장면을 가슴 아파 하지만, 아버님을 그토록 힘들게 했었나요?

애진 아빠 아니, 뭐 일단은… 나도 이제 부모인지라, 애진이 생각이 나는 거고. '난 내 자식이 죽었으면 저거보다 더 했을 거'란 생각인 거죠. 근데 어지간히, 아까도 말씀드렸지만, '자식 잃은 부모들이 아이 영정사진을 들고 대통령을 만나겠다'라는 이게…. 진짜 그때는 진짜 숨이 턱턱 막혀오더라구요. 그 통인동 카페 그 커피 사장도 얘기하지만, 자기는 그걸 보면서 "유령들이 걸어오는 것 같다" 이런 표현하시는데, 그보다 뭐 더하면 더했지…. 나도 이제 늦게 도착을 했지만, 그리고 그때 올라올 때였고 나는 차를 벌써 댔을 때였으니까. 와, 진짜 그걸 못 보겠더라고. 담요 걸쳐서 오는 사람들도 있었고…. 참 그거는… 너무 너무 막 어떻게 표현을 못 하겠어요, 진짜 막.

면담자　　그 말씀은 저도 너무 공감이 되는데, 아버님이 그렇다고 해서 진짜 목숨을 끊어야 되거나 그런 건 아니잖아요?

애진 아빠　　근데, 그게……, 그 심정이… 그니까….

면담자　　그걸 보고 있는 게 너무 괴로우셨던 거죠?

애진 아빠　　너무 괴로운 것도 그렇지만, '정말 누구 하나가 죽어야지 정말 이게 어, 뭔가 되는 거 아니냐?' 이런 것들이 굉장히 있었던 거[였죠].

면담자　　'부모들을 저렇게까지 만드냐?' 이런 거에 대한 분노….

애진 아빠　　예, 그런 게 굉장히 있었어요. 그때… 하, 그런 게 너무 컸고. 그때 농성할 때 중간쯤 됐을 때 어찌 됐던 내려가고 난 다시 올라갔지만. 당시 그 생존 학생 아이가… 이 부모들이 바닥에 앉아 있고 영정을 [안고] 앉아 있는데 "부모들한테 용기 있는 말을 한마디를 좀 해달라" 해서 그 아이가 나하고 통화해서 마이크에다 대고, 그때 아마 그걸 한 적이 있어요. 근데…… 참…. 아, 몰라. 하여간 그때 그 부모들의 눈초리를 내가 똑바로 쳐다보지도 못했지만…, '진짜 이게 뭔가. 뭐 세상에 뭐 이런 일이 다 있나' 그 심정이, 숨 쉬기가 진짜 힘들었어요, 그때. 숨 쉬기가 너무 힘들었어요. 그래서 길 건너 그 푸르미, 그 센터 골목길에서 계속 보고만 있었고….

면담자 　그때까지도 아버님은 어쨌든 애진이가 살아 돌아왔다는 것 때문에 유가족분들하고 편하게 이야기하기 힘든 상태였었던 거죠?

애진 아빠 　그죠, 뭐. 얘기도 못 했고 몇몇 부모들만 나를 알고 있었고, 집행부가 날 알고 있었던 거[였을 뿐, 다른 유가족들과는 얘기도 못 했죠].

면담자 　9월 2일에 485만 명 서명지 전달을 위해 광화문에서 또 삼보일배를, 전경에게 둘러싸여 가지고….

〈비공개〉

애진 아빠 　나는 그게…(한숨) 진짜 나는 숨 막힌 게, 사람이 미치더라고…. 아니 죽이고 싶은 거야, 이 경찰들이든 뭐든. 그니까 '뭐를, 내가 막 뭐든 막 해야 되겠다'는 생각, 여기까지 막 꾹꾹 올라오는데, 진짜 내가 그걸 어떻게 참았는지 몰라, 지금 생각해 보면. 아니 이게 참 진짜, 난 진짜… 뭘 해도 다 막히고, 뭐 하고 하는데, 그나마 이제, 물론 내가 노동운동을 하기 때문에 더더욱 그랬는지도 몰라요, 그니까 죽이고 싶은 거야. 이거 다… 어떻게 하든 뚫고 가고 싶고, 뭐 어떻게 하든 막 이런 생각이 들었어요. 그런데 그렇게 하지 못하는 게 너무 답답하고 그런 게 컸어요.

면담자　　가족분들이 청와대로 행진하고 박근혜를 계속 만나고자 하고 이러한 과정이 '대통령은 뭔가 해결해 줄 수 있다' 내지는 해경청장이든 해양안전부였나요? (애진 아빠 : 해양안전청) 네. '그런 사람들을 제대로 처벌하고 진상 규명에 대해 대통령이 뭔가를 해줄 수 있다' 혹은 '대통령이 뭔가 결단을 하면 될 거다'라는 어떤 믿음이 있었던 것이잖아요.

애진 아빠　　그거 시행령 저거 아니었어요? (면담자 : 시행령 전에) 아, 그건 다음이었구나. (면담자 : 전에 특별법 제정할 때에도) 특별법 제정 맞아요.

면담자　　영정 들고 행진을 한다든지 서명지를 전달한다든지 삼보일배라든지, 이게 일종의 '대통령, 제발 우리의 아픈 마음을 좀 불쌍히 여겨서라도 좀 해달라' 이러한 메시지의 움직임이었던 걸로 기억을 하는데. 그 당시에 가족분들은 대통령의 결단으로 진상 규명이 될 거라고 생각을 하셨던 건지, 아니면은 너무 답답하고 할 수 있는 방법이 없으니까….

애진 아빠　　그건 거 같아요. 지금이야 뭐 논의를 하고 "이걸 하자 저걸 하자" [했지만] 그때는 그런 게 어딨어. 그냥 "이런 게 필요한 거 같은데?" 누가 툭 던지면 "어, 그래 하자" (면담자 : 일단 청와대로 뭐든지?) 예. 다 청와대로 집결되는 거죠, 국가수장이 있는 데니까. 이 문제를, 대한민국의 이런 크나큰 참사를 누가 해결을 할 수 있겠어요, 오직 수장밖에 더 있겠어요. 거기에 이제 여러 가지 얘기들이 많으니까 당연히 그 길로 가는 수밖에 없었던 거죠. 특별법이 만들어졌기 때문에 그때야 "이렇게 조사를 하고, 저렇게 조사를 하고, 대통령도 조사해야 된다" 이런 얘기가 있었지만, 그 당시에는 그런 게 어딨어요.

4
2015년 4·16 세월호 참사 관련 투쟁

면담자　　2015년이 되면 더 끔찍해지는 상황이 되죠. 그래서 1월 26일부터 2월 14일까지 안산에서 팽목항까지 19박 20일 도보 행진을 하고요.

애진 아빠　　내가 그것 때문에 진짜 부모들한테 죄송해 가지고. 그 기획을 제가, 기획회의를 제가 갔거든요, 대전에서.

면담자　　어떻게 해서 이런 기획을 하시게 됐나요?

애진 아빠　　아…… 그때… 시민·사회단체에서, 지금은 이제 국민연대[세월호참사국민대책회의]였죠. 당시, 지금은 4·16연대지만.

그래 가지고 전국에 있는 시민들에 대한 부분이 있었고, 그리고 어쨌든 특별법 제정을 위한 부분이 있어서, 그거를 기획을 하고 있었던 거고. 거기에 당시에 장훈이, 나, 동수 그리고 박용우 실장, 김유신 사무처장 이렇게 주로 얘기를 하고 있었는데. 그 회의를 김유신이가 내가 갔으면 좋겠다 그래서, 제가 갔죠. 그래서 일단 코스나 이런 것들은 그쪽에서 준비를 한다 [해서].

제가 그거를 김유신 사무처장한테 설득을 시킨 이유가 "전국에 많은 시민들이 있기 때문에 이러한 어떤 세를 몰아야 된다. 그래서 전국적으로 서명뿐만이 아닌, 전국 국민들이 이거에 대한 동참을 알려야 된다"라고 했고, 그래서 회의를 해서 1차 회의를 끝내고 나서 2차 회의는, 일단 내가 뭐 가서 발언을 하고 이러는 게 아니기 때문에, 그거는 전국에 있는 단위들이 다 모인 거거든요. 그래서 거기에 나하고 동수 아빠하고 저기 박용우 실장하고, 수민이, 수빈이 고모부죠. 같이 갔죠. 거기서 "전 일정을 걸을 사람" 그래서 내가 "동수 아빠가 걸을 거다. 장훈이가 걸을 거다" 이렇게 하면서 우리 전체 가족들을 이끌, 그냥 제일 선봉소대를 만든 거지.

고렇게 해서 이제 시작을 했고, 그리고 반들[이] 참여를 했는데, 우후죽순 막 불어나기 시작하니까, 거의 뭐 대다수가 참석을 하는 이런 과정인데 내가 너무 죄송한 게, 그걸로 인해가지고 무릎 수술한 사람부터… 엄청 많잖아요, 많아요. 그래서 그게 참 난 미안하지. 근데 그거에 대한… 전국 국민들의 관심사는 분명히 집중됐죠. 많은 사람들이 같이 도보에 참여를 했고, 전국 각지에 있는 사람들이.

경상도, 그 영남 쪽에 있는 사람들은 그거에 대한 불평불만을 제기하기 시작하지. 일부 시민단체는 "니들만 그렇게 기획하고 우리 여기 시민들도 같이 동참하고 싶은데 왜 이쪽으로 길을 못 내냐?" 그래서, 나 농담으로 그랬[어요]. 아니, 농담도 아니고 나 그때 그쪽 사람들한테 "가족들이 무슨 원숭이냐" 이런 표현까지도 했는데. "니들이 뭔데 까냐?", "시민단체가 어떻게 그렇게 얘길 하냐?" 뭐 이런 얘기도, 다툼도 좀 있었어요. 그렇게까지 쭉 만드는 과정이 좀 있었죠.

아, 그때 팽목까지 도보행진 중에 생존 학생들도 참여했어요. 애진이가 제일 도보행진에 많이 참석을 했구요. 전체 결합은 못 했지만 애진이가 안산에서 수원까지 그리고 저기 담양인가, 광주 그쪽에서 한 번 결합하고 그리고 팽목에서도 한 번 결합하고. 애진이는, 아이들이 학교 수업이 있으니까, 그 세 개 날짜를 잡았는데 애진이는 3일을 다 참석을 했어요. 그리고 나 같은 경우는 전체…로 보면 한 10일 정도. 그리고 소희 아빠가 참석을 했었죠. 그래서 우리 같은 경우야 가족들하고 잠을 같이 못 자니까.

〈비공개〉

면담자 그리고 정말 또 가슴이 아팠던 게, 2015년 4월 2일, 1주기 한 2주 전이었죠. 그래서 광화문에서 삭발식을 하잖아요. 그때 해수부에서 문자 오고 그랬었잖아요, 배·보상금 이런 거 가지고. (애진 아빠 : 아) 그러면서 부모님들이 난리가 나고 어떻게 우리를 이렇게….

애진 아빠 연수원 한번 뒤엎고, 그다음서부터 연수원이 가족협의회 안 빌려주죠. 그때 삭발 저도 했고, 그 광화문에서…. 그렇죠, 맞아요. 그거를 이제 배·보상으로 또 여론몰이 해가면서, 그래서 “우리는 배·보상이 중요한 게 아니라, 자식에[을] 잃은 억울함을 밝히겠다”. 그리고 생존 학생부터 해서 화물기사, 일반인 희생자 그러면서 “진상, 철저한 진상 규명 우린 필요하다” 그러면서 삭발을 하죠. 그때 참 몸으로 뭔가를 하긴 했지만 대응을 참 잘했어, 그래도 가족들이. 안 그랬으면 그냥 코 베 가고 귀 베 가고 입 베 가고 다 베 가고 그랬을 텐데, 그때. 그때 참 그렇게 힘들게 대처를 할 수밖에 없었던 거니까.

면담자 그리고 1박 2일, 아이들 영정사진 들고 광화문까지 도보행진….

애진 아빠 그때 저도 같이 도보행진을 했는데 그때 민지 아빠가 못 온다고 했어요. 그래서 “민지 영정을, 그럼 내가 받겠다. 대신에 들고 갈 수는 없을 것 같다. 근데 만약 민지 아빠가 들고 가라 그러면 들고 가겠는데, 못 할 거 같다” 그랬더니 “그럼, 형이 좀 해달라”고 하더라구요. 그랬는데 그날 민지 아빠가 연락이 왔어, 당일 날 “참여하겠다”고. 그래서 민지 아빠하고 가는데, 내가 그때는 질서 유지하면서 한쪽에 걸어가는데…, 그 민지 아빠 옆에 있으면서 계속 울고만 갔어요. 난 진짜, 펑펑 우니까 민지 아빠가 민지 영정을 들면서 나를 쳐다보면서 내가 너무 우니까, 민지 아빠도 말도 못 시키고 그냥 자기도 고개 푹. 나중에 끝나고 "형이 너무 우니까 내가 어떻게 할 수 없어서……" 근데 그 민지가(한숨) 내 차에 지금 민지 영정이 있어요.

면담자 　어떻게 직접 가지고 계세요?

애진 아빠 　내가 이거를 액자를 해서 집으로 갖고 갈라고 하는데… 그게 원래 영정이, 그 마지막 영결식 영정은 가져갔어요, 민지 아빠가. 근데 이사 준비를 하다가, 아이들 영정이 하나가 더 있는 거예요, 당시 2반 게. 그거를 미처 2반들은 몰랐던 거지. 그걸 다 나눠주긴 했는데, 거기 민지 영정이 나와서… (면담자 : 한 번 바꿨을 때 이미) 예, 그럴 거예요. (면담자 : 예전 걸 말하는 거) 예. (면담자 : 한 번 바꿨잖아요) 예, 바꿨죠. 그래서 [민지 아빠한테] "이거 민지 걸 어떻게 하냐?" 했더니 "형님이 보관하세요" 그러더라구요. 근데 그 영정이, 아 그 사진이, 너무 생생하니까 민지가 나한테 했던 것들. 내 지금 핸드폰에도 민지 사진을, 내가 직접 찍었던 사진을 계속 갖고 다니는데, 애진이하고 같이 놀러 갔던 거, 우리 셋이서 이렇게 찍었던 사진들. 근데(한숨) 그 사진을 보는데 차마 진짜 뭐, 광화문이 멀면 먼데, 금방 왔더라구. 금방 왔어, 진짜… 펑펑 울면서.

면담자 　민지는 그러면 어디서 발견이 된 건가요?

애진 아빠 　민지는 원래 2반이 있던 데서 나온 거예요, 우현 쪽에서.

면담자 그러면 거기서는 몇 명이 생존했죠? 그래도 (애진 아빠 : 2반도 꽤 많이) 생존했죠, 그렇죠.

애진 아빠 그니까 1반도 두 개로 나눠졌고, 2반도 두 개로 나누어진 거예요.

면담자 아이들이요?

애진 아빠 예. 그래서 민지도 이과 반으로 갔었던 거고. 근데 민지는 애가 키가 커요, 운동신경도 상당히 빠르고. 애진이가 그 얘길 하더라고. 손가락이 다쳐서 애가 못 나왔을 거라고, 손가락 때문에 못 나왔을 거라고 얘기를 하더라고. 마지막 그… 핸드폰도 복구됐지만 뉴스타파에 나왔었고 JTBC에도 나왔었는데, 그 마지막 찍은 게 애진이하고 찍은 거거든. 민지 아빠가 그 얘길 하잖아요. 근데 JTBC는 애진이를 모자이크 처리했지만, 뉴스타파는 다 내보냈거든.

근데 애진이가 그 얘길 하더라고. "얘가 손가락만 안 다쳤으면, 얜 나왔어요"[라고]. 그리고 애진이가, 애들 기억교실에다 이제 민정이 거기다가 글도 썼지만 민지한테도 그랬지만, "너네들한테 전화 한 통화만 했으면 너희들이 다 나왔을 텐데, 나만 살겠다고 너희들한테 연락도 못 했다"[라고 썼더라고요]. 근데 애진이 그 당시에 연락도 못 했어요. 핸드폰이 다 젖어가지고. 애써 뭐 나는 그렇게 얘기하는데, 어쨌든 애진이는 그랬나 봐.

〈비공개〉

면담자 1주기 되면은 생존 학생 부모님들 중에서 아버님 말고 참여하신 분들이 어느 정도 되는 건가요, 아이들은 학교 다닌 지 1년까지는 안 돼도 7, 8개월 되잖아요?

애진 아빠 그때도 거의 없었어요. 직장을 들어가니까 예, 거의…. 여기는 (면담자 : 가을부터는 사실은 없다고) 예, 거의 없죠. 없다고 봐야죠.

면담자 아버님 혼자 이제 우리 가협에서 같이 활동하시고.

애진 아빠 예, 있으니까. 소희 아빠 그리고 그 당시에 부대표를 맡았던 B 아빠인데, B 아빠가 굉장히 양심적인 부분이, 굉장히 사람이 좋아요. 〈비공개〉 그리고 C 엄마 이런 분들은. 전체 75명 중에 당시에는 그래도 같이 뭐… 행동은 하지 않았지만, 그래도 한 가정이 한, 당시 가정해도 한 2, 30가정은 됐죠.

면담자 그리고 5월 1일에 시행령 폐기를 위한 1박 2일 철야농성을 하면서 안국역 캡사이신 물대포를 맞으면서 밤샘 집회를 하구요. 청와대 행진 중에 경찰과 충돌을 하죠.

애진 아빠 그것도 참 어이가 없는 건데(헛웃음).

면담자 이 직전에 4·29 보궐선거용으로 정부에서 세월호 인양을 공식 발표를 하죠. 물론 그러고 나서 인양이 될 때까지는 세월아 네월아 하지만….

애진 아빠 그때 안국동 집회가 5·1절 노동절이었는데. 〈비공개〉 당시 그때 5·1절이, 그때가 시행령이잖아요. 논의를 하죠. 우선적으로 가족들이 몇 번 시도를 해요, 청와대 진입을. "일명 특공대를 만들어서 가자" 그래서 어느 분이 그러지. "아, 충분히 갈 수 있다, 이렇게도 많이 갔는데", 그래서 나도 "그렇게 갈 수 있다" [했지요]. 그리고 나는 벌써 갔다 왔어요, 배낭 하나 메고. 가족들은 "무조건 안 된다"는 거예요. 그럼 사복을 입으면 되지, 노란색 빼고 리본 다 떼고. 그래서 논의하다가 "그래, 가자" 그래서 광화문에서, 모 커피숍에서 일단 논의를 해요, 그래서 세 명이 먼저 가는 걸로. 나머지는 진입을 한다, 가족들이 있으니까. 일단 똬리를 트는 게 중요하니까.

면담자 청와대 안에 농성을 계획하신 건가요?

애진 아빠 그렇죠. "분수대 앞에까지 간다. 끌려 나오더라도". 나가는데 "지금 횡단보도 건넜습니다", "전경이 몇 명 있습니다", "입구 왔습니다", "이제 넘어갈게요" 그게 뭐냐고(한숨). 그래 가지고 벌써 다 들어갔죠, 뭐. 당시 휴대폰 그런 게[도청이] 안 됐겠어. 그니까 유경근 집행위원장이 문자에다가 한마디 툭 던지지. "그냥 내려와라" 벌써 뭐 다 막혀가지고…. 그래서 그때 아주 그, 진짜 웃지도 못할 에피소드가 그건데. 갈라면 휴대폰 다 내려놓고 갔어야지, 다 핸드폰 전원 끄고, 배터리 빼고 가라고 그랬구만. 〈비공개〉

몇 번을 이제 가족들이… 대통령 면담을 할라고, 그렇게 농성준비를 하려고 무단히도 애썼는데, 쉽지 않았고. 역시나, 이런 분들이 무슨 운동권도 아니고 그냥 부모야, 부모. 다 보니까 부모의 마음으로 간 거예요. 그러다 된통 당한 건데. 그러고 나서 이런 고민을 하다가, 저런 고민을 하다가 이제 꾼들이 모여요. 유경근 집행위원하고 저하고 참여를 하고, 저기 시민연대하고 몇몇 단체들이 어느 모처에서 모여가지고 "어떻게 갈 거냐?" [하면서 얘기하고]. 〈비공개〉

그러다 보니까 이제 5·1절 얘기가 나오면서 "대규모 집회가 있으니 도와달라"라고 해서, 원래 5·1절 노동절은 어쨌든 한상균 위원장은 벌써 세월호 관련해 가지고 총파업 지침을 때린 상태니까. 5·1절은 노동절이고 전 세계적으로 한 날인데, 그래서 이제 각기 업종별로 집회를 하니 경찰이 일단 분산될 것이고, 물론 청와대야 완벽수비를 하겠죠. 그래도 청와대 못 들어가죠. 옛날에 노무현 대통령이 그랬잖아요, "여기까지 못 오신다고". 못 가죠. "최대한 간다. 가까이 가자, 가족들이" 그래 가지고 뭐 여기저기로 하다가 결국 택한 데가 안국동이에요. 이쪽이 전철역이 있으니까 최대한 청와대와 가깝고, "이쪽으로 가자" 그리고 "이쪽에는 어느 지역이 올 거다" 그래서 거기 역으로 들어가게 되는 거죠. 그래서 안국역에 또 올라가기 전에 전경들한테 한참 밀리다가 결국은 거기를 뚫죠. 뚫고 올라가지 왜냐면 종로 쪽에서 올라온 쪽이.

면담자 오른쪽이 올라가니까 같이 올라가시면.

애진 아빠 예. 그래서 올라가서 이쪽으로 쭉 가게 됐는데. 〈비공개〉 가니까 유가족도 와 있더라고. 별도로 오신 분들도 계시고. 그래 가지고 거기서부터 이제 농성이 시작된 거지. 그러다가 학생들도 그리로 결합을 하게 되고, 또 민주노총의 일부 조합원들이 차벽을 뚫을라고 밧줄도 묶고… 이런 싸움이 좀…. 이제[이게] 내가 봤을 땐 크게 과격하지 않은데, 〈비공개〉 [이런 싸움을 안해보신 분들 입장에서는] 그래서 과격 양상으로 됐고, 그렇게 안 하면 안 되는 거고, 가족들은 어쨌든 저 차벽을 뚫었으면 좋겠다는 게 있었어. 근데 그거 못 뚫어요. 우리 뻔히 아는 거고, 그래서 나 "이제 거의 다 끝났다" 그랬더니 훈이가 "에이씨, 저거밖에 못 싸울 거 뭐 하러 민주노총 싸우냐"고 막 그러더라고. "그럼 니가 뚫어. 저거 못 뚫어. 우리나라에서 저거 뚫은 사람 없어. 저 정도 대오 가지고는 안 돼" 그러고[그러면서] 거기서 저녁에 그 싸움을 계속하다가, 학생들이 이제 결합을 하게 되죠. 저쪽에 있던 대오가 돌아와서.

지금 정확하게 기억이 안 나는데, 며칠 전에 홍영미한테도 그 얘기했는데, 재욱 엄마 왈, "아이, 우리 애들이, 학생들이 맞게끔 내버려 둘 거냐. 우리 부모들이 나가자". 당연히 가죠, 부모들이, 팔짱을 다 끼고. 거기서 이제 "설마 [물대포와 캡사이신을] 쏠 거라고 생각은 안 했다"라고 하더라고. 근데 쐈죠. 그래서 내 얼굴에 정통으로 맞았지. 그때 그 기사도 있어요. 근데 빵 맞고 그나마 뒤에 가방이 있었으니까 이게 "쾅" 한 거야. 근데 머리가, 가방이 있어서 충격이 덜한 거죠. 가지고 계속 쏘니까 이게 막 그래. 백남기 어르신이 돌아가신 이유도 뇌진탕도 있는데, 나는 쓰러진 거보다도 계속 엎어져 있는데 이게 쏘니까, 그 거품과 그… 어쨌든 최루액이죠, 그게. 캡사이신 최루액 그냥 콧속에 입속에 들어가는데, 막 죽겠더라고. 이러다 숨 막혀 죽는 거 같아.

근데 동수가 마침 나를 위에 이제 탁 덮죠. 동수가 이제 커버[보호]를 해주지. 그리고 나를 이제, 나는 그때 완전히 혼수상태고, 동수가 질질질질 나를 끌고 가가지고 잔디밭 쪽으로 데리고 가요. 거기서 조금 이제 정신이 나더라고. 거기에 우리 애진이하고 집사람도 와 있었어요. 그래서 애진이가 엄마하고 빨리 가가지고, 편의점 가가지고 속옷하고 물 사갖고 와가지고 붓지[부었지].

그런 거는, 그런 싸움들을 이제 거기서 계속했고. 뭐 이제 대오들이 흩어지니까 "우리는 못 간다" [해가지고] 자연스럽게 거기서 다음 날까지 쭈욱 농성을 이어가요. 가족들이 제일 많이 있는 지역이다 보니까. 그러다가 아빠들이 차벽을 치워야 될 거 아니에요, 차들이 다녀야 되니까. 전경은 막고, 그니까 아빠들이 거기다 그걸 매죠. 그때 유경근이가 "아, 씨…, 노끈[로프] 갖고 와" 이러니까 그걸 또 갖다줘요, 4·16연대가. 근데 이게 키 큰 사람하고 키 작은 사람들하고 이것 때문에, 키 작은 사람들은 키 큰 사람 때문에 죽을라 그러고, 키 큰 사람 밑에서 땡기니까 죽을라 그러고, 이걸 매버리니…. 그래 가지고 하여간 경찰들도 굉장히 난감해했고, 뭐 가족들은, 그때 거기에 박주민이 저기 나오죠. 방패 앞에서 쪼그리고 앉아가지고 있는 모습이. 근데 그렇게 싸우면서 결국 못 뚫잖아요. 〈비공개〉

일정 정도 합의 보고 우리도 철수를 하는데 〈비공개〉 그때 이제 [경찰이 차벽] 문을 여니까, 예은이 엄마가 맨발로 달려가지, 청와대 방면으로, "난 만나러 갈 거야" [하면서]. [우리는] "큰났네" [하면서] 막 쫓아갔죠, 경찰들도, 전경들은 해산된 상태에서 사복경찰들이. [근데] 없어졌어, 예은이 엄마가. 그래서 연행됐는 줄 알고 갑갑한 거지. 확인을 해야 되니까 광화문에 전화했더니 예은이 엄마 거기 왔대. 그래서 그냥 갔지. 그래서 그 안국동, 우리가 그때 1박 2일이었나, 2박 3일 될 거예요. (면담자 : 네, 1박 2일) 1박 2일 거의, 다음 날 오후까지 있었으니까. 그래서 거기가 종료가 되죠, 그 싸움이. 고렇게 싸웠었죠.

면담자　　이제 9월부터 동거차도 감시단 활동을 하시게 되는데요. 상하이샐비지가 무엇을 하는지 알 수 없는 상황에서 (애진 아빠 : 그것도 참) 반별로 돌아가면서 산꼭대기 움막에….

애진 아빠　　반별로 돌아간 건 둘째 치고요. 거기 설치하러 간 사람들은요, 처음에 죽다 살아났어. (면담자 : 누가 설치하러 가셨었어요. 영석 아버지가 물 나르고) 영석 아빠는 나중에 뺀질거리다가 들어온 거고. 첫날에 들어간 사람이 나하고 단비 아빠 그러고 김유신, 어… 소희 아빠 있었나? 소희 아빠 없었다. 김유신, 동수.

면담자　　감시단도 가협내부에서 결정을 하신 건가요? 인양 과정 감시를 하기로?

애진 아빠　　"감시를 하자" 요렇게 된 거고, 김유신이하고 저하고

"감시를 하려면 어떻게 하냐" 그랬더니 거기 동거차도에 KBS가 천막을 친 데가 있대요. "그래요, 알았어". 그래서 나하고 지성이 아빠하고, 소희 아빠… 생존 학생 아빠 셋이 들어가요. 들어가서 지성이 아빠가 안내를 해. 우린 답사를 하러 간 거예요…. 그래서 올라를 가는데 길이 뭔가 이상해. 근데도 지성이 아빠는 꿋꿋하게 가시더라고, 이 길이 맞대요. 막 풀숲을 헤치고 가요. 진짜 막 그때 나 아무 생각 없이, 길이 있는 줄 알고 반바지를 입고 갔거든요. 풀독에 다 난리가 났죠. 그때 페북에 그 사진이 있는데, 고때 되면 뜨잖아…(한숨). 다 올라갔는데 갑자기 지성이 아빠가 여기가 아닌가 보대.

면담자 지성이 아버지는 이옥영 선장님이랑 잘 아셔서 여러 번 왔다 갔다 하신 거죠?

애진 아빠 예, 아니까. 여기가 아니래. 그래서 또 위에서 전화를 해. "옥영아, 여기가 아닌 거 같아. 어딘 거 같아?" [하니까] "아, 형님 거길 왜 올라갔대. 거기 아니야, 반대야". 또 능선을 타고 가려고 하는데 도저히 못 가는 능선이야. "지성 아[빠], 안 돼, 안 되겠는데[요]" 이랬더니 "안 되겠죠, 내려갑시다" [그러시더라고요]. 내려가다가 이 풀숲이 있다 보니까 낭떠러지에 떨어진 거야, 나하고 소희 아빠하고. 그래 가지고 그때 이제 허리를 또 다쳤는데, 그때는 뭐 아픈지도 모르겠더라고요. 그래 가지고 또 이제 기어기어 내려갔어. 내려가 가지고 쭉 내려가니까 옥영이 형은 바깥에 나가 있고, 도저히 못 찾아서 철수했어요.

그러고 나서 다음에 또 들어갔죠. 그때는 짐 다 싸 들고 지성이 아버지가 혼자 들어가셨는데, 들어가서 확인을 했다는 거야. 10미터, 10미터, 10미터. 사방이 40미터에다가 위에가 10미터래. 난 순간에 'KBS가 어떻게 10미터씩'. 가로 세로 모든 게 다 10미터라는데, 어머어마한 거거든요. 근데 맞다는 거야. 나한테 김유신이가, 내가 조합 활동을 하니까, 아는 데가 있으면 이걸 좀 맞춰달래요. "알았다" 그래서 맞췄어, 10미터씩. 이 갑바 무게가 보통 아니잖아요.

거기서부터 시작이 되는 거예요. 영석이 아빠 전설이 거기서 나온 얘긴데. 전설도 아니라 그 웃긴 얘기가. 그래서 우리가 들어가요. 들어가서 이거를 (면담자 : 그걸 맞춰가지고 가신 거예요, 천막을?) 예, 트럭에 싣고. 그때 지성이 아빠가, 내가 이제 운전을 하고 가요, 거기 이제 사진 촬영을 해요. [지성 아빠가] '너를 기다려' 그 '노란리본' 노랜데, 김창완 노래, 그러면서 내가 막 몰고 가는 거를 [촬영해서] 보내는데, 나중에 나도 그걸 봤어, 그 영상을. 근데 눈물 나대 진짜, 고속도로를 가는데.

이제 거기 들어가서 갑바를 올려 가야 되잖아요. 근데 내가… 그 다음 날 들어가게 돼요, 나머지를 싣고 가야 되니까. 먼저 1팀이 들어가고, 지들은 덕은호 타고 가고, 나는 트럭 때문에 철선을 타고 들어가야 되는 거잖아. 그니까 덕은호 타고 들어간 사람들은 먼저 들어가서 준비를 하고, 나는 철선을 타고 들어가야 되니까 3시간이 걸려요, 들어가는 데까지. 그래 가지고 도착을 해서 보니까 난리가 났어. 올라와 보니까 10미터, 10미터, 10미터 이게 안 나온다는 거예요. 위에도 10미터가 안 된대. 거기서부터 이제 잘라. (면담자 : (웃음) 거기서요?) 예. (면담자 : 그 천이랑 다?) 예. 그 갑바를 다 잘라요.

그래 가지고 이제 이거를 갖고 올라가는데, 이게 좀 무게가… 그렇게 해도 3, 6, 9, 10 한 15미터 정도 돼요, 전체가. 그니까 전체 50미터를 15미터로 반, 거의 잘라가지고 그거를 갖고 올라가야 되는데. 아… 이게 쉬운 게 아니거든. 거기다 파이프도 어차피 거기 하나를 묶어야 되니까. 단비 아빠하고 최창덕, 아 최창덕이라는 사람이 있어. 우리 서울에 같이 있는, 이 형님도 도와주는 [분이시지]. 영석이 아빠하고 같이 묵고 있던 사람이니까 광화문에서 같이, 영석이 아빠랑 농성하면서 같이 있던 민우 아빠하고 둘이서 그걸 [갖고 올라갔어요].

면담자 그분이 삼촌이라고 부르는 그분인가요?

애진 아빠 창덕이 삼촌, 최창덕이라고. 삼촌? 아, 그건 임영호 씨 얘기하시는 거구나. 애들 생일잔치 해주신 분이요. (면담자 : 네네) 그건 임영호 씨고. 최창덕 씨라고, 당시 광화문에서 민우 아빠하고 영석 아빠가 1년 동안 농성을 하죠. 그때 옆에서 챙겨줬던 분이에요. 그래 가지고… 그 형님도 참 대단한 형님이야. 아이가 우리 애들하고 동갑이다 보니까.

근데 거기 그 형님하고, 단비 아빠는 또 수색단 출신이라고 덩치가 있고. 파이프에다가 그 천막을 묶어서 올라가. 죽죠 그거, 진짜. 도저히 뭐, 나중에 그 영상 보면(한숨) 진짜 대단해. 올라가. 동수도 이제 막 바리바리 싸 들고 지게에다가 메고 올라가는데, 내가 딱 3시간 만에 도착을 했더니 일부는 올라가 있어요. 아, 이 사람들 보게. 아니, 안 내려간대요. 도저히 못 내려가겠대. 두 번인가 세 번 오르락내리락했나 봐. 당연히 힘들죠, 그게. 도저히 자기는 못 내려가겠대. 다리가 후들거린다는 거야.

동수는 거기서 "아이씨, 나 잡아먹으슈" 하던가…, 나한테 그러는 거야. "야, 이제 니가 좀 내려가" [해서] 난 "그래, 알았어" [했지]. 근데 트럭에 잔뜩 싣고 올라왔는데 어떡해요, 일단 다 올려놓고. 최창덕 씨하고 일단 먼저 선팀[먼저 도착해서 짐 나른] 유가족들은 좀 쉬고. 오르락내리락하는데 난 여섯 번을 오르락내리락했는데, 나중에는 막 다리가 후들[거]려 가지고. 근데 거기서 영석 아빠가 전화가 와요. "아, 원 대표[장동원 대표] 어디야?" [하길래] "왜 안 와, 빨리 온다며?" 그랬더니 "그걸 말이야, 힘들다고 낑낑대고 말이야 그러냐"고 [하면서] "들어갈게, 기다려" 그러더라고요. "알았어. 그럼 들어와" 그래 가지고 우리도 이제, 어느 정도 하고 나서 나도 더 이상 다리가 그래서 퍼졌어.

그랬더니 영석이 아빠 들어왔지. 영석이 아빠도 무릎이, 핀이 박혀 있잖아요, 아직까지도…. 야, 그거를 올리면서, 물지게 하나 들고 올리면서 박근혜 욕을 한 수만 번을 한 거 같아. "이×, 저× 뭐 쌍×" 뭐서부터 난리가 난 거야. 그 영상을 보면 더 심해요. 〈비공개〉

거기서 그러면서 일주일 동안 진짜, 그 뙤약볕에. 맨 처음에 저희요, 그 동거차도 [산꼭대기에 있는] 돔에 있지 않았어요. 그 천막만 있었잖아. (면담자 : 예, 거기 가봤어요) 근데 그 천막이 아니라 1팀은요, 그 밑에 그 벼랑까지 내려갔어요. 그 큰 대형 현수막을 만들어서, 중국어로 "상하이샐비지 직원 여러분, 안전하게, 미수습자를 꼭 수습해 주세요" 이렇게 문구를 우리가 크게 만들어서, '응원의 메시지'를. 우리도 너무 바다를 얕봤지. 그 벽이 암벽이다 보니까 뾰족뾰족하잖아요. 며칠 못 가요, 그게. 다 찢겨져 가지고 날아가고. 그래서 그 벼랑 끝에다가 천막을 요만하게 쳐. 한두 사람 정도 들어갈 수 있는, 이불 좀 바닥에 놓고. 그래서 거기서 맨 처음에 망원경으로 [감시를 시작했어요]. 거기에 이제 소희 아빠가, 그 광화문에 가면 사진전 이렇게 보면 모자 쓰고 뒤에 그 미수습자 가족, 글씨 있고 (면담자 : 네, 유명한 사진이 있죠) 여기 가 있는 그게 소희 아빠예요. 그렇게 우리가 감시를 하기 시작하죠. 그렇게 해서 처음에는 거의 나하고 동수, 소희 아빠가 꾸준히 좀 있죠, 거기를.

김유신 사무처장은 올라와야 되고, 단비 아빠하고 있었구나, 가족들이 그때는. 첫 주자들이 근 보름 가까이 있었나 그럴 거예요. 그다음에 이제 반들이 돌아가면서 동거차도를 지키기 시작해서 [본격적으로 유가족들이 감시를 하게 된 거예요]. 나는 일단 갔다 왔으니까 올라와서 당시 생존 학생 학부모 대표이기도 하지만, 그 작업일지나 이런 것들을 제가 나름 초안을 만들어서 가족들한테 보내주고. 그리고 그 감시 활동을 하기 위해서 외장하드나 컴퓨터나 이런 것들 계속 갖고 내려오는 거, 백업시키는 작업들 요런 걸 하게 되죠. 그래서 작업일지 관리하고 그리고 다음에 누가 들어가는지 확인해 가지고 거기 교통편들이나 부식들 이런 것들 챙겨주기 시작하고, 그렇게 시작되는 거죠.

면담자 동거차도 그 천막을 누가 어떻게 세우셨나 했더니, (애진 아빠 : 그렇게 세운 거예요) 동수 아버지는 너무 그동안 힘드셨는지 지금 안면을 잘 (애진 아빠 : 그게) 인식을 못 하신다면서요?

애진 아빠 안면인식? 그럴 수 있죠. 애진이하고 비슷한 증상인 거 같은데. (면담자 : 그래요, 애진이가 그래요?) 애진이가… 처음에…, 애진이는 사람을 못 알아보진 않았는데, 당시 기억을 잊어버렸어요. 부분 부분 기억을 못 해. 그리고 지금도 난 의외로 지난번에 인권재단이나 이런 데서 자기 연설문, 지금 나한테도 있는데, 그 내용을 이렇게 보면 기억을 한 거 같은데 또 며칠 전에 내가 물어보니까 기억이 안 나는 부분이 있대요.

이제 그게 조금 조금씩 살아나는 거 같은데, 지금 동수가 조금 조금 살아나거든요. (면담자 : 아, 그래요) 예, 조금 조금. 이제 사람들이랑 얘기를 해보니까 또 몇 차례, 전명선이도 모르고[못 알아보기도 하고]. 그리고 동수가 기억상실, 기억이 안 날 때, 먼저 저한테 연락이 왔어요. 나한테 전화오더니 갑자기 저녁에 “야, 누군데, 거 누구냐” 그래. “뭔 얘기야?” 그랬더니 누군지 모르겠대, 내일 만나기로 했는데. “얘 봐라, 난 기억나냐?” 그랬더니 너만 기억난대. 동수 엄마가 나한테 그러더라고. 애진 아빠만 기억나고 딴 사람들은 기억을 못 한대요. “[목포에서 안산으로] 올라와라, 일단” 그래서 올라와서 얘기를 하더라고요.

난 맨 처음에 장난인 줄 알았어요. 그래서 '얘가 또 무슨 생각이 있나? 왜 이러지?' 전혀 그렇게 보이지도 않았는데. (면담자 : 너무 스트레스를 받아서) 근데 처음에는 그러려니 하고 [있었죠. 근데] 전명선이가 차에서 내렸는데 누군지 모르더라구요. "전명선이다" [그랬더니] "그러냐" [그러더라고요]. 그래서 안에 들어가서 얘기를 좀 한 1시간가량 하니까 이제 기억이 나는 거예요. 그리고 ××이가 됐든 일하는 실무관들도 누군지도 모르고, 전혀. 벌써 쳐다보는 게 좀 이상해. 지성이 아빠도 며칠 전에 같이 앞에 있는데 지성이 아빠[가] 저쪽에 담배 피고 있는데 [동수 아빠가] 누구냐고 [물어보더라고요], 지성이 아빠. 지성이 아빠가 거기 앉으면서 "동수 아빠, 식사하셨어요?" 그러니까, 내가 지성이 아빠한테 "지성이 아빠가 누군지 몰라요" 그랬더니 "에, 나를 몰라?" 이러더라고. 아직 뭐 그러고 있는 건데. 지금 몇 달이 지났는데, 사람이 아무리 거짓으로 해도 그렇게 참긴 쉽지 않아요. 근데 벌써 행동하는 거나 이런 게 되게 서먹서먹해요, 사람들하고. 그건 좀 시간이 지나야 될 거 같아요.

면담자 너무 좀 힘드신 거 같고, 병원 치료를 받으셔야 하지 않을까 싶은데….

애진 아빠 검사를 좀 받아야 될 거 같고.

면담자 예, 그런데 (애진 아빠 : 검사는 받았는데 결과가) 동수 아버지께서 이번에 선체 조사 문제 때문에 도보도 하신다는데요?

애진 아빠　　어쨌든 가족협의회에 공식적으로 안건 올렸는데 반대표들끼리 논의 결과, 다 반대. (면담자 : 도보하는 거) 예. 근데 동수는 하겠다는 거예요. 일단은 뭐 가족들 입장에서는 동수 상태가 그런데, (면담자 : 그니까요) 도보를 회의체계에서 결정하는 문제는 정말 무책임하다. 그리고 또 한 가지 현실적인 문제가 있다. 만약에 그렇게 했을 경우에 가족들이 동참을 해야 되는데, 과연 이게 가능하냐, 다른 일정들도 상당히 있고. (면담자 : 지금 8월에 하시는 거예요?) 아니요, 지금 9월로 미뤄놓은 상태예요. (면담자 : 지금 이런 더위에는 말도 안 되는 거여서) 예, 더위에 대한 문제가 좀 있었구요. 그래서 일단은 지금 뭐, 근데 동수는 "하겠다"라는 입장인 거고. 가족협의회에 얘기를 해야지만 공식적으로 사무처에서 결정나면 사무처에서 도움을 줄 순 있지만, 결정이 안 났는데 사무처에서 쉽게 하기는 좀 만만치 않은. 요것도 좀 서로 간에 다툼이 또 생길 거 같아 내가 봤을 때는.

면담자　　동수 아버지도 일단은 기본적으로 생존은 하셔야지 되는데, 제가 봐도 약간 무리인 거 같아요.

애진 아빠　　그래서 그런 거구요. 어쨌든 뭐 동수는 그러고[2019년 현재 동수 아빠는 회복이 되어, 진상규명분과장을 맡아 활동 중이다].

면담자　　동거차도 활동에 대한 질문에 이어 2015년 10월에 단원고 교실 존치를 위한 교육청 피케팅 활동에 대해 여쭙겠습니다.

애진 아빠　　이제 그때[교육청 피케팅 때]부터 우리 집사람이 결합을 해요. 〈비공개〉 그리고 기억교실 존치를 위한 교육청 피케팅을 간다라고 하는데, 되게 기뻐하더라고, 집사람이 피케팅에 가는 거에 있어서.

면담자 　　교실 존치에 대한 생존 학생 부모들 입장은 그때도 나뉘었던 거였죠?

애진 아빠 　　제가 봤을 땐 거의 90프로가 반대. 왜냐면 제가 그때 서울에서 내려와 가지고 교실을 한번 치우려고 했었던, 그때 얘기 들기로는 당시에는 그 부모들, 〈비공개〉 생존 학생 부모님들이 벌써 교장하고 얘기가 돼 있었던 [거 같고요]. 근데 교장 그때 진짜 판단 잘못했지. 그게 그렇게 해가지고 될 문제는 아니거든요. 그래서 뭐 어쨌든 피케팅을 집사람이 결합을 하기 시작하면서 (면담자 : 애진 아빠도 같이 피케팅을 하시고) 예, 거의 빠지지 않고 가죠. 그러면서 가족협의회 일을 하길래 내가, 그때 집사람도 몇 달 동안 되게 힘들어했었거든. 그랬는데 그런 기회가 오니까 되게 기뻐했고, 자기도 "뭔가 하겠다" [하더라고요]. 근데 나는 걱정이 됐죠. 자기가 "앞으로 하겠다"라고 하길래 "이겨낼 수 있으면 해라. 내가 볼 땐 당신 절대 못 이겨낼 거 같은데, 하고 싶으면 함 해봐라"[라고 했어요]. 이게 또 트라우마에 있어서 어떤 기회가 될 수도 있으니까. 우울증이나 이런 게 굉장히 심했거든요 집사람이, 그래 가지고.

면담자 　　애진 엄마는 어떤 것 때문에 우울증이 심하셨던 건가요?

애진 아빠 전에 다니던 회사에서도… 뭐랄까, 일부 여성들이 왕따를 시켰고, 그런 게 굉장히 좀 힘들어했었던 거고. 그리고 그런 것이 집에 들어와서 상의하고 논의해야 될 사람[남편]은 맨날 수련회니 뭐니 다니고. 본인이 생각했을 때는 대화를 하자고 그러면은 윽박지르고 "이렇다"라고(웃음) 판단을 하다 보니까 누구랑 대화할 수 있는 사람은 없고. 이런 것들이 뭐 전반적인 그런 게 우울증이잖아요. 물론 상대방이 내 입장에서 본다라면 나는 그런 적이 없는데, 목소리가 내가 클 뿐이고. 우리 집은 다 여자들이니까 조용조용해요, 우리 집사람 목소리 조용조용해요. 근데 나는 목소리가 좀 굵은 편이고 크다 보니까, 소리 지르는 걸로 들렸을, 이런 거죠. 나는 전혀 아닌데. 그러다 보니까 자기 의견도 잘 받아들여지지 않고 '자기 혼자밖에 없다' 이런. 그리고 애들도 그때 애진, ○○이도 다 커버리니까 그런 것들이 복합적으로 있다가 이 세월호 참사가 뻥 터지고 나서 민지의 상처가 워낙 컸던 거지.

면담자 애진이 어머님도 민지 상처가….

애진 아빠 예, 크죠. 민지 병원에 있을 때 민지가, 민지하고 집사람하고 "민지야. 미안해, 병문안은 갈게". 민지가 "언제 오실 거예요?" 그랬는데 못 갔거든, 결국은. 예, 그게 이제 좀…. 그리고 나서 수학여행을 갔으니까 그게 집사람한테는 굉장히 미안한 거였고, 그리고….

면담자 민지 가족하고도 교류가 많이 있으셨던 거예요?

애진 아빠　　저요?

면담자　　네.

애진 아빠　　아니요. 민지 우리 집에 있다가 밤 10시나 돼서 아빠 올 시간되면 내가 데려다주고. 민지가 큰아빠하고 아빠하고 잘 어울린다고 한번 만나보라고, 민지 아빠한테도 그 얘기를 했다 그러더라고, 민지가. 근데 어쩌다가 전화 통화를 두 번인가 세 번 정도 했어요. 특히 위도 놀러 갈 때, 그때는 내가 몇 차례 통화를 했죠. 민지 아빠도 "아 예, 잘 다녀오세요" 그래 가지고[그러면서] "민지 좀 죄송하게 맡기겠다"고 그래서 "걱정하지 마라" 그런 정도는 했었죠. 그러면서 어쨌든 그런 게 좀 있었고. 그리고 또 한동안 심해졌던 게 생존 학생 부모하고 유가족 사이에 있으면서 내가 굉장히 힘들어했었거든요. 그러다 보니까 한동안 매일 술 먹고 나 혼자서 끙끙 앓으니까, 집사람은 또 그게 힘들었던 거고. 초창기에 사진을 보면 제가 엄청 말랐잖아요. 지금도 물론 살이 잘 안 찌는데, 근데 굉장히 마르고 초췌한 모습들이 되니까 너무 힘든 거였지, 본인도. 그리고 애진이가 입는 상처들이 또 굉장히 컸고. 그래 가지고 뭐 좀 힘들어지는 상황이었는데, 어쨌든 그런 기회로 인해서 자기가 뭔가 좀 되기 시작했고….

면담자　　유가족 어머님들하고 같이 활동도 하고 연극 같은 것도 같이 하시고 이러면서 애진 어머님이 조금 나아지셨다고 생각을 하세요?

애진 아빠　　예, 전 그런 거는 있다라고 봐요. 일단 안정적이게 된 거죠. 근데 맨 처음에는, 지금은 1반에서 유일하게 생존 학생 학부모 중에 들어가 있는 게, 1반에 집사람이에요. 그럼 1반에 민지 아빠가 집회나 이런 게 있으면 집사람이 "저 갈게요" 그러면 1반으로 올려요. 근데 옛날에는 그러지 않았어. 그 전까지는 애진 엄마는 무조건 7반이었어. 1반은 애진 엄마가 어울리질 못하니까. 근데 7반은 영석이 아빠, 동수아빠 뭐 김유신, 전명선 이런 사람들이 있으니까, 나하고 친했거든. 동수 엄마가 같이 있으면서 맨날 집사람을 챙겼어요, 영석이 아빠도 영석이 엄마도. 그러니까 집사람은 7반인 거야. 그래서 맨날 "7반 세 명, 네 명 올라가" 그러면 거긴 집사람이 껴 있어요.

그렇게 해서 있다가 어느 순간에 민지 아빠가 1반 입장에서(웃음) 약 오른 거야. (면담자 : 일할 사람 하나 저쪽으로 가니) "1반인데 왜 그걸 7반으로 옮겨? 1반으로 바꿔" 그러니까 영석이 아빠가 신경질 난 거야. "야이씨, 여태까지는 챙기지도 않다가 이제 와가지고 말이야, 자기네 반 사람 없다고 1반으로 데려가? 그럼 데려가" 그래서 내가 "야, 뭐야 너네 둘이서, 무슨 우리 집사람이 동네북이야? 니가 필요하면 니가 데리고 가고, 니가 필요하면 데려가냐고, 이 사람들 봐라?" 그랬더니, 그럼 1반이니까 "이번 기회에 1반하고 해서 해라" 그래서 잘 된 거죠. 그래서 1반에 수진이 엄마, 종기 형[수진 아빠] 그리고 고운이 엄마도 그렇고, 물론 이젠 부럽긴 하지만 미워하거나 시기하거나 이런 건 없어요. 그래서 지금은 1반하고도 잘 어울려, 골고루 엄마들이라.

그래서 연극반 들어가면서, 동수 엄마 때문에 들어갔지만…, 처음에 예진이 엄마가 굉장히 좀 힘들어했죠. 정예진, 장애진 이름도 비슷하고 그리고 딸 가진 부모잖아요. 다른 연극반에 있는 분들은 다 남자 부모예요. 거기다가 또 집사람은 생존자 부모인데 이게 쉽겠냐고. 그래서 맨 처음에 스태프로 들어가려고 했던 거예요, 도와줄라고만. 그때도 내가 얘기했지만 "너 그거 쉽지 않다, 판단 잘해라" 그랬더니 하겠대. "그래, 그럼 동수 엄마 있으니까 잘 해봐라" 그래서 했는데. 맨 처음에는 그랬다가, 자연스럽게 이제 연극반 배우로 들어가게 됐고. 거기 태현이가[연극단 감독, 연극인] 우리 후배니까 태현이한테도 내가 신신당부를 좀 했고. 그러다 보니까 잘 어울리게 됐고, 지금은 예진 엄마하고 집사람하고 거긴 둘이 애진 엄마, 예진 엄마 안 불러요. 걔네 둘이는 꼭 "덕이 언니", 집사람은 "유신아" 이렇게 불러. 애 이름 잘못 불렀다가 또 상처가 될 수 있어서. 〈비공개〉 하여간 지금은 둘이서 죽고 못 사는 뭐, 아우[언니] 동생으로 지내고 있고. 잘 이제 연극반들하고 어울리고 있는 거죠.

면담자 11월 14일에 민중총궐기 때 백남기 농민께서 쓰러지시게 된 그날이죠. 그날 기억나시나요?

애진 아빠 아니, 쓰러진 건 기억이 나는, 그쪽 종로 쪽에서 그러신 건 나는데, 그렇죠, 종로 쪽이죠? (면담자 : 그때도 참가를 하신 거예요?) 하셨죠. 전 했죠. 근데 우리가 어디 있었지, 가족들이. 백남기 어르신 쪽엔 우리 없었어요. 그쪽은 아니었고, 아마 우린 계속 광화문이었을 거예요. 광화문에서… 그때 우리 어디로 갔지? 아, 아, 차량 몰고 그때는 청운동까지 들어갈 때야. 그래서 나는 방송차를 계속 갖고 왔다 갔다, 방송차 위에서 그 마이크를 제가 담당이어 가지고. 가족들은 뒤에 따라오고 오르락내리락 그거 했었죠.

면담자 그 방송을 계속 애진 아버님께서 하셨던 (애진 아빠 : 예, 했죠) 건가요? (애진 아빠 : 구호를 외치고) 위에서는 지성 아버님이 찍고 그 차를 운전하시면서 하신 건가요?

애진 아빠 아니요. 내려올 때는 제가 운전하고 갖고 와요. 그러면 세 명 중에 한 명이야, 꼭 운전은. 그니까 나는 내려올 때 내가 먼저 갖고 내려오고 그러면 홍진이 형, 아… 저기 저기 오준영이 아빠 오홍진 그리고 아니면 큰 건우 아빠 광배 형, 요 세 명이 거의 방송차를 담당을 하고. 도착을 하면 광배[건우] 아빠가 하든지 홍진이 형이 하든지 (면담자 : 운전을) 예, 그럼 저는 (면담자 : 방송을 하시고) 방송 차량, 왜냐면 그 음향장비를 다룰 수 있는 사람이 없어요. 예, 그래서 그거를 제가.

면담자 그 차 안에 계셨군요. (애진 아빠 : 위에 올라가 있죠) 애진 아버님이 배 운전도 배우셨다고 어디서 본 거 같은데, 그러고 보니까. (애진 아빠 : 예, 배도 배워요) 그거는 동거차도 들어가시고 나서 '배를 배워야겠다' 생각하신 거예요? 언제 배우신 거예요?

애진 아빠　　그래서 배를 사게 돼요. 어떻게 사게 되냐? 인제서야 이야기할 수 있는 거지만 7반 부모들 몇몇 분들 그리고 생존 학생 부모는 둘. 소희 아빠하고 내가 돈을 내죠. 우린 돈이 없으니까 소희 아빠하고 나는 500만 원씩. 애진이 그 저기 뭐야 그거, 저기 긴급자금 나온 그거 있었어요. 그거 아닌데, 뭐였는데. 아, 저 국민성금. 예, 그거를 이제 나눴는데, 그 돈이 나왔는데 애진이가 "이건 내 돈이 아니다" 그래 가지고 그 돈을 내죠. 그리고 500만 원, 500만 원 내고, [그리고 7반 유가족 몇몇이] 1000만 원씩 해가지고 그 배를 사요. 가족협의회에서는 구입을 못 하니까. 김유신, 이 사무처장이, 상호 아빠가 추진력이 좀 있어.

면담자　　가족협의회에서 왜 구입을 못 한다는 거예요?

애진 아빠　　돈이 어딨어요? (면담자 : 아… 돈이 없어서, 네) 네. 그래 가지고 사요. 욕이란 욕은 다 얻어먹으면서, 우린 저거 감시해야 된다고. 근데 이 김유신이 운전을 해요. 어렸을 때부터 아빠가 미역을 하셨대. 배 운전을 되게 잘해. 그러면서 나를 가르쳐. (면담자 : 그렇게 직접 배우신 거예요?) 그래서 나를 가르치고 김유신은 빠져. 사무처장이 거기 못 가 있잖아요. 그래서 이제 [동거차도에 사는] 옥영이 형이 달라붙죠. 그래서 옥영이 형한테 제가 배워요. 배도 마찬가지지만 주차하고 주정차가 제일 힘든 거예요. 그걸 배우면서 뱃길이나 이런 것들 배우는데, 한두 번 죽을 뻔하죠, 배가 뒤집힐 뻔해가지고. 이게 갑자기 배가 앞에 파도 확 와버리면 확.

면담자 이옥영 선장님도 참 예상치 못 한 일이었겠네요.

애진 아빠 어, 그러니까. 가르쳐요, 저를. 그래서 뱃길이나 이런 것들이, 어장이 있기 때문에. 그게 의외로 굉장히 빠른 배예요. (면담자 : 그렇죠) 모터가 250마력짜리가 두 개거든요. 그래서 그거를 거기서 배우기 시작하면서 레저 면허로 등록을 하죠.

면담자 그러면 시험을 보고 면허를?

애진 아빠 아니요. (면담자 : 아닌가요?) 그냥 그 레저 배로 해가지고 제가 서울 중구청에다가, 서울시청, 아 서울 중구청에다가 등록신청을 내요. 받아주더라고요. (면담자 : 그러면 되는 건가요?) 예, 5톤 미만은 레저 등록을 하면 돼요. 맨 처음 중구청은, 중구청 지금 서울 종로구청에 가 있지만 그때 그걸 서울 중구청에 내면서 스포츠 뭐 과가 있어요. 그 과에서 등록증을 발급을 해주더라고. 그래서 그 배를 본격적으로 운전을 하기 시작하는 거지.

면담자 갈 때마다 아버님이 운전을 해주신 건가요? (애진 아빠 : 네) 그러면은 거의 매주….

애진 아빠 거의 진실호가 뜰 때 운전은 제가 해요. 굉장히 많이 나갔던 거죠.

면담자 집회도 있고 동거차도 (애진 아빠 : 예, 왔다 갔다 해요) 방송차와 이 배와 모든 운전을 다 하고 계시는 거네요?

애진 아빠 왔다 갔다 그냥…. 그래서 그 배도.

면담자 그럼 지금 그 배를 운전하실 수 있는 분이 애진 아버님하고?

애진 아빠 김유신, 상호 아빠. 근데 상호 아빠는 요새 좀 안 나오니까 없죠, 지금. 그리고 등록도 제 이름으로 되어 있어요.

면담자 네.

애진 아빠 일단 그 배는 그래서 그 이후에 후원을 받죠. 그래서 그 돈을 받아서 다 나눠 가죠[나누죠], 다시. 그렇게 되는 배예요, 그 배가.

면담자 이 배는 앞으로 어떻게 되는 거예요?

애진 아빠 가족협의회의 자산으로 잡혀 있구요. 근데 이제 팔려고 해보니까 헐값이 됐어. 완전 헐값이 됐어. 그 당시에 1억, 1억 3000인가 4000 주고 산 건데, 지금은 뭐 거의 한 3, 4000밖에 안 나가는. 모터도 지금은 바로 직거래가 되다 보니까, 되게 이제 싸졌고, 그렇죠.

면담자 일단 동거차도를 가실 일이 별로 없으니까 이제.

애진 아빠 처분을 해야 되는데…. 그래서 요번에 제가 다다음 주에 동거차도를 들어가거든요. 목포 들렀다가, 목포에서 그 배를 수주하신 분하고 만나서 얘기 좀 해보고. 그리고 목포, 지금 컨테이너 쭉 있잖아요. 거기도 이제 그쪽 시민대책위하고 가족협의회에서 논의했던 내용들을 갖고 좀 전달도 해야 되고. 거기 정리하고 팽목 들어가서 우재 아빠하고 얘기하고, 진도 시민대책위하고 얘기를 정리 좀 하고. 그다음에 이제 동거차도 들어가서 거기 최종 확인하고, 어촌 계장 만나가지고 그쪽에서 좀 생각하신 내용들이나 이런 거 좀 듣고, 그리고 어느 정도 물량이 되는지 파악하고. 또 식사도 한 끼 대접을 해야 되기 때문에, 겸사겸사 그런 거 다 정리, 그래야지 8월 말일에 내려가도, 좀 준비하고 내려가야지 뭐 갑자기 뜬금없이 내려가 봤자.

면담자 언제 내려가세요? 저희랑 거의 겹칠 수도 있겠네요. 저희는 28일부터 31일까지 있거든요.

애진 아빠 우리는 31일 날 팽목에 내려가요. 그래서 거기서 1박을 하고, 아침 배로 들어갈 거예요.

면담자 저희랑 딱 어긋나시겠네요. (애진 아빠 : 예. 아침 배로) 저희는 가족분들 오실 때 피해서, 거기 복잡하면은 일하시기 힘드실까 봐.

애진 아빠 그런 건 없어요. 31일 날 내려가서 8월, 9월 1일 첫 배로 들어가서 한 2박 3일 있다가, 싹 철수하고 나와서 식사까지 다 하고 나와서 이제 팽목 정리하고 그러고 올라오는 거죠.

5
2016년 4·16 세월호 참사 관련 투쟁

면담자 2016년이 되면은 이제 생존 학생들이 졸업을 (애진 아빠 : 하죠) 하잖아요. 졸업식 기억나는 거 있으세요?

애진 아빠 있죠. 그때는 벌써 저하고 생존 학생 가족들하고는 갈라졌고 저 입장에서는, 어쨌든 언론사들이 그때는 반성을 좀 할 때여서 '졸업식도 난 언론들도 취재를 해야 된다'라고 생각을 했어요. 근데 일부 부모들은 반대한 거고 애들도 반대하고, 그 뭐 애들도 반대했는데. 그리고 벌써 학교 안에 들어간 부모들하고 학교 선생님들과 학교장은 이게 벌써 정리가 됐어요. 그래 가지고 거의 저를 배제하죠. 그리고 뭐 나도, 그리고 이제 표를 나눠 주죠. 표가 있는 사람만 들어가는 거예요. (면담자 : 근데 애진 아버님 못 들어가신 거예요?) 들어갔죠. 근데, 우리가 사진도 못 찍게… (면담자 : 학부모도?) 예, 졸업식 식장 안에는 절대 사진을 못 찍게 해요. 솔직히 내가 보면 오바도 한 거고, 그건 진짜 나중에 후회할 거야, 그거는. 그리고 나와서는 찍죠. 우리 딸내미니까.

면담자 졸업식 관련해서 사진을 하나도 못 찍게 한 건가요?

애진 아빠 예. (면담자 : 기자뿐 아니라 가족들이나) 예예. (면담자 : 그랬군요) 그렇게 하면서 애들이 그때 졸업 노래로 '인연' 노래를 부르죠. 많이들 울기도 했고. 나도 그런 노래가 있었는지도 몰랐지만, 워낙 이게 친구들에 대한 내용하고 너무 똑같아서. 그리고 저희는 나오고. 일부 유가족들이 당시 우리가 16가정인가 남았을 때니까, 소송을 벌써 하니까, 일부 유가족분들이 "이 16명이라도 어, 뭔가 졸업 선물을 줘야 되겠다" [하셨어요].

근데 벌써 16명을 뺀 나머지는, 일부 부모님들이 어디서 어떻게 했는지 모르겠지만 자기들끼리 돈을 모았다라고 그러더라고요. 같이 모아서 애들하고 같이 좀 했으면 좋겠는데, 우리 배제하고 자기네들끼리만 돈을 모아가지고 얘네들한테 선물을 주겠다는 거예요. 어이가 없는 거지. 무슨 애들 초등학교도 아니고, 그런 거 같은 거는 같이 하면 좋겠는데, "그래, 니들 맘대로 해" 하고 우리는 우리끼리 준비를 하려고 했는데 유가족들이 "우리가 해주겠다" 그래서 일부 부모님들이 애들한테 얼마짜리였더라, 30만 원인가 이 정도의 상품권을 하나씩 줘요, 16명을.

면담자 생존 학생들을 생각하면 좀 마음 아프네요. 그렇게 갈라지게 그렇게 하고, 참.

애진 아빠 예, 그래서… 뭐. [생존 학생 부모] 밴드에도 있어도[있어요], 아직 고런 내용들이. 난 지금 거기[밴드에서] 안 나가고, 계속 그걸 갖고 있는 건데. 왜냐면 나중에 그것도 다 백업시켜 가지고 갖고 있으려고. 근데 그렇게 하면 막 화도 나고 창피하기도 하고 이런 거예요. 그렇게 해서 일단은 뭐, 어쨌든 졸업이 끝나고 나니까 애진이도 이제 홀가분한 거야. 그리고 나 또한도, 이제는 학교

하고 상대 안 해도 되니까. 그리고 나는 2기 특조위가 만들어지면 조사신청을, 학교 거를 거의 한 27건을 내죠. 2기 특조위[가 아니라], 1기 특조위에다가. 근데 그 조사가 다 진행 못 됐죠, 그렇게 되죠.

면담자 75명 학생은 끝까지 단원고에 남아 있었나요?

애진 아빠 아니요, 아니요.

면담자 졸업할 때는 몇 명이었나요?

애진 아빠 74명.

면담자 74명이요? 한 명은 전학을 갔나요?

애진 아빠 하나는 애시당초 연수원에 있을 때, 그 어쨌든 부모님 조건이 안 좋아서 사회복지시설에 있는 애, 걘 수원으로 갔고, 나머진 다 졸업을 했죠. 전체 한 팔십 몇 명이 졸업했을걸요? 저기 수학여행 안 간 애들까지 포함해 가지고. 예, 86명인가로 내가 기억하는데.

〈비공개〉

6
1기 특조위 평가 및 2기 특조위 활동 관련 계획

면담자 특조위 이야기로 넘어가죠. 가협에서 특조위 활동에 어떻게 관여를 하고, 또 애진 아버님은 어떤 부분에 관심이 있으셨나요?

애진 아빠 일단은 세월호 참사에 대한 모든 진상 규명에 대한 부분이 있기 때문에, 2기 특조위 구성이 됐을 때, 일단은 진상규명분과장[이 진상 규명 과제와 관련된 대응을 했어요]. 〈비공개〉 실제 내가 팀장을 고만두게 된 이유가 있어요. 그거는 말마따나 소외감도 있어, 특조위에. 나도 특별법상에 피해자인데 유가족 중심으로 이루어지는 거고, 유가족에 대한 의견만을 얘네들이 받아들이고. 내가 백날 얘기해도 뭐 시큰둥하고 '당신 뭔데?' 이런 꼴이에요. (면담자 : 가협 간부인데도?) 응. 그러니 어쩔 수 없이 [진상규명분과장을 맡은] 훈이는 큰소리치는 거고, "뭐야, 이런 게 왜 안 돼, 왜 안 돼?" 이러면 훈이는 그 얘길 나한테 해줘요. 그럼 내가 훈이한테 "야, 이건 이렇게 하지 마. 저건 이렇게 했으면 좋겠어" 이런 게 있는데 그것 또한, 그렇다고 내가 훈이를 맨날 좇아다닐 수가 없잖아요.

거기에도 있겠지만 이제 이때쯤 되니까 가족들이 저한테 그 여러 가지 일들을 많이 요청을 하는 상태가 돼서, 그래서 한동안은 훈이하고 2기 특조위를 거의 매달리죠. 그러면서 사무실에서 앞으로 특조위가 이렇게 굴러가는데, 전원회의가 열릴 경우에 우리가 어떻게 대응을 해야 되고 그리고 피해자 조사 신청은 어떻게 할 건지, 그러면서 1소위에 조사신청 뭐, 2소위에 조사신청 뭐, 3소위 4소위 뭐, 이걸 하면서 학교 문제서부터 세월호 침몰서부터 쫙 우리가 조사신청을 만들기 시작해요.

근데 내 개인적 생각, 이건 다른 생각 얘긴데, 원래 조사신청을 내게 된다라면 거기 양식에 따라서 "어떠어떠한 부분에 이러이러한 게 있기 때문에 이런 조사신청을 해주세요". 거기에 따른 자료가 있다라면 우리가 첨부해 놓으면 되는데, 그건 아무래도 조사하기 위한[위해 도움이 된다고 생각했는데]. 근데 훈이는 그렇게 생각을 안 하지. 훈이는 "왜 그런, 유가족이 그것까지 해야 돼? 우린 조사신청 이거 해달라고 그러면, 그건 걔네들이 해야지. 만약에 우리가 자료 갖다주고 뭐 갖다줄 거면 걔들 뭐 하는 애들인데? 걔네들도 자료준비하고 해야…". 맞아. 틀린 건 아니야. 근데 일부 유가족들은 벌써 하고 있었거든, 그렇게. 그럴라면 좀 더 우리가 명분을 갖고 명확하게 제기하려면, 그에 따른 여러 가지 자료도 첨부해야 된다고 나는 보는 건데, 그거하고 좀 안 된 부분이 있어요. 이제 그렇게 하다가 특조위…를 계속 뭐라 그럴까, 훈이는 계속 오르락내리락 하면서 위원장들을 만나고 이러면서 굳이 내가 해줄 수 있는 역할들이 없더라구요.

면담자 수현이 아버지 경우는 자료를 많이 모으시지 않았나요?

애진 아빠 수현이 아빠 같은 경우는 광주지법에 있을 때, 거의 나도 한 번도 빠짐없이 내려갔지만 수현이 아빠, 제세호 아빠, 저기 오준영이 아빠 이런 분들이 많이 저걸 했죠. 재판 자료에 대한 부분들이 상당히 많아요. 수현 아빠는 주로 그게 많아요. 재판에 대한 타당성에 대한 문제, 거기다 합리적인 부분 이런 것들을 다 맥락을 정리하셔서 그걸 갖고 집요하게 제기를 하시는 거죠.

면담자 수현이 아버지는 왜 진상분과장을 그만두신 거예요?

애진 아빠 수현이 아버지가 마지막으로 "그만두겠다"라고 [할 때] 원래 내가 진상분과 그때 들어갈라고 했어요. 근데 수현이 아빠가 그만둔 거야.

면담자 왜 그만두신 거예요, 이사 가시면서 그러신 건가요?

애진 아빠 아니요. 수현이 아빠는 너무 가족협의회가 복잡하다는 거예요. 뭘 할라 그러면 일일이 학운위에서 보고하고, 거기서 결정받아야 되고. "이걸, 이걸 해야, 내가 내 자식 죽어가지고 진상규명하겠다는데 그렇게 하느냐?" 근데 그거는 훈이도 똑같아졌어. 처음에는 이게 조직 구조가 있으니까, 이러이러한 것들 얘기를 하고 여기서 논의해서 결정사항을 해야 되는데, 회의도 참석 안 하고 거의 혼자서 독고다이[독불장군]로 다니잖아. 〈비공개〉 수현이 아빠도 논의하는 구조에서, 글쎄 나는 누구도 틀리다고 안 봐요. 수현이 아빠는 청와대를 직접적으로 조사신청을 낸 거고, 훈이는 맨 마지막에 청와대로 올라갈라고 했던 거고. 가는 방향은 똑같은데 가는 방식이 틀린 거잖아. 그런 게 조절이 안 되는.

그래서 이제 그 사단이 난 거지. 1기 특조위가 고영주하고 그 저기 황전원 이사부터 해가지고, 당시 여당 [새누리당 추천] 위원들이 BH[청와대] 조사에 대한 부분이 딱 뜨니까 거기서 이제 바로 사단이 난 거지. 다음 조사도 해야 될 게 되게 많은데, 거기서부터 막혀버리고 파행으로 가기 시작한 거.

면담자 올해 초 새롭게 특조위가 꾸려졌고, 이제 조사관 선발 등등을 거쳐 본격적인 조사활동에 들어갈 텐데요. 어떻게 보시나요?

애진 아빠 2기 특조위요? 지금 2기 특조위는, 일단은 1기 때 과오들을 우리도 충분히 알고 있고, 한번 겪어보니까. 아… 대충 이제 1소위, 2소위, 3소위, 4소위, 황전원이까지 어쩔 수 없이 받아들였지만, 여기에 이제 분과장들이 각기 역할 담당을 해서 달라붙고 있거든. 그래서 지금 어쨌든 국무총리 인준을 받았고 예산까지 편성이 됐고 이제 채용을 해야 되는 거고, 조사관들을. 거기에 파견공무원들을 받아야 되거든요. 안산시도 마찬가지고. 이제 파견공무원이 구성이 되면 조사가 시작되겠죠. 근데 그거는 10월쯤에나 가능할 거 같은데. 그 기간까지 조사계획과 조사에 대한 내용들 이런 것들을, 1기 특조위에 대한 부분들 내용을, 일단 점검은 다 끝났어. 우리가 이제 거기에 다 달라붙어 있고.

면담자 황전원 씨는 왜 사퇴를 안 하는 건가요, 못 하는 건가요? 동수 아버지도 그 사람 때문에 단식하셨던 거 아니었나요?

애진 아빠 동수는 황전원 부분은 아니었고, 그거는 황전원이 거기가 묻힌 거고. (면담자 : 묻힌 건가요?) 갖다 얹어놓은 거고, 그 선조위에 대한 부분 때문에 [단식을 했던 거였어요]. 황전원이는요, 우리가 좀 고민이 됐어요. 그니까 내 입장도 그거는 훈이하고 같은 입장인데, 아니 사퇴, 사퇴를 해? 그게 야당 추천위원인데요. 그 피해자가 그걸 관여하는 거 솔직히 맞진 않거든요. 설사 이 사람이 고만둔다고 해도 다른 놈 똑같이 야당 추천위원이 또 들어올 텐데, 예를 들면 고영주 같은 애 들어오면 어떡할 건데요. 시간만 또 질질 끌 것이고. 그렇다고 위원장 입장에서는 한 소위를 위원장 권한으로 "당신, 배제" 이거 쉽지 않아요. 그거는 여야가 똑같을 거야. "위원장, 왜 이거 집행 안 하고 이 사람 배제시켜, 당신 뭐야?" 그러면 "피해자가 그랬어요" 이럴 거예요? 그거 못 하잖아요. 물론 반대하는 건 알지만 그건 위원장 입장에서는 쉽지 않은 거거든.

위원장이 그래서 결국 쇼부안[협상안]을 내놓지, 그 전날에. 결국은 우리가 어떻게 결정을 했냐면 "황전원이한테 모든 각서를 받자. 그리고 그에 따라서 위원장이 책임지게끔 만들면 된다"[고 결정을 했죠]. 그래서 그걸 받고 더 이상 질질 끌 수가 없어서 결정을 한 거죠. 근데 황전원이가 각서를 썼는데, 실제 그거 위증이잖아. 검찰에서 자기가 얘기했던 내용들이 그거에 있어 가지고 "다시는 그렇게 하지 않겠습니다"라는 게 들어가 있어서. 근데 나는 저 사람은요, 법판[법으로 다투는 상황에] 가면 또 어떻게 변할 사람인지 몰라. 그래서 어쩔 수 없이 데리고 가는 거예요, 지금.

면담자 동수 아버지는 선조위, (애진 아빠 : 이동곤) 선조위가 조사를 제대로 진행하지 않는 부분에 대한 거였군요?

애진 아빠 이동곤이하고 김×× 위원장에 대한 부분이 있는 건데, 지금 김×× 그 해양수산부 아니 목포해양대학교 교수잖아요.

이 사람도 어떻게 보면 해피아[해양수산부+마피아에서 나온 말로 해수부 출신 관료들의 이기적 집단을 일컫는 말]예요. 난 이분을 처음 봤을 때 '이 사람 문제 있다'라고 전 생각을 했어요. 왜냐하면 내가 아는 교수님들은, 제가 생각하는 교수님들은 그래도 좀 교육자잖아요. 나름 그렇게 살아왔기 때문에 사람을 상대하는 거서부터 말 한마디서부터 틀린 부분들이 있는 거거든요, 벌써.

근데 이 사람은 딱 와가지고, 난 딱 봤을 때 죄송한 얘기지만 '저게 교수야? 양××지'. 와가지고 가족들 있는 데서 와가지고, 뭐 전혀 거리낌 없이, 단 이틀 만에 "형 동생 하자" 그러고 술 먹고. '뭐 세상에 이런 사람이 다 있나' 주머니에 손 넣고 거만하게 하는 행동이, 난 그런 사람은 처음 봤어, 교수라고 그래서. '이 사람 뭔가 좀 이상하다'. 나중에 아니나 다를까, 자기가 마치 전문가라고 얘기를 하면서 자기에 대한 입장에 굽히질 않으려고, 논의구조 자체도 만들려고 하지도 않고 그거에 대한 실질적인 검증이나 이런 것도, 구체적인 자료나 이런 어떤 세월호에 대한 데이터도, 자기가 실질적으로 하는 게 아무것도 없는 거예요.

그런데 이런 사람이 얘기를 하는 와중에, 실제 해양플랜트에 대한 보고서를 이 사람은 벌써 봤고, 그걸 관여했던 사람이 전혀 아닌 듯이. "그럼 이 사람은 전체 보고서에서는, 종합보고서에서는 빠져라"라는 게 우리 가족협의회의 입장이었던 거예요. 동수는 거기에 강력하게 주장을 했는데, 얘도 또 독고다이[독불장군]야. 뭔가 논의가 돼야 되는데, 한번 꽂혀버리면 그냥 갔다 내질러 버리니까.

면담자 깜짝 놀랐어요. 갑자기 단식을 하셔가지고.

애진 아빠 아, 그러니까요. 그리고 왜 단식을 안에서 들어가서 하냐고, 내가 나와서 하라 그랬거든. 그리고 그날 쓰러진 날 몸 상태도 안 좋은데 황전원이가 또 내려올 때 뭐라고 했냐면, 단식을 멈추겠다고[멈추게 하겠다고] 내려왔어, 동수가 있는데. 동수가 내가 이제 갔는데 나한테 그러는 거야. 황전원이 오라 그러래. "왜 오라 그래? 그러면 황전원이 와서, 너 지금 이 상태에선 병원 가야 되는데 황전원이 와가지고 '병원 갔네? 단식 끝났네?' [하면 곤란하잖아]. 가는 건 좋은데, 황전원이 여기 오진 못하게 하자. 보내고 나랑 병원 가자" 그래서 황전원을 못 오게 한 거예요. 거기서 보내놓고 아예 만나지도 못하게 보내놓고 그다음에 황전원이 가고, 연대[4·16 연대]에다가 "전체 내용 보고를 좀 정리해서 올려라, 에스엔에스(SNS)에" 그래서 그렇게 올린 거예요.

면담자 가족들이 청해진과 국가를 상대로 낸 손해배상 소송의 재판결과에 대해선 어떻게 생각하시나요?

애진 아빠 이번 1심 2심 재판요[1심 재판], 중앙지법이요? 그 광주 재판하고 똑같은 얘기예요. 단지 이제 변했다라는 거는 정권이 바뀐 거지 뭐 재판부에 있어 가지고 저희는 뭐 변한 건 없다라고 봐요. 마찬가지로 정부, 잘못 있다[고 인정한 건] 그건 대통령 바뀌었으니까 [그런 거고] 단 그 잘못은 123정장, 김경일 정장에 대한 잘못이다, 국가 공무원으로서, 그니까 국가의 공무원이기 때문에 국가에 대한 [국가가 그것에 대한] 도의적인 책임이 있다. 퍼센트로 보면 20프로 차지했다라고 보면 되는 거고. 그리고 청해진도, 청해진 잘못 없다, 선장과 선원이 본연의 임무를 다하지 못했다, 근데 도의적으로 청해진도 잘못 있다. 이거 외에는 변한 게 아무것도 없는 거예요.

면담자 지금 가협 또는 가족분들의 일반적인 정서는 '어디까지는 처벌이 돼야 된다'라고 생각을 하시나요?

애진 아빠 아…, 그거는 얘기 못 하죠. 100프로 본다면 박근혜가 처벌받아야죠. 그거는 드러났잖아, 당시에 뭐 했는지를. 이거는 이런 거예요. 우리가 "왜 구조하지 않았느냐" 그리고 "세월호는 왜 침몰했냐"라는 거. 제일 중요한 건 구조하지 않은 거거든요. 근데, 이번에 그런 일이 있었어요. 이건 이제 내가 약간의 몸소 느낀 건데, 지난번 분향소에서 안산시가 철거 공사를 할 때 일부 보낼 때[데]가 없으니까 "서울, 그 기록물 관리[서울기록원]에서 내려오니까 시청에서 그때까지만 잠깐 보관하자. 그리고 어느 정도 양만 되면 그때 이제 철거하자" 그랬더니 안산시가(한숨) "철거를 해야 된다"는 거예요. "그럼 한쪽에 놔두고 여기까지만 철거하고 이거 하자, 내려올 동안만" [하기에], "아, 그럼 그렇게 해" [하고] 가족들이 받아들였어요, 안산시도.

근데 그다음 날 쓰레기통에 막 버렸잖아요. 위원장이 화가 난 거야. 난 맨 처음에 몰랐어. 조금 늦게 나갔거든요. 8시, 9시쯤에 한다고 그랬는데 나가니까 난리가 난 거야. 위원장이 "도대체 가족들 뭐 하는 거냐"고. 나한테 "팀장님" 가서 석유 갖고 오래. 아, 어떡해 위원장이 얘길 하는데. 근데 내가 위원장[의 성격]을 잘 알거든요. 갖고 왔어, 난. 그랬더니 안산시가 "왜 그러시냐고, 팀장님" 처음엔 그러더라고요. 갖고 오시라고 위원장이 화를 버럭 내더라고, [그래서] 갖고 왔어요. 그랬더니 여기다 뿌려버리래. 근데 웃기잖아. 그때까지만 해도 뿌리면 나를 말려야지, [이 공무원들이 시청에] 보고를 먼저 하는 거예요. 다 뿌리고 나서 소방서 왔어, 경찰하고.

이런 거예요. 당시 박근혜가[한테] 보고한 거야. 그리고 보고해서 지침 내려올 때까지 기다린 거지, 우리가 봤을 때는. 국가의 책임이 명확하게 있는 거예요. 123정, 그 광주 재판에서요, 그 사람 데이터양 아니, 1기 특조위 때 그 핸드폰 데이터 다 봤잖아요. 자꾸 끊겨, 뭘 전송하다가. 영상 전송한 거거든요. "거기 있냐", "있다", "그거 누구 담당자 있냐", "있다", "그럼 빨리 사진 찍어서 보내라" 사진 찍었어. 사진 전송했는데 안 되니까, 영상 보낸 거예요. 영상 찍고 계속 있었던 거야. 영상이 길어지니까 중간중간 끊어가지고 보낸다는 게, 그게 바다 한가운데에서 데이터 전송이 빨리 가겠냐고. 중간중간에 끊기는 작용들이 있었던 거거든요. 결국 그게 드러난 건데. 1기 특조위 때 드러난 내용들이, 그리고 누구한테 그 보고를 했고 그 보고가 어디에 갔는지를 조사하면 되는데 그 조사를[가] 못 이루어진 거죠. 그럼 그 시간 동안에 우리 얘기하는 골든타임 동안, 보고만 했고 촬영만 했고 전혀 구조하지 않은 거, 이건 "명확하게 국가에 대한 [국가가] 잘못이 있다"라는 걸 재판에 명시를 해야 되는 거거든, 국가의 잘못이라는 걸. 근데 지금 그게 그렇게 힘드냐고.

그래서 저희가 얘기했을 때는 "청와대까지, 박근혜까지 다 명백하게 조사를 받아야 된다". 한 예로 새누리당 그 누구야, 갑자기 까먹었네. 지금 바른미래당으로 갔죠. 그 국회의원, 지금 대구로, 무소속으로 출마해 가지고 당선됐잖아. 유 (면담자 : 유승민) 어, 유승민이요. 저는 그 사람이요, 난 솔직히 안 좋아하긴 해요. 근데 보수도 저런 사람이 있으면 좋다는 거야. 국회, 그 전명선 위원장하고 나하고 들어갔을 때 그때 세 가지 얘기했어. 세월호 2기 특조위, 아니 1기 특조위에 대한 부분 그리고 1기 특조위 그때 뭐였더라, 위원 추천이었나? 뭐 이런 부분이었어. 그리고 그 성역 없는 수사. 그리고 또 하나가 뭐였….

면담자 지금 가족분들이 몇 분을 추천할 수 있나요?

애진 아빠 가족들의 추천은 없어요. 세월호 1기 특조위나 2기 특조위는 국회 여야 추천위원 그리고 국무총리. 국무총리래, 국회의장. (면담자 : 국회의장 추천) 예. 그리고 대한변협. 1기 때 그랬죠. 지금도 2기도 대한변협이 있죠.

면담자 가족들의 의견은 지금 어느 쪽에서 받아서….

애진 아빠 민주당, 민주당에 우리가 얘기를 하죠. 그리고 국회의장한테도 얘기를 하죠. 그래서 지금 국회, 아… 국회의장 추천위원이 의장이 되죠. 그래서 지금 장완익 변호사가 의장. 그리고 이제 민변, 민변이래, 대한변협에서는 이제 또 황 변호사가 들어가 있는 거고. 그래서 그때 유승민이 뭐라 그랬냐면, 우리가 딱 들어갔을 때, 난 그런 사람 첨 봤어. 당시에도 새누리당이었으니까. 벌떡 일어나더라고요. 그러더니 우리가 들어오니까 "앉으세요" 하고 (두 손을 모으고 허리를 곧게 편 자세로 바꿔 앉으며) 딱 이 자세를 하고 계시더라고. 그리고 우리가 있는데 이렇게 앉아가지고, 그러면서 우리가 얘기한 "세 가지 조건들을 다 하겠다" 그래 가지고 결국은 "성역 없는 수사해야 된다" 이야기했다가 모가지 날라간 거죠. 근데 유승민이 뭐라고 그랬냐면 "세월호는 이념적이지… 이념적이면 안 된다. 그리고 여야가 따로 없다, 철저하게 진상 규명을 해야 되고, 어… 해야 된다"라는 걸 좀 명확하게 얘기하신 분이에요. 그래서 그때 유승민 그게 있었는데, 어쨌든 여야 추천위원들이 정해져 있다 보니 이게 뭐 2기[1기] 특조위가 그렇게 된 거죠.

7
4·16 세월호 참사 피해지원에 관한 입장

면담자 애진이 아버님이 보시기에 지금 생존 학생들과 관련해서 걱정되는 부분은 어떤 것들이 있나요. 의료지원이나 다른 종류의 지원, 심리적인 지지 혹은 사회적 관심 등 어떤 부분이 부족하다거나 아예 관심도 없다든지, 제일 걱정되는 거나 필요한 부분이 있는지 말씀해 주세요.

애진 아빠 그거는 제가 정리해 놓은 게 있어요. 제 머릿속에도 똑같은 거지만, 어쨌든 다시는 이런 참사가 일어나면 안 되는 거잖아요. 근데 우리나라가 몇십 년에 한 번씩 꼭 해양사고가 크게 일어나는데, 일어나면 안 되지만 만약에 일어난다라고 한다라면 '정말 국가가 이런 건 해야 되겠다'라는 거죠. 그래서 우리가 싸우는 건, 물론 당연히 진상 규명에 대한 거는 기본적인 거고, 피해자에 대한 지원이 좀 명확하게 이루어져야 된다.

뭐 돈으로 물질적으로 이런 문제가 아니라, 얘네들은 학생이잖아요. 학생의 고등학교 추억이라는 건 어마어마한, 인생에 있어 가지고 최대의 저거인데. 이 아이들이 그만큼에 대한 정신적인 충격을 받았고, 그 삶은 분명히 어느 순간에 나타날 텐데…, 나는 의료지원은 국가가 명확하게 해야 된다는 거예요. 이거는 생존 학생들뿐만이 아니라 모든 피해자들한테는 의료지원은 의료지원대로, 국가가 잘못했다라고 공식적으로 그거에 대한 배상이 있다라고 하면 정당한 배상 속에서, 배상은 배상대로 이루어져야 된다라는 거예요. 당연히 배상도 나는 많이 받아야 된다고 봐요.

우리가 흔히 얘기하는 현장의 안전이나 이런 것들 많이 중요시 여기는 거고, 특히 세월호 일로 인해서 많은 아이들에 대한 안정을 중요시 여기는데 사람 목숨이, 정말 나라가 자본주의지만 정말 그 목숨이 어마어마한 값어치가 있다라고 본다라면 이렇게 안전을 소홀히 하지 않고, 국가가 이렇게 무책임하게 행동하진 않았을 거예요. 이런 참사가 있다라면 당연히 낱낱이 국가가 나서서 조사를 해야지, 피해자가 여태까지, 제가 기록을 했지만 피해자가 모든 것들을 싸움을 해가면서까지, 목숨까지 내놓아 가면서, 정말 이거 조사해 달라는 특조위를 만들기까지가 벌써 4년이 넘어가잖아요. 세상에 이런 나라도 없을 거란 거죠.

이건 국가가 알아서 조사를 해야 되고, 아무리 누가 하든 간에 당시에 대통령이라도 조사를 받아야 되는 내용이죠. 난 이 사람이 잘못이 있다 이런 문제가 아니라 국가 수장으로서 조사를 받아야 되는 부분이고, 이거는 국민들이 요구하는 부분이다라는 거예요. 국민 600만 명이 넘게 서명을 한 건 어느 국가에서도 무시 못 하는 거잖아요. 특히 대한민국에서 대통령 선거하더래도 600만 표는 어마어마한 거죠. 이거에 대한 부분이 있어서 국가에 대한 책임은 명확한 거고, 그거에 대한 조사가 이루어진다면 받아야 된다라는 거예요. 그리고 당연히 여기에 대한 책임자는 처벌을 받아야 된다는 거예요.

그것이 "국가가 의료지원에 뭐 비용을 어마어마하게 쓴다" 그러지만, 실제 제대로 된 책임자 처벌에 대한 관련한 부분이라면[부분이 해결된다면], 피해자들에 대한 의료지원보다 많은 피해자들이 정신적인 고통이나 트라우마가, 우리가 흔히 얘기하는 피티에스디(PTSD) 증후군이라는 외상 후 스트레스[장애] 증후군이 그나마 해소될 거라고 봐요. 물론 그게 상처적으로 남는 사람들은 있겠지만, 그것은 이 피해자들한테 상당히 중요한 정신적인 치유거든요. 나는 이것만큼은 국가가 명확하게 해야 된다[고 봐요]. 그래서 세 가지, 의료지원과 배상과 국가에 대한 책임은 명확하게 국가가 책임져야 된다[고 봐요].

면담자 지금 말씀해 주신 건 총론 같은 말씀인 것 같고, 특별히 생존 학생들에 대해서 아무래도 애진이도 보시고 그러니까. 형제자매와 생존 학생의 차이라든지, 특별히 다른 어떤 지원이 생존 학생들에게 필요하다든지 아니면 어떤 부분이 결정적으로 문제였다든지 이런….

애진 아빠 아니, 저는 그 얘기에 있어 가지고, 제가 그 얘기는 못 할 거 같아요. 왜냐면 벌써 기록 속에서 다양한 의견들이 있었던 거지만, 제가 부모들하고도 주장을 했던 이유는, 어쨌든 이 참사는 일어났고, 당사자가 됐고 생존 학생들, 생존 학생뿐만 아니라 어른들도 있지만, 물론 학생으로 본다라면, 얘기했죠? "참사가 일어났기 때문에 이 아이들에 대한 배상과 의료지원은 정부가 책임져 줘야 된다"라는 거를. 왜냐, 이 아이들은 아직까지 살날이 많고, 이 아이들의 고통들은 굉장히 심할 거기 때문에, 그래서 우리가 얘기하는 생애 전 주기 치료지원은 국가가 책임져 달라는 건데, 그건 이 애들만 해당되는 부분은 아니거든요. (면담자 : 형제자매와 유가족) 유가족들도 다 보는 건데, 이 애들한테 그러면은 실질적으로 해줄 수 있는 게 뭘까, 돈? 명예? 애들한테 뭔 명예. 이런 것들이 과연 산 자한테 명예라는 부분이 필요한 건지. 돈? 당연히 얘네들도 아까 말씀드렸지만 배상받아야죠.

면담자 배상과 의료지원과 국가적 책임에 대해 잘 지적해 주신 것 같고요. 추가적으로 학생들의 경험을 보면은, 예를 들어서 친구관계에서도 어려움이 생긴다든지 아니면 예전엔 친했었는데 생존 학생의 형제자매와 유가족의 형제자매의 관계 같은 게 어려워진다든지, 학생들의 또래관계가 굉장히 일그러지거나 힘들거나 이런 경험이….

애진 아빠 그거는, 제가 아까 말씀드렸듯이 △△가 우리 ○○이하고, 그래서 제가 그 말씀드렸잖아요. 형제자매들끼리에 대한 그, 산 애하고 희생당한 애하고의, 요 관계가 얘네들도 똑같다는 거예요. 얘네들도 한 예로 '메모리아'라는 모임이 있어요. 지금은 모임을 안 하고 있지만, 애들이 바빠서. 형제자매들 모임이 있어요. 이걸 한번은 같이 묶어볼라고 했는데 양쪽[희생자 형제자매와 생존자 형제자매]이 다 반대를 하는 거죠. 왜 그러겠어요? 뻔한 거죠. 솔직히 그것도 나는 가슴이 아픈데…, 이 관계를 누가 만들었냐라는 거지. 국가에 대한 책임이 명확하게 있는 거예요. 그 사람들이 잘못인데 왜 얘네들이 고통을 받아야 되는 거고.

그리고 얘네들도 뭐 굳이 이게 아까 그 답변에는 맞는지 모르겠지만, 얘네들이 어디 가서 세월호란 얘기를 안 하거든요. 지금 대학 들어가 가지고 "나는 세월호다"라는 얘기를 안 하는 애가 있는가 하면 어떤 애는 하는 애가 있고, 그리고 뭐 애진이 같이 당당하게 그게 "내가 죄 지은 것도 아니고…, 대신에 나는 부끄럽지 않게 살겠어, 나는" 이렇게 나가는 애들이 있는데, 그 속에서 그 애들하고 내가 직접적으로 그래서 어떻게 했는데. 만나보지도 못하지만, 애진이를 통해서 메모리아 애들을 통해서 들어보면 실제 그거에 있어 가지고 아예 숨어서 지내는 애들이 있는가 하면 아까같이 말씀드렸… 그렇게 지내는 애들, 이 정도는 제가 알고 있는 상황이지. 나머지는 구체적으로 있어 가지고는 기본 현실적인, 얘기했다시피 어디 가서 세월호 얘기 안 하고 그리고 뭐 세월호… (면담자 : 우리가 어쩔 수 없는 그런 상처로 가지고 갈 수밖에 없는) 저는 방법이 없다라고 봐요.

그래서 결국은 얘네들이 벌써 성인이 됐고 성인이 되면 자기가 힘들면은 판단을 해서 치료 지원을 받든지 아니면 어떤 다른, 그 피티에스디(PTSD)를 이겨낼 수 있는 방법을 찾을 수밖에 없는 거거든. (면담자 : 본인이 직접 해야 된다는 거죠?) 그게 뭐, 지금은 뭐 개인 [인권] 신장이 워낙 커져서 본인이 원하지 않으면 말마따나 나중에 미쳐가면 강제로 하는, 이거밖에 없는 거잖아요. 애시당초 초기 대응을 잘했어야지, 정부… 어, 당시 언론이나 이런 데서부터 해가지고.

면담자 네. 아버님이 무슨 생각을 가지고 계신가 여쭤보고 싶었구요. 이제 마무리를 하는 질문을 몇 개 드릴게요.

8
투쟁의 원동력이 되는 가족

면담자 이제 4년이 됐잖아요. 애진 아버지께서 이렇게 지속적으로 활동에 참여할 수 있었던 이유는 뭐라고 생각하시나요?

애진 아빠 아이 때문이죠, 아이 때문. 일단 기본적으로 나도 부모인지라, 아이 때문인 거고. 아이가 우리 애진이뿐만이 아니라 그 많은 애들이 있잖아요. 나하고 같이 생활했던 애들, 우리 집에 맨날 왔던 애들, 다 내 자식들이고 내 자식 친구들인데 결국 이 애들은 죽었고 얘는 살았지만 얘들, 죽은 애들 잘못이 아니잖아요. 우리 애가 이렇게 힘들어하는 부분들은, 그런 게 있는 거고. 어쨌든 그 수많은 아이들이 죽었는데 국가에 대한… 국가가 아무런 책임을 지지 않는 자세…. 국민의 한 사람으로서, 어른으로서 이거에 있어 가지고 나는 분노를 갖는다라는 거죠. 당연히 저항할 수밖에 없고, 그거에 있어 가지고 "국가가 잘못했다"라고 난 당당하게 "잘못했다"라고 얘기를 할 수 있는 그런 거죠. 그러기 때문에 지금까지 오는 거고. 물론 경제적인 어려움들이나 다 있을 수 있지만 내가 원칙적으로 생각하는 건, '돈은 다시 벌 수도 있고'. 물론 "나이 들면 못 번다" 이런 얘기도 많이 하지만 '못 먹고 못 사는 정도 아니다, 어렵게 살 뿐이지, 그 정도까지는 아니다'. 그리고 '아이들한테 그 정도까지 내가 부끄러운 놈이 되고 싶진 않다'라는 게 좀 있는 거고.

그리고 가족의 힘이 제일 컸던 거고. 그리고 결국은 이렇게 결에 있어주면 이분들도 다 품에 안을 거고 내 자식들이고. 이제 애진이, 분향… 저기 뭐야 [유가족] 대기실 와도, [가족협의회] 사무실에서 버젓이 있어가지고 컴퓨터 치더라도, 옛날에는 부모님들이 애진이 보지도 못했지. 지금은 "애진이 왔어, 어떻게 요새 뭐 하고 지내?" [하시고], 딸 가진 부모들도 장난 걸고 이러거든요. 그치, 예쁘지, 내 자식인데. 그리고 예진이 엄마도 그런 얘기했지만 "애진이를 보면 예진이가 커 가는 모습을 본다"라는 거예요. 그거 다 부모 마음인데, 이제 그런 관계가 됐고, 그게 부모가 아닌가 봐요[아닌가 싶어요]. 결국은 내가 바라던 게 이거 아니었나. 내 자식이 좀 더 자신감 갖고 살아갈 수 있도록. 그래서 지금까지 올 수 있었던 거 같아요.

면담자 네. 지금 생각해 보실 때 지난 4년간에 본인의 활동이나 선택 중에서 혹시 후회되는 점이 있으신가요? 이건 내가 좀 잘못 선택했던 것 같다거나, 아쉽거나.

애진 아빠 있죠, 있는데 갑자기 생각이 안 나네. 없진 않겠죠, 있겠죠. 일단 생존 학생 대표를 맡지 말걸…. 맡지 말고 그냥 묵묵하게 나 혼자 왔을걸[할걸], 굳이 사람을 조직하지 말걸. 물론 내가 대표를 맡아서 조직하고 그것도 장단점이 있겠지만 솔직히 그 생각이 들어요.

면담자 혼자 이쪽에 참여해서 지지해 줄걸, 거기서 대표를 맡으시니까 더 어려움이 있었단 거죠?

애진 아빠 예. 그렇지 않았으면 가족들도 안 힘들었을 거고, 나도 그렇게 힘들지 않았을 거 같아. 맨날 노동조합 조직된 생활에서 우리 사람들만 보다가 이 참사를 바깥에서 보니까 세상에 못된 사람들이 너무 많더라고. 근데 굳이, 이런 사람들 눈에 훤히 보이고 이 사람들을 뭐… 1, 2년에 이 사람들[을] 사람 만들 수도 없는 건데, 굳이 내가 왜 이 사람들 다 안고 가야 되나 그런 것들이 좀 있는 거.

면담자 지금 제 질문하고 같은 답이실 거 같은데, 이게 아마 본인을 지난 4년 동안 가장 힘들게 했던 그런 점이셨던 거 같아요, 맞죠? (애진 아빠 : 응) 네, 지난 4년 동안 애진 아버지에게 가장 위안이 되었었던 점이 있다면 어떤 게 있을까요?

애진 아빠 위안이 된 거, 그거는 집안이죠, 집안. 우리 집이지. 특히 이제 집사람. 어린 나이에 나 만나가지고 묵묵하게 그냥 내 뒤만 쫓아오고 항상 지켜준 게. 그리고 내가 하는 일에 있어 가지고, 아닌 걸 알면서도 꿋꿋하게 따라준 게 고맙죠. (면담자 : (웃으며) 그런데 왜 버럭버럭하세요?) 이 목소리가 커서 버럭버럭한 거지, 집사람한테 뭐 내가, 뭐가 있겠어요.

면담자 4·16의 경험이 세상에 대한 관점이나 삶에 대한 태도의 변화를 가져온 건 어떤 것이 있을까요?

애진 아빠 엄청난 변화를 줬죠. 그건 뭐 제가 말씀드렸잖아요. 제가 현장을 고만두게 된 배경이, [평상시 같으면] 노동조합 활동만 하면 되지, 근데 아이들이 희생당한 상태에서 내가 직장에서 임금 협상이나 단체협약, 뭐 사람 사는 세상을 만들겠다, 아이들이 없는 세상에 뭘 만들어요. 물론 그 신념 하나로 오긴 했는데, 난 '사람[이] 소중하다'라고 봐요. 근데 애진이 말마따나 "그 사람이 없다"라고 한다라면, 뭐 그건 아무, 무의미하죠. 근데 그 사람이 애들인데. 애들이 어쨌든 우리가 흔히 하는 좋은 얘기로 표현하면, 대한민국의 미래인데. 정말 미래는 맞잖아. 근데 그 아이들이 250명이 죽었네, 학교에서. 그것도 학교 교육을 하다가. 난 그래서 '우리나라 교육은 썩었다'라고 생각해요. 아이들이 죽은 교육이 무슨 교육이야.

9
4·16 세월호 참사 이후 타인에 대한 인식 변화

면담자 가족이나 국가나 안산, 이웃 이런 부분에 대해서 좀 생각이 바뀌신 게 있나요?

애진 아빠 일단 사람 만나는 건 전 별로, 이제 안 좋아해요. 사람을 내가 미워하지는 않지만, 일부러 사람을 찾아다니면서 "만나자" 이런 거는 안 하기로 했어. 워낙 상처를 많이 받았고. 그리고 다른 사람들이랑 웬만하면…, 내가 어제도 큰 건우 아빠하고 얘기했지만 며칠 전 제가 2박 3일을 [여행을] 갔다 왔어요. 예진이 엄마가 그걸 또 페북에 올리셨더라고. 거기 갔다 오면서 내가 느낀 거는 '우리 세월호 유가족들과 우리 같이 활동하는 가족들은 절대 이건 치유가 될 수 없다. 그리고 일반적인 사람을 만날 수가 없다'라고 난 생각을 해요, 당분간은. 왜냐면 그 속에서 어떤 얘길[얘기가] 한마디라도 나오는 순간, 이 사람들은 순간의 감정이[에 따라] 죽을 수도 있고 살릴 수도[살 수도] 있는 거예요.

세월호를 기억하고 함께했던 시민들, 이분들하고 예진이네하고 우리하고 갔던 건데, 이분들은 '당분간은 몇 년 동안만이라도 이분들하고 못해도 분기별에 한 번씩, 여행을 가거나 어디를 가서 대화를 좀 나누자. 그러고 나서 2, 3년이 흘렀을 때 일반적인 사람들을 만나보는 요런 과정들을 갖자'. 안 그러면 지금의 다른 새로운 사람들을 만나서 극복하기가 쉽지 않아요. 아무리 무슨 얘기 나와도 세월호가 안 나올 수가 없는 거거든. 근데 같이 활동하고 있던 사람들은 다 알기 때문에, 그리고 또한 이 사람들이 세월호를 얘기해도, 그걸 우린 자연스럽게 받아들일 수 있는 거거든. 왜냐, 이 사람들에 대한 믿음감이 있기 때문에. 여태까지 활동했던 그래서 이 사람들이 세월호를 욕되게 할 것도 아니고 아이들을 욕되게 할 게 아니거든요. 그리고 설사 어떤 말에 실수했어도 저 사람의 진심이 아닌 걸 알기 때문에. 그래서 이런 훈련과정이 난 좀 필요하다라고 보거든요. 나는 정말 사람이나 이런 것들에 있어 가지고는 그걸 굉장히 많이 느꼈어요. 물론 유가족들도 그러겠지만. 몰라요, 난 다른 생존 학생 부모들은 모르지만 나는 지금 4년 동안 오면서 그런 것들이 굉장히 좀 나한테 다가오더라고.

면담자 안산에서 오랫동안 지역활동 하셨잖아요. 안산에 대해 특별히 무슨 생각이나 이웃에 대해서….

애진 아빠 이웃을 얘기하는 게 여기 '이웃'[치유 공간 이웃] 얘기하는 건 아니죠? (면담자 : 그건 아니죠) 많은 이웃들이 있는데,

면담자 안산 주민들, 노동자들, 같이 있었던 사람들 아니면 활동가들….

애진 아빠 활동가들은 좀 아쉬운 거는…, 활동가들 정책 방향이 좀… '지난 20년이 넘도록 활동하는 과정에서 문제가 있다'라고 생각이 드는 게, 진작에 좀 시민사회를 뒤돌아볼걸. 현장 중심으로 현장 조직으로 가다 보니까, 이러한 참사가 났을 때 시민들과 어울리지 못하는, 활동가들만의 활동을 하는, 이런 것들이 너무 눈에 보이더라고. 거기에 목소리도 못 내고… 그냥 운동권으로 낙인찍히고. 그래서 시민·사회단체들이랑 충분한 연대활동도 갖고 지역사회, 지역시민들이랑 어울리는 여러 가지 사업들을 충분히 했어야 되는데, 그게 못 한 게 좀 안쓰… 이런 참사로 인해서 많이 느껴요.

10
앞으로 삶의 계획 및 활동 방안

면담자 현재 가장 고민되는 문제는 무엇인가요?

애진 아빠 2기 특조위요.

면담자 어떤 점에서 고민되세요?

애진 아빠 고민되는 거보다도… 고민, 불안하죠. 2기 특조위가 마지막이 될 거라는 생각이 너무 있어. 그리고 정말 고민되는 건, 물론 그건 당연한 거 같긴 한데 당연하다고 믿지 않고 싶은 게, 결국 미제 사건이[으로] 남을 거냐. 우리가 누누이 얘기했지만 낱낱이 밝혀지고, 정말 새로운 세상에 있어서 더 이상 이런 참사가 나지 않으려면 정말 더 이상 악풀이[나쁜 방향으로 되풀이]가 되면 안 되잖아요. 그러[려]면은 정말 이번 세월호 참사는 역대 어떤 참사보다도 큰 참사기 때문에 잘 밝혀져야 되는데, 그런 게 남을까 봐 걱정이에요, 그게 제일.

면담자 요즘 애진이와의 관계는 어떠신가요?

애진 아빠 그냥 엄마와, 아니 아빠와 딸이지 뭐. 평범한 아빠와 딸. 나는 버럭하고, 걔는 그냥 걔도 버럭하고. 지금 뭐 친해질 순 없잖아요, 다 큰 애를 뭐. (면담자 : 그렇죠, 세대 차이도 있고) 그렇죠, 세대 차이 많이 나더라고.

면담자 저희가 이제 서서히 마무리를 할 시점인데요. 애진 아버지에게 앞으로의 삶에서 한 가지 목표라든지 꿈이 있으시다면 무엇이 있을까요?

애진 아빠 목표는 없어요. 꿈은, 아… 꿈이 아니고 이루어져야 될 게, 일단 말씀드렸잖아요. 가족들 곁에 내가 있어주는 게…, 그리고 우리 아이가 살아 [돌아]왔기 때문에 정말 어쨌든 저 친구들이랑 있다가 저 친구는 희생당했고 우리 애진이는 살았지만, 고마운

마음으로 살아야죠. 그리고 가족협의회나 앞으로 생존 학생들도 있기 때문에 그 형제자매, 유가족 형제자매도 있고 피해자들이 있기 때문에, 이런 어떤 국가제도 속에서 재단이나 이런 것들이, 저 아이들 몫까지 정말 올바르게 갔으면 좋겠어.

어떤 다툼이나 이런 것들이, 나중에 가족협의회에서 형제자매들하고 우리 생존 학생들하고 이런 다툼들이나 이런 게 분명히 있을 텐데. 난 없다라곤 못[안] 봐요. 얘네들은 커서 "나는 당사자다" 이렇게 얘기하고, 유가족은 또 "형제자매다" 이러면서 그런 어떤 다툼이 안 생기게끔 [4·16]재단과 4·16가족협의회가 잘… 피해자들 어울려야[아울러야] 될 거 같아. 그래서 정말 우리가 목표했던, 그래도 뭐 다 큰 어른들이고 자식 잃은 부모들이고 상처받은 부모들인데 국민들하고 약속은 지켜야지.

면담자 아버님 같은 경우 안산을 떠나고 싶다든지, 사실 면담하다 보면은 안산을 지긋지긋해하시는 분들도 (애진 아빠 : 많죠) 많이 계세요.

애진 아빠 저는 솔직히 살고, 여기 안산에 살고 싶지 않아요, 저도. 그전에 떠날라고 했었던 거고, 현장 생활이 너무 힘들고 [해서] 근데 참사 나고 나서도… 가고 싶기도 해요, 지금. 당연히 처갓집도 있으니까, 비어 있는 집도 있는데… '가면 뭐든 못 해', 하는데, 아씨 억울해서 못 가겠는 거야. 그래도 안전공원이라도 만들어지고 재단이 이렇게 서고 뭔가 사업하는 걸 보고 가면…. 그리고 나는 지금 내년 생각을 하고 있는데, 일단 내년에 임기가 끝나고 가족협의회 제대로 된 구성이 되는데, 아… 솔직히 내년에 빠지지 못하면 이게 쉽지 않을 거 같아요.

면담자 지금 상황에 내년에 빠지실 수 있겠어요?

애진 아빠 내년에 임… 근데 내년에 임기가 다들 끝나기 때문에, 벌써 지금 "고만두시겠다"라는 분들이 쭉쭉 나오니까, 너무 힘들어서.

면담자 재임을 하실 수 있는 거잖아요, 그죠?

애진 아빠 안 돼요. (면담자 : 안 돼요?) 저요? 아… 저는 상관이 없어요. 임원진들이나 분과장들인데, 지금 만약에, 그렇다고 빠진다고 해서 내가 이 활동을 안 한다라는 게 아니라, 일단 나도 사람인지라 벌어먹어야 되는 부분이 있거든요. 그래서 좀 구상하는 건 있는데 일부 정도는 좀 정리를 하지 않으면, 그 어쨌든 2기 특조위가 구성이 되고 그 싸움들이, 그니까 뭔가 싸움이 빡치게 열린다면, 그 싸움에 있어 가지고 당연히 움직이겠지만 지금 현재는 어쨌든 큰 싸움이나 이런 부분이 아니라 제대로 된 조사와 이런 결과물이 나오게끔 바라는 이런 과정이기 때문에 내년에 어떻게든 내가 정리를 하지 않으면 이거는… 힘들지 않을까요, 진짜. 경제적으로도.

면담자 책임자 처벌 문제를 어떻게 어디까지 생각하시냐에 따라서 다르지 않겠어요?

애진 아빠 그래서 제가 아까 말씀드린 게, 불안한 게, '그런 것들이 남을까 봐 걱정이다'라는 거죠. 그거는 결국은 음, 그래서 2기 특조위에 대한 부분도, 이게 마지막 조사위가 되지 않았으면 좋겠다는 것도 그게 될까 봐 지금 걱정인데. 결국은 광주 꼴 나지 않겠어요? 꾸준하게 산 자들이 또 그 싸움을 이어가는, 그리고 새로운 사실들이 밝혀지면서 재단 속이나 아니면 피해자 가족협의회 사단법인에서 그런 것들이 몇 년이 지나서 어떤 문건이 밝혀내건[밝혀지건] 간에 '그런 과정들이 계속 있지 않겠냐'는 생각이 들어. 그래서 그럴라면 일정 정도 조직이 꾸려가는 요런 정도까지만은, 지금 벌써 이제 4년이고 내년이 5년째잖아요. 근데 내년에 굳이 이 사람만을 한다라고 해서 이게 뭐 굴러가고 이런 건 아냐, 누구든 할 수 있는 거거든요.

면담자 현실적으로, 가협에 새로운 임원진을 구성하실 수 있는 그런 분들이 계시나요?

애진 아빠 아니, 그래서 그거는, 애시당초 사람은 없었어요. 단지 피해자가 많았었던 거뿐이고, 지금도 바뀌는 건 없어요. 단지 피해자가 많아, 활동하는 인원이 적어서 그런 거죠. 그럼 그쪽에서 고민을 해보자, 해보면 되지 않을까요. 그래서 뭐 말씀드렸지만, 이제 가족협의회 향후 방향이나 계획, 그리고 조직 구성에 대한 부분들, 회원의 관리에 대한 문제 그리고 임원진의 구성 이런 것도 이제는 좀 열어놓고 고민을 하고. 우리가 무슨 경선을 할 것도 아니고, 가족들의 힘으로 추대를 해서 있었던 사람들은 힘들면 좀 쉬고 좀 받쳐주고. 자기들 해봤기 때문에 '이런 과정들을 만들어가는, 어렵더라도 그렇게 가야 되지 않을까'라는 생각이 있는 거예요

면담자　　그렇게 될 수 있으면 가장 바람직하죠. 사실 누가 하더라도 상관없는 조직이 되는 게 제일 좋잖아요.

애진 아빠　　그렇죠. 결국은 내년인데…, 내년에는 쉽지 않을 거 같아. 지금 어쨌든 여러 가지 재정 문제나 이런 부분들이 있어서 다들 힘들어하거든요. 그래서 지금 2심 재판 끝나면, 그 돈이 굉장히 중요한 돈이잖아요. 함부로 있는 돈도 아니고 애들, 정말 얘기하는 '목숨값'인데. 또 그 얘기 나오니까 걱정되는 것도 있네. 그냥 잘 쓰셨으면 좋겠어, 정말. 또 헛되이 쓰지 않고 그리고 정말 애들, 애들 진상 규명하는 데 그거에 대한 생활비로 썼으면 좋겠고, 헤프게 안 쓰고 그렇게 해서 해줬음 좋겠고.

근데 우리는 또 틀리거든요. 우리는 그 금액이 별로 안 돼요. 〈비공개〉 [받는다 해도] 그거 내 돈 아니잖아요. 애진이도 마찬가지지만, 그리고 걔네들 거고. 그래서 내 삶도 어쨌든 지금 남아 있는 삶은 아까도 말씀드렸지만, 어떻게 보면 나이도 많은… 적은 건 아니지, 적으면 적다라고 보지만, 많은 것도 많은 거거든요. 그럼 이제 직장도 갈 순 없는 거고. 그러면 애시당초 '내가 계획했던 거를 좀 더 고민해 볼 필요가 있지 않나'라는 생각이에요. 예를 들어서 내년에, 아… 까놓고 말씀드리면, 내년에 그 임원진들에 있어서,

팀장들은 임원의 임기하고는 상관이 없으니까 그래서 내가 무슨 임원을 하고 이럴 건 아니고 계속 팀장이나 이런 거 하면서 받쳐주는 일 정도 한다라고 하면, 실제 그 실무 급여에 대한 부분으로 측정이 된다면 그건 또 가능할 수도 있겠죠. 나는 그러면 진짜 현실적으로 말씀드리는 거예요. 이게 받쳐주지 않으면 쉽지 않다라는 거예요.

면담자 그럼요, 지금은 그렇죠. 지금까지는 하도 돈 가지고 막 세상에서 난리를 치니까 더 (애진 아빠 : 예, 그런 거죠) 활동하시는 분들이 너무 터무니없이 그냥 하고 계셨는데.

애진 아빠 4년을 버텨온 건데, 지난번에 전명선 위원장이 그러더라고. "그래도 뭐 하려면 300, 350 정도 얘기 돼야 되는 거 아닙니까?" 그래서 "뭔 얘길 하는 거야"(웃음). 우리 민주노총 조합원도, 지금 상근하는 사람들도 최저임금도 못 받는 사람도 많아요. 근데 실질적으로, 우리 같은 경우, 나는 아예 냉정하게 얘기했지만 진짜 많으면 200 정도면 충분히 생활한다. 그니까 내가 왜 맨날 위원장하고 총대 메고 얘길 하냐면, 우리 분과장들 있잖아요, 팀장들. 맨날 나한테 그 얘기해요, 내년 예산에는 어떻게 저쩌고 막 이런 얘기를 하셔요. 그러면은 우리 회비요, 지금 6만 원씩 내가지고 우리 재정 감당하지도 못해요. 그나마 국민들이 후원금 내준 거 모자라면 일부 조금 쓰고 이러고 쓰고 있는 거거든요. 근데 그걸 갖고 그러면은 분과장들 다섯에다가 거기 사무처장 그리고 위원장, 집행위원장 이것만 할 거예요? 반 대표들 어떻게 할 거예요, 활동하는. 그러고 팀장들은 또 어떡할 거고.

그래서 어느 정도 내부규정을 만들어 정리를 하지 않으면 만만치 않아요. 그래서 그런 얘기를 자꾸 하셔. 근데 나는 당연히 하는 얘기라고 봐요. 그러면 어느 정도 생각을 하세요? 직장생활 하는 수준 얘기하시는 분들, "그건 어림, 턱도 없는 소리 하지 마라" 이런 얘기하는데…, 이제 그런 것들이 정리가 안 되면, 해결이 안 되면 활동하기 쉽지 않아. 그분들이 1심에서 많은 금액을 받았다? 그거 임금 안 받고 활동했다간 금방 날아가거든요, 그거. 이제는 그렇게 생활해서는 안 되는 문제예요. 난 그런 얘기를 하죠. "냉정하게 판단하셨으면 좋겠다" 그 돈이 어떤 돈인데, 이런 얘기를 해요.

면담자 네. 아무래도 애진 아버님이 현장활동 오래 하셔서 그런 거에 대해서 조금 더 현실적인 감이 있으신 거 같은데, 그냥 직장생활 하시거나 개인 일을 하시던 분들은 또 다른 생각이 있으실 수 있을 것 같아요.

애진 아빠 아… 그러겠죠. 그 속에서도 새로운 어떤 재정에 대한 구조가 나올 수도 있어(웃음), 나는.

면담자 아버님은 전문 직업활동가로 계속사시고 싶으신지요? 아니면 직장에 들어가시거나 사업 등 다른 일을 하고 싶으신 적은 없나요?

애진 아빠 집사람은 사업하면 안 된대요, 난. 다 퍼준다고. 전

사업은 아니고요. 아니, 그냥 그런. (면담자 : 농사 같은 걸 하고) 아니, 농사도 그런 거 말고.

면담자 지난번에는 농사 이야기도 하셨는데, 농사도 엄청 힘들잖아요.

애진 아빠 아니, 농사가 내가 농사를 하겠다라는 게 아니라, 농민회 같은 경우 사무처 직원들을, 활동가들을[이] 많이 하는데, 없잖아. 안 내려오니까 (면담자 : 그렇죠, 없죠) 그 월 뭐 120만 원 이렇게 주는데 누가 해요. 근데 시골에선 120만 원 갖고 충분히 살아가거든. 그리고 조직활동 해본 사람들은 또 그게 적성에 맞고. 그런 걸 해보려고 했던 거예요. 사무처에서 "사무처장 구한다"라는 얘기가 있어 가지고 "잘됐네" 그쪽 동네고, 그래서 그 고민을 했었고 실제 몇 번 만났죠.

면담자 지금도 그 고민은 여전히 유효한 건가요?

애진 아빠 아, 유효하죠. 그래서 제가 아까 말씀드렸잖아요. 그렇게 활동을 하고 있는데 세월호에 대한 활동을 안 할 수가 없는 거거든. 그런 일들을 지금도 하고 있는 분들이기 때문에 '더더욱 그쪽에 가서 더 많은 얘기들과 더 많은 조직 사업도, 시민 사업들을 할 수 있을 거 아니냐'라는 생각인 거. 그게 가족협의회 내부에서만 하는 문제보다도 여기에 대한 내용을 잘 알고 있는 사람들이 또 가족들이 나가서 이렇게 하는 것도 또 하나의 세월호 진상 규명에 있어서 굉장히 필요한 조건이라고 봐요. 많이 기억해 줄 수 있게끔 만들어주는 게, 뭐 그런 거죠.

11
마무리 인사

면담자 오늘 3차 구술이 사실 여러 가지 주제를 약간 요약 버전으로 했는데요. 그래도 끝까지 이렇게 열심히 참여해 주셔서 모두 잘 마쳤구요.

애진 아빠 아니, 죄송해요. 약속을 한 번 어겨가지고.

면담자 아니에요, 전혀 그렇지 않고. 바쁘신 분인데 그래도 끝까지 빠른 시일 내에 해가지고, 제가 너무 오히려 감사드리고, 정말 예상치 않게 빨리 끝나서 다행이라고 생각을 하고요(웃음).

애진 아빠 지금 나보다 엄마들이 더 걱정이에요, 엄마들. 지금 계속 서울로 왔다 갔다 하면서 그 알지, 나도 1기 특조위 때 그렇게 다니면서 새벽에 오르락내리락하면서, 진짜 그때 1기 특조위 때는 2시간 자고 3시간 자고 계속 그렇게 훈이하고 또 움직였는데, 참여연대 올라가고 회의하고. 근데 이제 2기 특조위는 물론 그렇게까지 하시는 거 같진 않은데, 그래도 그 회의 구조에 다 참석하는 게 보통 힘든 일이 아니잖아. 또 어떤 부모님들은 피켓 시위나, 지금 하고 있고 청와대에서. 이후에 전국에 각지에 간담회나 이런 것들 다 다녀야 되고, 이제는 가족들이 시민들 챙겨야 될 판이니. 그게 지금 엄청난 힘든 거지. 수고하셨습니다.

면담자 애진 아버님 너무 수고하셨구요. 혹시 부족한 이야기 있으시면 언제든지 연락을 주세요.

애진 아빠 놓치고 하는 거 있으시면, 이렇게 보면은 어떤 굵직굵직한 그니까, 거의 제가 있었어요. 그래서 기억하기에는 되게 쉬운 거 같았어요.

면담자 네네. 굉장히 꼼꼼하게 잘해주셨구요. 그럼 오늘 구술 여기서 마치도록 하겠습니다. 수고하셨습니다.

애진 아빠 예, 고생하셨습니다.

4·16구술증언록 단원고 2학년 1반 제7권

그날을 말하다 애진 아빠 장동원

기획 편집 4·16기억저장소 | **지원 협조** (사)4·16세월호참사가족협의회

펴낸이 김종수 | **펴낸곳** 한울엠플러스(주)

초판 1쇄 인쇄 2019년 4월 1일 | **초판 1쇄 발행** 2019년 4월 16일

주소 10881 경기도 파주시 광인사길 153 한울시소빌딩 3층

전화 031-955-0655 | **팩스** 031-955-0656 | **홈페이지** www.hanulmplus.kr

등록번호 제406-2015-000143호

Printed in Korea.

ISBN 978-89-460-6707-3 04300

978-89-460-6700-4 (세트)

* 책값은 겉표지에 표시되어 있습니다.